融合型·新形态教材
复旦学前云平台 fudanxueqian.com

普通高等学校小学教育专业系列教材

小学语文教学设计

刘　昕　编著

复旦大学出版社

根据全国教育工作会议精神,江苏、浙江、上海等多省多地区出台了各地区《关于全面深化新时代教师队伍建设改革的实施意见》,都不约而同地提出推进师范教育的协同培养。全力推进高校、市县教育部门、中小学幼儿园"三位一体"协同育人,各地教育行政部门和中小学幼儿园要主动对接高校,实现供需双方学校互设基地、互派教师、互动发展,探索在中小学建立硕士培育站,开展驻校式培养。要振兴师范教育,实现培养院校、学历层次、生源质量、专业装备、教师队伍的"五提升"。由此可见,教育界业内专家已经洞察到教师的职前培训和职后培训的恰当融合是多么重要。

为了帮助师范生在职前能够较好感知将来自己和学生教学互长的课堂真实状态,帮助他们提前进入教学设计和教学实践的真实情境,及早进入"实战"状态,以便在教师资格证考试、教师入编考试中取得优秀的成绩;更为了帮助他们及早适应职后工作,缩短走向职业成熟的过程,我们设计了本书的编写体例,请一线的教学名师执笔,并贡献他们最新的教学成果,精准呈现课堂教学的前准备、准备和进行阶段的所有操作细节。

本书囊括了小学阶段所有体裁的文本阅读教学设计。每一章(基本一章就是一类体裁)由"方法举隅""名师示例""学有所得""实践操练"四个板块组成。板块与板块之间呈递进关系,同时又相互确证。"方法举隅"中尽可能多地罗列出这类文章的普遍性教学规律和适用方法,同时也会适当呈现下一板块中名师课堂的个性化教学方法。"名师示例"部分特别邀请了知名特级教师孙双全、吉春亚、史春妍、蔡志坚、季科平、莲红、姜树华、吴建英以及本书作者刘昕和她的工作室成员为本书做了最新教学设计,并经过了他们本人的课堂实践检验,以教学设计和课堂实录同时呈现。教学设计主要呈现了教学的预设和思路,课堂实录则反映了教学设计在课堂教学真实情境中运行的效能以及课堂生成处教师的灵活把握,直观地呈现了特级教师对教学预设适度调整的机智,清晰传达了"学为主体"的教育理念。在教学设计和课堂实录后还有编者的感悟分享,以帮助师范生更好地理解名师课堂的精妙之处和名师对教学重难点突破的方法,以及他们的设计意图。"名师示例"和"方法举隅"这两个板块互为引领和印证。"学有所得"则是提供师范生内化和领悟名师课例的一个表达平台,读进去写出来才能记得住。"实践操练"是很重要的一个环节,是继"学有所得"后趁热打铁式的实践,"纸上得来终觉浅,绝知此事要躬行"。在此,特别感谢所有提供课例的名师。本书中的拓展资料名师示例可以扫描二维码阅读,配套课件资源和示范教学视频精选请登录复旦学前云平台(http://www.fudanxueqian.com)下载。

　　本书是为数不多的从文本整体教学设计切入并呈现的范本,教学案例均来自全国著名特级教师和新生代知名教师的最新教学设计,具有很高的研究价值,是高品质的教学范式,同时体现了不唯教材、不唯版本的特点,着重呈现如何用教材教学生学语文的全新课堂教学理念和操作策略。

|目录|
CONTENTS

第一章　识字课教学设计

方法举隅

　　小学语文识字是教学的起点，也是启蒙教育的开端，识字能力是学习的基础，然而识字过程是十分枯燥的。为了使学生在愉快轻松的气氛中主动识字，教师要有意识地激发他们的识字爱好，拓展识字途径，教给学生识字方法，培养识字能力。如果学生知道掌握汉字的重要性，并对识字产生积极的兴趣，就能自觉地去学习并掌握汉字的音、形、义。识字教学是非常重要的，激发兴趣是教师要努力做好的一件事情。

　　教师可以充分发掘教材蕴含的趣味性，指导识字。例如，在儿童喜闻乐见的情境中学习汉字；在连、涂、画、拼、摆等活动中，巩固汉字知识；在课后练习和语文园地中，大量采用"我会读""我会写""我会说""我会画"等形式，激发学生的学习兴趣，培植识字的信心。我们也可以在情境中引导学生学习识字。教师可以运用插图、实物、图画卡片、表演和多媒体等形象化的手段创设一种具体的识字情境，使枯燥乏味的教学内容变得生动形象，唤起学生的学习兴趣，从而创设出生机勃勃、活泼高效的课堂学习氛围。教会学生在阅读中巩固识字也是非常重要的策略和途径。我们可以抓住学生喜欢童话故事、爱表现的特点，举办故事会、朗读比赛等，让学生把自己平时最喜欢的童话故事读给同学听，但要求他们做好准备，提前想办法认识故事中的生字。

　　归类识字的方法既是学生很好的识字方法，也是教师很好的指导方法。用归类的方法有助于高效率地掌握文章中的生字。利用归类的方法可以让学生产生兴趣，用自己的方式学习，大大提升了识字的效果，提高了识字量。具体方法有：可以利用偏旁相同的特点从它们的意义上进行分析认识；利用比较法对形近字进行归类识字。从二年级开始，就可以把形近字归为一类认识，这样识字效率可以大大提高。形近字很多，把形近字放在一起比较异同来认字，可以起到举一反三的效果。

　　我们还可以利用汉字的结构加快识字。汉字是一种表意文字，从结构上可以把汉字分成独体字和合体字两大类。可以从字的结构来分类归纳进行认字，如上下结构、左右结构、包围结构等。把相同结构的字放在一起认识也是一种方法。东汉许慎在《说文解字》中提出

"六书"之说,将文字的构成规则概括归纳为"象形、指事、会意、形声、转注、假借"六种条例,我们可以分析象形字、指事字、会意字和形声字等构字方法帮助学生认字,这样既可以提高识字效率与识字数量,又可以使学生悟到一些构字规律,将机械识记变为意义识记,对今后自学生字、提高独立识字能力大有帮助。

学习语文的一句老话叫"字不离词,词不离句,句不离篇",我们能够通过语境识字提高识字效果。所谓"语境识字",就是在识字教学的过程中要创设语境条件结合汉字运用来强化学生的识字效果。首先要读准字音。教师可以引导学生读课文,在语境中认识这些字,这是一种有效的识字方法,也是普遍采用的教学方法。二是要理解字义。在识字教学的过程中有意识地把握汉字音、形、义的整体性教学,做到在辨字音时结合辨字形,在辨字形时结合辨字义,在辨字义时结合组词造句等加深理解。总之,巩固汉字的识字教学,要遵循汉字语言规律,结合词语、句子理解字义,从字义、字形、字音的联系,加深理解和巩固字义。比如同义、反义、近义字的归类比较,要理解掌握汉字如何体现在语言环境中,才容易记住。

名师示例一　一去二三里

人教版课标本第一册课文

识字(一)

yí qù èr sān lǐ
一 去 二 三 里

yí qù èr sān lǐ
一去二三里,
yān cūn sì wǔ jiā
烟村四五家,
tíng tái liù qī zuò
亭台六七座,
bā jiǔ shí zhī huā
八九十枝花。

一	去	二	三	里	四
五	六	七	八	九	十

《一去二三里》教学设计(一年级)

特级教师：吉春亚

教学目标

1. 认识 12 个生字,会写 3 个字,认识笔画"一"。
2. 正确、流利地朗读和背诵课文。
3. 初步感受童谣中所表现的景色美。

课前准备

教学挂图或多媒体课件、生字卡片。

课时安排

两课时。

教学流程

第一课时

一、趣味复习,引入新课

从开学到现在,小朋友们在拼音王国里认识了许多拼音朋友,也学了不少汉字,从这节课开始,我们就要在拼音朋友的帮助下到识字王国里认识更多的汉字朋友了,你们高兴吗?

小朋友们看,这 10 位小朋友正准备练习投篮。(出示身穿球衣的 10 位小朋友,衣服上印有 1 至 10 的数字字样)

这里有 10 个篮球(图片出示的篮球上面写有"一"至"十"的汉字字样),哪位小朋友能把这 10 个篮球分给 10 位运动员,使球上的数字和他们身上的号码相符合?

二、教学数字汉字

在黑板相应的位置上写汉字,下一个环节还要添上其他的字组合成数字诗。

一	二	三
	四	五
	六	七
八	九	十

1. 谁认识这些汉字朋友? 指名读。
2. 请认识的小朋友说说是怎样认识这些汉字的?

师:有些汉字有的小朋友提前认识了,你们真是爱学习的好孩子,没有认识这些汉字的小朋友也不要着急,我们请拼音朋友来帮忙,好吗?

（1）不认识汉字的小朋友可以借助拼音来认读汉字,已经认识的小朋友也可以借助拼音再巩固一下。

（2）学生练读,教师巡视。

（3）开火车读。

（4）去掉拼音指名读。

（5）出示生字卡片打乱顺序开火车读。

三、学习古诗

师：古代有位诗人把这十个数字写在了一首诗歌里,知道他是怎么写的吗?（出示带拼音的课文内容在演示文稿上）

> 一去二三里,
> 烟村四五家。
> 亭台六七座,
> 八九十枝花。

1. 找找诗中的十个数字,看看读音有什么变化。

2. 同桌练读。下面请同桌的两个小朋友互相练读,要是同桌读得好,你竖起拇指夸夸他,要是同桌有些字读得不准,请你帮帮他。

3. 谁愿意当小老师,带着大家读? 注意：边读边用手指。

4. 自己再读儿歌,如果还有不认识的字,你可以向同桌请教,也可以问老师。如果认识了,就把记号擦掉。

5. 检查除数字以外的其他生字。

师：你们学得真努力,课文里的生字娃娃想看看你们是否真的认识它们了。瞧,它们偷偷地溜出了门,要跟我们捉迷藏,大家来看一看。

（出示卡片“亭台”“里”“座”“枝”“花”,每个词先由两个学生读,再齐读。后再让一个学生单独认读。在学生读这些生字时,指出图中的“几座亭台”和“几枝花”生字为红色,读完贴在黑板上课文中的空白处。）

6. 看演示文稿的提示背诵。

师：你们都已经认识这些字了,看大家笑得真甜呀! 现在,请把你们的课本盖好,不可以看黑板,老师把诗中的数字藏起来了,小朋友们还会不会读呢? 同桌互相试着读一读。（点击去掉数字以外的生字,学生继续背诵）真聪明,这回老师把整首诗全都藏起来,小朋友们看着能背吗?（点击诗歌消失）能背的小朋友起立。（齐背,背一句点击一句）你们真了不起!

第二课时

一、感受意境

1. 配乐朗读。

2. 学生读诗,说诗意。

师:小朋友来读一读。小朋友在读这首诗的时候,眼前仿佛看见了哪些景物? 谁读得越仔细,眼前看见的景物也就越多。

3. 询问学生是否还有什么不懂的问题。

【设计意图】学生的思维并不是教师能全部预料的,应给予一定的空间。

4. 看图,感受诗的意境。

师:小朋友们很会猜想,一边读诗一边猜想,是一种很好的读书方法。如果能够把我们猜想的内容说得更清楚,就更好了。来,老师带大家一起参观一个美丽的小山村。

师:(出示图)首先看远处有哪些景物?(房屋、袅袅的炊烟)再看房屋背后的小山上有什么?(亭子)亭子也叫亭台,我们再往近处看,近处有哪些景物?(蓝蓝的天空、开得正艳的桃花、快乐飞舞的小鸟)如果你是画中的孩子,你想怎样告诉别人你看到的美景呢? 同桌之间相互说一说。推荐伙伴向大家展示,努力把看到的用几句话说出来。

教师在倾听学生说话时,注意引导他们有顺序地看图。

小结:在不远的地方,有一个小山村,炊烟袅袅,住着几户人家。山里几座亭台错落有致地排列着,树上、路边盛开着各种美丽的花,小鸟在唧唧喳喳地唱着欢乐的歌。好美丽的地方啊!

5. (音乐响起)学生用自己喜欢的方式朗读课文。

引导学生努力读出小山村的小和景色的美。小组内比赛读,推选出最好的在全班展示。学生一起快乐地朗读、背诵这首诗。

二、拓展延伸

师:我们的诗人在20字诗中巧妙地运用了"一"至"十"这10个数字,给我们描绘了旅途风光,展示了一幅朴实自然的乡村风俗画。小朋友们,还有许多诗中也嵌有数字,(演示文稿出示带拼音和画面的诗)我们来读一读,选择一首背一背。

咏雪诗
郑板桥

一片二片三四片,

五六七八九十片。

千片万片无数片,

飞入芦花总不见。

清代有位诗人写过一首《咏麻雀》的打油诗。

咏麻雀
佚 名

一个二个三四个,

五六七八九十个,

食尽皇家千种粟,

凤凰何少尔何多?

三、练习书写

（一）认识田字格

师：小朋友们，我们会读诗，会背诗，还要会写诗中的生字。大家看这是田字格。《拍手歌》可以帮助大家记住各个方位。

田字格，四方方，写好汉字它来帮。左上格，右上格，左下格，右下格，横中线，竖中线，各个方位记心间。（可以作为课中活动操的内容）

（二）尝试学写生字

1. 引导学生看书上的生字范字，学生尝试写。

师：小朋友们请看，书上有范字，我们有些小朋友已经会写这些字了，怎样使这些字写得漂亮呢？老师先不教你们。大家仔细观察田字格的字，细心书写，谁写得好，就可以成为大家的老师。

（学生书写，教师巡视）

2. 展示学生写得漂亮的字。

（三）在尝试的基础上指导写生字

1. 写一写这个"一"，让学生注意观察"一"写在田字格的什么位置，教师口述"一"的写法：起笔稍轻，中间运笔稍轻略向上倾再顿笔。学生再次书写，老师和写字好的同学一起检查握笔方法和写字姿势。

2. 我们再来学习"二"，一起读。

（1）你能用"二"说句话或组个词吗？

（2）观察和写字。师："二"有个特点，第一笔比第二笔短。请小朋友仔细观察"二"的两笔住在田字格的哪里？

师：你们说得很对，看老师写，（板书）"二"也是由笔画横组成，第一笔横短，应该写在横中线上面；第二笔横比较长，写在横中线的下面。用手跟着老师写一遍，在习字本上描一个写一个。

3. 请一位同学读（出示"三"），再齐读。

你能用"三"组词或说句话吗？仔细观察一下这个字有什么特点？（"三"由三笔横组成，第一笔和第二笔比第三笔短）它们分别写在田字格的哪里？看老师写一遍，在习字本上描一个写一个。

四、实践活动

1. 在周围找一找本课的生字。

师：在我们周围有许许多多表示数字的汉字，如教室里课程表中的数字，教室门上班级标牌中的数字，家里的日历、门牌、报纸等等，约同伴或者爸爸妈妈一起去找一找吧。

2. 读儿歌（练习注音）。

> 一头牛，两匹马，
> 三条狗，四只鸭，

七棵果树八朵花，
九架飞机十辆车，
用错量词出笑话。

《一去二三里》(课堂实录)

吉春亚

第一课时

一、趣味复习,引入新课

师：从开学到现在,小朋友们在拼音王国里认识了许多拼音朋友,也学了不少汉字,从这节课开始,我们就要在拼音朋友的帮助下到识字王国里认识更多的汉字朋友了,你们高兴吗?

生：高兴!

师：(出示身穿球衣的10位小朋友,衣服上印有1至10的数字字样)小朋友们看,这10位小朋友正准备练习投篮。

这里有10个篮球(图片出示的篮球上面写有"一"至"十"的汉字字样),哪位小朋友能把这10个篮球分给10位运动员,使球上的数字和他们身上的号码相符合?

二、教学数字汉字

生在黑板相应的位置上写汉字。

一　二三

四五

六七

八　九十

师：谁认识这些汉字朋友?请认识的小朋友说说是怎样认识这些汉字的?

生：我在幼儿园学的。

师：哦,你已经提前学过了。那请你来教教还没有学过的小朋友好吗?

生：好的。

师：你来教教吧,想好了怎么教吗?

生：跟我来读,这个是"一",这个是"二",这个是……

(全班学生跟读。)

师：我来请没有学过的小朋友来读读看,是不是跟着这个小朋友已经学会了呢?

师指着"四"和"九"抽读。

两个学生都读不出来。

师：不要着急,我们请拼音朋友来帮忙,下次即使老师和小老师都不在,我们也能自己读出来了。

(学生练读,教师巡视。)

师：现在我们来开火车读吧。

(学生开火车接龙读。)

师：读的很准确。

师：现在我们去掉拼音再来读，看看小朋友能不能记住？

（生接龙读。）

师：我们现在要把原来的顺序打乱了重新排队了，小朋友还能读出来吗？

（出示生字卡片打乱顺序，请学生开火车读。）

三、学习古诗

师：古代有位诗人把这十个数字写在了一首诗歌里，知道他是怎么写的吗？（出示带拼音的课文内容在演示文稿上）

一去二三里，

烟村四五家。

亭台六七座，

八九十枝花。

师：找找诗中的十个数字，看看读音有什么变化。

师：同桌练读。下面请同桌的两个小朋友互相练读，要是同桌读得好，你竖起拇指夸夸他，要是同桌有些字读得不准，请你帮帮他。

（生互相纠正，师巡视。）

师：谁愿意当小老师，带着大家读？注意：边读边用手指。

（生带领全班小朋友一起读。）

师：自己再读儿歌，如果还有不认识的字，你可以向同桌请教，也可以问老师。如果认识了，就把记号擦掉。

师：你们学得真努力，课文里的生字娃娃想看看你们是否真的认识它们了。瞧，它们偷偷地溜出了门，要跟我们捉迷藏，大家来看一看。

（出示卡片"亭台""里""座""枝""花"，每个词先由两个学生读，再齐读。后再让一个学生单独认读。在学生读这些生字时，指出图中的"几座亭台"和"几枝花"生字为红色，读完贴在黑板上课文中的空白处。）

师：因为你们都已经认识这些字了，看大家笑得真甜呀！现在，请把你们的课本盖好，不可以看黑板，老师把诗中的数字藏起来了，小朋友们还会不会读呢？同桌互相试着读一读。（点击去掉数字以外的生字，学生继续背诵。）

师：真聪明，这回老师把整首诗全都藏起来，小朋友们看着能背吗？（点击诗歌消失）能背的小朋友起立。（齐背，背一句点击一句）你们真了不起！

第二课时

一、感受意境

师：请小朋友们听老师来朗读这首诗歌。（配乐朗读。）

（生鼓掌。）

师：小朋友也来读一读。小朋友在读这首诗的时候，眼前仿佛看见了哪些景物？谁读得越仔细，眼前看见的景物也就越多。

生：老师，我看到了烟村。

师：哦，你能告诉大家，烟村是什么样的村子呢？

生：冒着烟的村庄。

师笑：那冒着的是炊烟，是农家烧柴煮饭的炊烟。

师：哪位小朋友有补充？

生：我看到冒着炊烟的村子里有四五户人家的房子。

师：真好，这里的四五家并不是说只有四家或者五家，是大略的有那么几家。还有谁想说？

生：老师，我还看到有几座亭子。

师：嗯，真好！对呀，这里的六七座，也就是说有那么几座亭子。还看到什么了？

生：我还看到人家的房子和亭子的旁边开着许多鲜花。

师笑：对，鲜花真是开得不少，打眼一看，哎呦，有八枝、九枝，还不止呢。这就是——八九十枝花。

师：小朋友很会猜想，一边读诗一边猜想，是一种很好的读书方法。如果能够把我们猜想的内容说得更清楚，就更好了。来，老师带大家一起参观一个美丽的小山村。

师：（出示图）首先看远处有哪些景物？（房屋、袅袅的炊烟）再看房屋背后的小山上有什么？（亭子）亭子也叫亭台，我们再往近处看，近处有哪些景物？（蓝蓝的天空、开得正艳的桃花、快乐飞舞的小鸟）如果你是画中的孩子，你想怎样告诉别人你看到的美景呢？同桌之间相互说一说。推荐伙伴向大家展示，努力把看到的用几句话连起来说一说。

（生纷纷在老师的指导下按照顺序用自己的话说图上的内容。）

师小结：在不远的地方，有一个小山村，炊烟袅袅，住着几户人家。山里几座亭台错落有致地排列着，树上、路边盛开着各种美丽的花，小鸟在唧唧喳喳地唱着欢乐的歌。好美丽的地方啊！

师：现在请小朋友们用自己喜欢的方式朗读课文，要努力读出小山村的小和景色的美。小组内比赛读，推选出最好的待会儿在全班展示。

（学生一起快乐地朗读、背诵这首诗。）

二、拓展延伸

师：我们的诗人在20字诗中巧妙地运用了"一"至"十"这10个数字，给我们描绘了旅途风光，也展示了一幅朴实自然的乡村风俗画。小朋友们，还有许多诗中也嵌有数字，（演示文稿出示带拼音和画面的诗）我们来读一读，选择一首背一背。

咏雪诗

郑板桥

一片二片三四片，

五六七八九十片。

千片万片无数片，

飞入芦花总不见。

清代有位诗人写过一首《咏麻雀》的打油诗。

咏麻雀

佚　名

一个二个三四个，

五六七八九十个，

食尽皇家千种粟，

凤凰何少尔何多。

三、练习书写

师：小朋友们，我们会读诗、会背诗，还要会写诗中的生字。大家看这是田字格。《拍手歌》可以帮助大家记住各个方位。

生读：田字格，四方方，写好汉字它来帮。左上格，右上格，左下格，右下格，横中线，竖中线，各个方位记心间。

师：小朋友们请看，书上有范字，我们有些小朋友已经会写这些字了，怎样使这些字写得漂亮呢？老师先不教你们。大家仔细观察田字格的字，细心书写，谁写得好，就可以成为大家的老师。

（学生书写，教师巡视。）

师：我们来欣赏这几位小朋友写的字，说说哪里写得特别好看？

师生欣赏学生写得漂亮的字。

四、实践活动

师：在我们周围有许许多多表示数字的汉字，如教室里课程表中的数字，教室门上班级标牌中的数字，家里的日历、门牌、报纸等等，约同伴或者爸爸妈妈一起去找一找吧。

师：老师这里有一首有趣的数字儿歌，我们来读一读吧。

（生读儿歌，练习注音。）

一头牛，两匹马，

三条狗，四只鸭，

七棵果树八朵花，

九架飞机十辆车，

用错量词出笑话。

感悟分享

《一去二三里》是一首朗朗上口的古代童谣，描绘了一幅恬静美丽的山村风景画。本课安排在人教版一年级上册汉语拼音教学以后，是学生接触的第一篇识字课文，教学的重点应是识字。参照识字教学的要求，本课定下了三大教学目标：

1. 认识12个生字，会写3个字。认识笔画"一"。

2. 正确、流利地朗读和背诵课文。

3. 初步感受童谣中表现的景色美。

围绕上述教学目标，教学分成清晰的五大板块进行，课堂上教师创设丰富的情境，以提高学生的学习效果。

板块一：游戏导入

兴趣是最好的老师，要充分发挥识字教学的效果，激发学生的学习兴趣是前提。从汉语拼音向识字教学过渡，遇到的首要难题就是如何使学生对教学内容感兴趣。小学低年级的儿童，认知水平有了一定的发展，但仍然特别喜欢新奇的事物。课堂一开始的投篮游戏创设游戏的情境，激发学生的学习积极性。将10个篮球分给10位球员，使球上的数字和他们身上的号码相符合，建立起数字与汉字的联系，不但可以了解学生对这几个汉字的认识情况，也巩固了汉字的读音。

板块二：教学汉字

轻松愉悦的氛围使学生达到良好的情绪状态，引发积极的思考。请学生当小老师教读，把课堂让位给学生，给基础较好的学生充分表达的空间，利用他们的成就感引发识字兴趣，鼓励学生提前认识字。生生互动，合作互助，教师适当补充，教授识字方法，保证识字教学的扎实有效。

板块三：初读古诗

在识字教学中，"字不离词，词不离句，句不离篇"。《一去二三里》这首古诗通俗易懂，便于儿童理解。学生通过自读、同桌互读、小老师带读、齐读等多样的朗读方式充分识记，在语境中强化识字教学的效果。

板块四：感受意境

教师单方面的灌输带来的是刻板的学习印象，通过创设情境让学生自主感悟意境之美，才带来真正的审美愉悦。教师提问"在读诗时，眼前仿佛看见了哪些景物"，学生一边读诗一边猜想，不但培养了想象力，还锻炼了语言表达的能力。在初步想象后提高要求，把猜想的内容说清楚，还要有顺序地观察表达，有层次地指导使学生"拾级而上"。最后将学生的感悟凝聚在朗读之中表达出来，朗读指导达到了实效。

板块五：书写练习

学生从第一次写字开始就应养成良好的写字习惯。教师先指导学生认识田字格，再引导学生看范字，观察范字的位置，最后范写书空。写字指导要确保细致到位，教师巡视指导关注到每一位学生。

名师示例二　口耳目

人教版课标本第一册课文

识字（一）

kǒu ěr mù
口 耳 目

kǒu ěr mù
口 耳 目
yáng niǎo tù
羊 鸟 兔
rì yuè huǒ
日 月 火
mù hé zhú
木 禾 竹

口 耳 目 羊 鸟 兔
日 月 火 木 禾 竹

《口耳目》教学设计(一年级)

特级教师：史春妍

教学目标

1. 认识本课 12 个生字，能正确书写"十""木""禾"3 个字。

2. 感受象形字的图画性与趣味性，激发学生对汉字的热爱之情。

教学准备

教学挂图或多媒体课件，生字卡片。

课时安排

一课时。

教学流程

一、引导

1. 讲述仓颉造字的传说，了解汉字是中国的伟大发明。

2. 传说仓颉在造字时，根据山川河流的样子和鸟兽的样子画下符号，这些符号后来就变成了汉字。

设计意图：用古老的传说引导，帮助学生了解汉字的伟大，激发学生对汉字的向往。

二、教学生字"口""耳""目"

1. 出示图片"口"，让学生观察，感受"口"字就像张开的口的形状。

2. 让学生张口摆出口字的形状，并组词：开口、张口、口型。

3. 说谜语，让学生猜一猜这是什么器官？

东一片，西一片，隔座山头不见面。（谜底：耳朵）

4. 说说你是怎么猜出来的？

5. 出示"耳"字和耳朵的图片与古文字"耳"对比，并在现代的汉字"耳"中感受耳朵的象形。

（小游戏——对对歌）

师：谁的耳朵大？

生：大象的耳朵大。

师：大象的耳朵像……

生：大象的耳朵像蒲扇。

师：谁的耳朵长？

生：兔子的耳朵长。

师：兔子的耳朵像……

生：兔子的耳朵像天线。

……

---

6. 出示"目"字,让学生观察同座位小朋友的眼睛,然后猜一猜"目"字中为什么有两横?

7. 观察"目"字,"目"就像一只竖起来的眼睛,中间的两横就是眼珠。"目"的本义就是眼睛。

【设计意图】"近取诸身"是象形字的造字规律之一,这几个汉字正是我们的祖先观察人类自身的样子而发明创造的,在教学中让学生通过张口读、动耳听、用眼观察,感受这三个字的字形、字义,并在儿歌、谜语等言语运用和实践中巩固识记汉字。

三、教学生字"日""月""火"

1. 出示太阳、月亮和火的图片,让学生说一说图上画了什么? 注意指导学生说话时,准确使用量词:一个太阳、一弯明月、一把火。

2. 出示汉字卡片"日""月""火",请学生先看图再看汉字,猜猜它是什么字,再把它贴在相应的图片旁边。(学生贴,师生评议是否正确)

3. 指名说一说,为什么这样贴? 你是怎样猜出这个字是"日"的?(外面的"口"像太阳的光芒,里面的"横"就是太阳)

4. 同样的方法识记"月"和"火"。

5. 给汉字开花,用这三个字分别扩词。

【设计意图】汉字"日"和"月"是我们的祖先仰视天空而创造的。在教学中,我们要注意造字时这种仰视的视觉思维,在教学"日"和"月"时,要从整体字形的圆、缺入手,引导学生整体感受和记忆字形;"火"的字形是俯视观察的结果,因此看见一团团的火焰虽然高高低低,但是都在向上燃烧,指导学生观察字形时要注意笔画中点和撇的对称和不同。

四、教学生字"羊""鸟""兔"

1. 播放小羊和小鸟的声音,猜猜这是什么小动物?

2. 出示汉字"羊"和"鸟",让学生分别猜猜这是什么字? 说说是从哪里猜出来的。

3. 出示"羊""鸟"的图画和古文字,和现代汉字对比,感受汉字的可爱神韵。识记汉字"羊""鸟"。

4. 出示汉字"兔",让学生和图画对照,在汉字"兔"中找到小白兔的长耳朵——刀字头,短尾巴——最后一笔"点"。

5. 认读汉字"羊""鸟""兔"。

【设计意图】由观察动物的样子而发明的汉字是所有汉字中最具有神韵的。在教学中要注意引导学生将汉字中关键的笔画和动物对比,想象它具体的样子,如:同样是"、",在鸟字中是小鸟的大眼睛,在兔字中是小兔子的短尾巴。通过这样的对比、联想,感受汉字的可爱,激发学生的识字兴趣,帮助他们建立汉字意义识记的线索。

五、教学生字"木""禾""竹"

1. 看到汉字宝宝这样有趣,有三种植物从地里长出来,它们也想变成汉字宝宝,瞧,它们来了。

2. 动画演示:小树、禾苗、竹子分别从泥土里钻出来。指名说说这是什么?

3. 它们要变魔术了,仔细看。(动画演示:从图画的树中,变出汉字"木")认读"木"字。

4. 指名说说"木"和大树哪里像？横是树枝,竖是树干,撇和捺是向下生长的根。

5. 同样的方法看禾苗和竹子变魔术,提示学生注意"禾"字的第一笔撇就像成熟后低垂的稻穗,"竹"字就像竹叶的样子。

6. 认读生字"木""禾""竹"。

六、复习

1. 打开书,读一读识字(一)的第二课的生字。

2. 小结:我们的汉字,有的是我们的祖先观察人类自身发明的,有的是他们观察大自然中的现象、动物、植物发明的。每个字都像一幅生动的图画。

七、指导书写"十""木""禾"

1. 出示"十",指导学生观察,注意横要伸展,左低右高,一竖从横西中间穿过,是悬针竖。教师范写,学生练习。

2. 出示"木",指导学生观察,"木"字中的横画要比"十"字的短一些,撇和捺要左右对称,展开的角度要大小相同。教师范写,学生练习。

3. 出示"禾",和"木"对比,有什么不同？指导写好第一笔横撇。

4. 展示学生的写字,评议。

设计意图:写字是低年级识字教学的另一项重点内容,在指导学生书写时,要注意观察主笔的写法和位置,而不必笔笔对照田字格。过分强调田字格的定位,不利于学生自主写字能力的养成。

《口耳目》教学实录

史春妍

一、引导

师:很久以前,人们结绳记事,大事打一大结,小事打一小结,但这种方法很不方便。后来仓颉根据山川河流和鸟兽的样子画下符号,慢慢地这些符号就变成了汉字。汉字是中国的伟大发明,今天我们就让我们走进汉字。

二、教学生字"口""耳""目"

师:你们看,这是什么？

生:嘴巴。

师:我们也把嘴巴叫做"口"。你看,"口"字就像张开的嘴巴的形状呢。能不能张口摆出来？

(让学生张口摆出口字的形状。)

师:谁会给它找找朋友？

生:开口、张口、口型。

师:我们来猜个谜语。东一片,西一片,隔座山头不见面。请你猜一猜这是什么器官？

生:耳朵。

师:你是怎么猜出来的？

生:两只耳朵长在头的两边,不能见面。

师：真不错。你看这是古时候人们写的"耳"，它和我们的耳朵像不像？

生：像。都是半圆形的。

生：就是耳朵的样子。

师：是的，变成今天的"耳"字了，还像吗？

生：还有点像。

师：谁来读读？

（小游戏——对对歌。）

师：我们来玩对对歌的游戏。

师：谁的耳朵大？

生：大象的耳朵大。

师：大象的耳朵像……

生：大象的耳朵像蒲扇。

师：谁的耳朵长？

生：兔子的耳朵长。

师：兔子的耳朵像……

生：兔子的耳朵像天线。

……

师：这是"目"字，观察同座位小朋友的眼睛，猜一猜"目"字中为什么有两横？

生："目"就像一只竖起来的眼睛，中间的两横就是眼珠。

师：对，"目"的本义就是眼睛。谁读读？

师：我们一起读读这三个字"口""耳""目"。

三、教学生字"日""月""火"

师：图上画了什么？

生：一个太阳、一个月亮和一把火。

师：月亮不用"个"，应该说"一弯月亮"。

师：先看图再看汉字，猜猜它是什么字，再把它贴在相应的图片旁边。

（学生贴。）

师：为什么这样贴？你是怎样猜出这个字是"日"的？

生：外面的"口"像太阳的光芒，里面的"横"就是太阳。

师：那你是怎么猜出"月"和"火"的？

生："月"字弯弯的，和月亮很像，"火"字就像一团火在燃烧。

师：谁会给"日"字找好朋友？

生：生日、日子、日出。

师："月"字有什么好朋友？

生：月亮、月牙、月饼。

师："火"字呢？

生：火苗、火柴、火把。

师：谁来把它们读准？（学生读。）

师：学着他的样子，我们一起读。

四、教学生字"羊""鸟""兔"

师：听一听，猜猜这是什么小动物？

生：是小羊和小鸟。

师：再猜猜屏幕上的这两个分别是什么字？

生：羊和鸟。

师：能说说你是从哪里猜出来的吗？你们看这是"羊""鸟"的图画和古文字，和现代汉字比一比，有什么相像的地方？

生："羊"字上一点一撇就是羊角，"鸟"字上有鸟头、鸟的身体，一点是鸟眼睛。

师：用这样的方法我们再来看看"兔"字，你找到小白兔的长耳朵、短尾巴了吗？

生：小白兔的长耳朵是刀字头，短尾巴是最后一笔"点"。

师：同样是"、"，在鸟字中是小鸟的大眼睛，在兔字中是小兔子的短尾巴，真有趣。

师：让我们来读一读这三个字——"羊""鸟""兔"。

五、教学生字"木""禾""竹"

师：看到汉字宝宝这样有趣，有三种植物从地里长出来，它们也想变成汉字宝宝。瞧！它们来了。谁能说说这是什么？

生：小树、禾苗、竹子。

师：它们要变魔术了，仔细看。猜到它是谁了吗？

生：木。

师："木"和大树哪里像？

生：横是树枝，竖是树干，撇和捺是向下生长的根。

师：禾苗和竹子也要变魔术了，你们看——"禾"字的第一笔撇就像成熟后低垂的稻穗，"竹"字就像竹叶的样子。谁当小老师带我们读——"禾""竹"。

师：能把这三个字读准吗？

（生读"木""禾""竹"。）

六、复习

师：打开书，读一读识字（一）中第二课的生字。

师：我们的汉字，有的是我们的祖先观察人类自身发明的，有的是他们观察大自然中的现象、动物、植物发明的。每个字都像一幅生动的图画。

七、指导书写"十""木""禾"

师：观察"十"这个字，注意横要伸展，左低右高，一竖从横西中间穿过，是悬针竖。

（教师范写，学生练习。）

师："木"字中的横画要比"十"字的短一些，撇和捺要左右对称，展开的角度要大小相同。

（教师范写，学生练习。）

师："禾"和"木"对比，有什么不同？看老师写第一笔横撇。

（展示学生的写字，评议。）

感悟分享

《口耳目》为象形字归类识字课文,整篇课文共12个字,对学生来说难度并不大。《语文课程标准》指出:识字教学要"注重教给识字方法,力求识用结合。运用多种形象直观的教学手段,创设丰富多彩的教学情境"。在教学中,可以运用图画再现、音乐渲染、语言描绘等多种方式创设情境,使枯燥乏味的教学内容变得生动形象,从而创设出生机勃勃、活泼高效的课堂学习氛围。

(一)以故事、图画调动学生的识字热情

众所周知,兴趣是最好的老师。如何调动学生的热情,让学生快乐主动地进行识字呢?教学设计一定要充分把握学生的兴趣。这堂课以传说导入,激发学生对本民族语言文字的向往与热爱。教学生字时,运用丰富的图画再现生活中的情境,让学生看、猜、想,将识字与生活联系。

(二)把握象形字的特点,掌握识字规律

我国的汉字是具体直观、形象生动且富含逻辑的,识字教学要利用好汉字音、形、义统一的特点。这篇课文中的12个生字都是象形字,最早是从图画演变而成的。因此在教学中加入甲骨文的学习,对比图画、甲骨文和现代汉字,观察它们的相似点,从而增加识字的趣味。不但让学生了解字的本源,也帮助他们建立汉字意义识记的线索。教学中可以引导学生自己去发现、探究字形和字义之间的联系,结合字义识记字形。

(三)插入游戏,增加识字乐趣

孩子始终是喜欢游戏的,尤其是低年级。利用互动性极强的趣味游戏创造情境,不仅能强化识字教学的效果,同时也能够有效激发学生的参与性,调动学生自主识字的热情。课堂上可以猜谜语、对对歌、贴图、汉字开花、魔术变字,趣味盎然。

(四)生动的语言启发学生想象

教师的语言是开启智慧殿堂的钥匙,是润泽学生心灵的甘泉。在低年级教学中,尤其要注意使用生动形象、口语化的语言,通过语言描绘把学生带入教师创设的情境之中。

"看到生字宝宝这样有趣,有三种植物从地里长出来,它们也想变成汉字宝宝。瞧!它们来了"

"他们要变魔术了,仔细看"

"每个字都像是一幅生动的图画"

……

课堂上教师和学生积极互动,拉近与学生的距离,师生间真情交融。学生想象力的发展正处于黄金时期,教师要以美的语言培育开发学生智慧的土壤,给学生插上想象的翅膀,飞向美的彼岸。

拓展阅读

名师示例《在家里》

学有所得

认真学习了这两篇教学设计,从下面几个角度写下你的体会:

1. 你认为两课的教学中很好地运用了哪些教学策略?请做简要评述。

_____

_____

2. 选择这两篇教学设计中你认为最精彩的片段,请标注出来,并说说理由。

_____

_____

3. 对照两个名师示例中教学设计和教学实录,从中找到课堂教学中生成的内容,细细体会教者是怎样在生成处把握教学、调整设计的。可以把你的所悟所得写下来。

_____

_____

_____

实践操练

下面是人教版教材(2016 新版)一年下册中的识字教材,请你选择其中的一课进行教学设计。

1. 天地人

天地人
你我他

2. 金木水火土

一二三四五,
金木水火土。
天地分上下,
日月照今古。

第二章　写人记事文体教学设计

方法举隅

　　写人记事类的文章，也就是记叙文，在小学语文教材中占最大的比例。这类文章故事性强，情节生动，语言丰富，往往是通过语言的记叙和描写来表达一个主题，无论是写人还是记事，基本都是通过事来表达人物的精神品格或传达一个深刻的人生哲理。所以，写人记事类文章教学的重点和需要突破的难点，无非是两个：一是帮助儿童学会欣赏（鉴赏）文章表达方法的精妙；二是在欣赏表达特色中体悟文本内容和情感的深刻与美好。也就是帮助儿童"得言得意"。

　　言和意的内在关系揭示了语文的基本性质。我们可以作如下推论：既然言和意是语文的基本内在构成要素，言和意的矛盾是语文的基本矛盾，言和意的内在联系、转换和统一是语文的关键、核心和根本，那么，探究言和意的表现性以及它们的内在联系，使言和意尽可能地适切和统一，探寻言和意生成的过程和规律，使个体生命精神的表现更准确、畅达、完美和动人，就是语文教育的本质和属性，也就构成了语文的表现性——语文最根本、最独特的属性。所以，所谓语文，就是探究言和意的内在关系以及生成的过程和规律的学科。抓住言与意的吸收和表达，转换和统一，就能够实现语文教育的最佳效果。这就是语文的本质、本体和本色，是语文教学的纠结点、关键点和着力点，同时也是语文教学的独特魅力。

　　我们可以采用下面的方法。

一、对话

　　对话既体现了教育的先进理念，也是课堂教学的科学方式，是带领学生入文章之境的最佳路径之一。对话教学并不是反对学生对知识的自主掌握，知识的掌握不是教学的唯一追求，更不是教学的终极追求。传统教学实际上是以传授知识为教学第一目的的，这就导致了教师会成为传授知识的工具，学生自然成为接受知识的容器，师生成了知识的奴隶，被知识绑架，没有思想自由的课堂绝不可能焕发活力。对话教学使教师和学生成为课堂的主人，知识则退居为"谈资"的位置。对话教学，以师生心理世界的开放为特征，以互动为方式，通过双方的语言交融、心灵交流，师生不仅从对话中获得了知识，而且提升了精神境界。教学中的对话是在一定情境中讲求效率的交谈，是教师和学生之间，学生和学生之间，学生和教材之间的真诚倾听和诉说,是人格平等的心灵交汇,是情感撞击、思维碰撞的灵性生长之地。

判断一种教学是不是真正意义上的对话教学,关键取决于教育者的教育意向与教育过程互动的实质。真正的对话教学中的对话,发生在双方自由的探究中或自发的讨论中,发生在双方精神上真正的相互回应与相互碰撞中,发生在双方认知视界的真正融合中。对话教学是师生交往、互动、合作的教学,充满着无穷的可能性,洋溢着生命勃发的色彩,要让学生穿过文字符号的隔断触摸语言内里无穷的温度,也就是我们通常所说的理解言语之境,对于学生来说显然是有难度的。即使我们为消除这样的隔膜创设了一定的情境,孩子也未必能顺利地进入情境。然而,儿童时代的身份意识具有角色模糊性,又称角色多重性,这是因为儿童是童话式的生活,儿童生活在现实世界和童话世界交融的"第三世界"里。这为我们带领儿童深入言语之境给予了启示和路径。我们让学生住在语言中,成为其中的一个,那么文本本属于他者的性质,在儿童住进去的那一刻开始,文本成为"你",儿童与文本的对话,成为"我"和"你"的对话,"入境"也就达成了。入境的程度会随着对话的展开更加深刻。比如,苏教版教材《天鹅的故事》一课的教学,难点之一是让学生理解老天鹅舍弃生命带头破冰的壮举具有怎样的意义。教师在教学过程中逐步引导学生进入文章,成为"老天鹅",与之展开了一段深入的对话——

> 师:可怜的老天鹅啊,你为什么要这样做? 你不疼吗?
> 生:我很疼很疼,疼得无法形容了。
> 师:可爱的老天鹅啊,那你为什么要这样做? 你不想活下去吗?
> 生:我想活,没有人不想活下去的。
> 师:是啊,生命只有一次,那你究竟为谁这样做呢? 值得吗?
> 生:为了家族中大部分的成员能活下去,为了我们家族的血脉能延续下去,我这样做是值得的。
> 师:我理解你为什么这样做了,我相信你的亲人也都理解你了,你看,它们都加入破冰的行列了!(师生齐读群鹅破冰的壮观描述)

在教师的引领下,学生与文本进行了角色变换的体验,展开了角色重合的心灵对话,架构了言语之境的桥梁,学生感言于心,以心化言,实现了自我超越,直面文本灵魂,触摸语言的温度。

语文课堂教学中,课堂不是一个人独白、大部分人倾听的局面,而是师生之间、学生之间、学生与课本间之间自由、开放的对话。在这里,学生思与思的碰撞,情与情的交融,心与心的接纳促进语言智慧的生长,为实现深刻理解语言表达和自由表达的母语教育目标提供了先决条件和保障措施。让学生过一种自由的语文生活成为可能。

课堂因为对话使师生获得心灵满足,提升审美实践。

二、体验

在实践中认识事物,亲身体会,即为体验。体验是指用自己的生命来验证事实,感悟生命,留下印象,体验到的东西使得我们感到真实、现实,并在大脑记忆中留下深刻印象,使我们可以随时回想起曾经亲身感受过的生命历程。

体验学习是指以身体活动与直接经验产生感情和意识的一种学习方式。体验使学习进入生命领域,因为有了体验,知识的学习不再仅仅属于认知、理性范畴,它已扩展到情感、生理和人格等领域,从而使学习过程不仅是知识增长的过程,同时也是身心和人格健全发展的过程。体验性是现代学习方式的突出特征,在实际的学习活动中,它表现为:第一,强调身体性参与。学习不仅要用自己的脑子思考,而且要用自己的眼睛看,用自己的耳朵听,用自己的嘴说话,用自己的手操作,即用自己的身体去经历,用自己的心灵去感悟。这不仅是理解知识的需要,更能激发儿童生命的活力,促进儿童生命成长。体验学习强调儿童参与,强调活动,强调操作,强调实践,强调探究,强调经历。第二,重视直接经验。从课程上来讲,就是把儿童的个人知识、直接经验、生活世界看成重要的课程资源,尊重"儿童文化",发掘童心、童趣的价值;从教学角度讲,就是鼓励儿童对教材文本的自我解读、自我理解,尊重学生的个人感受和独特见解,使学习过程成为一个富有个性的过程;从学习角度来看,就是要把直接经验的改造、发展作为学习的重要目的,间接经验要整合、转化为儿童的直接经验,成为儿童素质的有机组成部分,否则,就会失去其教育意义和发展人的价值。

在语文学习的审美体验中,我们往往以"角色"为轴心入境。具体策略则是在角色扮演和角色承担中体验。角色扮演是指一个人想象自己身处某一种特别情境或想象自己是另一个人,在那种特定情境下他会如何行动。从演出架构中,他可以尝试自己想象的剧本行为,或者去探讨与他人互动的行为。角色承担指的是实际生活中个人依照社会对其承担的角色所期望的行为表现出来的。如学生在学校遵守学校的校规,回到家中要遵守家庭的"约定",不管这种约定是显性的还是隐性的,儿童在家庭中遵守的是子女必须或应该遵守的家庭"规则"。我们每个人都依据社会或他人对于特定角色的期待而行动。这些角色行为是根据个人内化了的社会角色期待而形成的。所以生活中,每个人在尽自己的角色本分,这就是一种"角色承担"。它和角色扮演是有区别的,"角色扮演"是一个人去表演想象中虚拟的人,或者是生活中的他人,甚至表演自己想象中的一个情境。

我们从另一个角度来看,以表演者承担的角色是否是其个人生活中真实承担的角色为标准,角色被分为真实的角色和虚拟的角色。对于现在而言,未来的角色可能只是虚拟的,但是往往要在未来承担的,比如由儿童表演的"父母""老师"等角色。此外,从人与自然的关系来看,角色的内容既与人有关系,也可能与植物、动物甚至是无机物有关系。比如儿童扮演的"米老鼠""兔子""乌龟"等;儿童用肢体表演"树""山"的形状;再比如,儿童承担一条河流的"心灵独白"等等。这样的表演是"角色的物化"与"物的人性化"的过程,也正是通过这样的表演过程,表达儿童对自然的理解,实现人与物、人与自然的沟通。

大量研究和实践表明,获得知识、形成新的理解,首先需要学习者情感的认同,然后才可能实现认知上的认同。学习者的身份感决定了其对学习的情感投入度和智力投入度。角色的状态水平直接影响到知识的习得方式和效果,课堂教学已经形成一定惯性,儿童的"学生"身份,将其置于单纯的听讲、接受的被动地位。其实,知识本身是有情境性的,我们只有让学习者融入知识的产生、存在和运用其所置身的情境之中,成为这情境的一部分,担当其中的角色,学生才会按照角色的需要进行思维、情感和语言的活动。在小学语文课堂上,儿童常常可以担当三类角色:"榜样角色""童话角色"和"现实生活角色"。这些角色有的是可以扮演的,根据角色的需要,利用各种小道具,让儿童把教材中的人物和情节形象地"演出来";有的是借助教师的语言浸润,让学生产生角色意识,从而进入角色,产生一种思想和情感的体验,拉近学生与教材的距离,甚至让学生走进了教材世界,真正进入了文本之境。角色的转换使教学活动进入了情绪热烈的状态,使儿童成为了真正的主角,主动地想象、探究、获知,儿童言语的主动发展才可能成为现实。正如教育家李吉林所说:"这种'有我之境'可产生一种巨大的无形的导引效应。"儿童在扮演或担当的角色思维中体验,进行独白或表白、演示或操作中,产生如临其境的感受,会很快地理解角色在文本情境中的地位、言行。儿童的经验在角色体验中充分苏醒并被充分利用。文本角色的喜怒哀乐、言语行为仿佛就是儿童自己的所思所想、所言所行,角色转变后,思想感情和语言行为也随之而变化。

名师示例一　天鹅的故事

苏教版四年级下册课文
天鹅的故事

访俄期间,我在莫斯科认识了来自贝加尔湖的俄罗斯老人斯杰潘,他请我到他家去做客。

落座以后,我看到墙上挂着一支猎枪,就好奇地问:"您老喜欢打猎?"

老人点了点头,说:"是的,但那是30年前的事了。有一年初春,我背着这支猎枪,在贝加尔湖畔的沼泽地打野鸭。那年的春天来得特别早,一些候鸟从南方飞来。可是,谁也没有想到,突然寒潮降临,北风呼啸,湖面又上冻了。有些刚飞来的候鸟只好飞走,再找暖和的地方。我在湖边转悠了好半天,一无所获,感到十分扫兴。这时,从远处传来一阵清脆的啼叫声:'克噜——克哩!'我抬头一看,原来是一大群天鹅。

天鹅群刚好落在离我不远的地方。它们为什么没有走呢?我瞪着眼睛,想看个究竟。只见天鹅在冰上互相呼唤着,好像在讨论:冰封湖面,没有吃的,怎么办?

突然,一只个儿特别大的老天鹅腾空而起,可是它并没有飞走,而是利用下落的冲力,像石头似的让自己的胸脯和翅膀重重地扑打在冰面上。经过这沉重的一击,镜子般的冰面被震得颤动起来。接着是第二次,第三次……

这时,别的天鹅似乎被一举动惊住了。它们呆呆地站在那里,瞧着这位'破冰勇士'。只听得'嚓——嚓——',冰层裂开了一条小缝,接着又裂开了一条……冰面终于塌陷了,出现了一个小的冰窟窿。这位顽强的'破冰勇士'沿着冰窟窿的边缘继续扑打着,很快整群天鹅,大约百十来只,都投入了破冰工作。它们干得那样齐心,那样欢快!水面在迅速地扩大着。湖面上不时传来阵阵'克噜——克哩——克哩'的叫声,就像那激动人心的劳动号子:'兄弟们哪,加油! 齐心干哪,加油!'

小小的冰窟窿终于变成了一片很大的水面。就好像听了谁的命令似的,所有的天鹅都同时结束了工作。它们昂着头,挺着胸,在水里游动着,捕食着鱼虾,不时发出阵阵胜利的欢呼声:'克噜——克哩——克哩!'"

说到这里,斯杰潘老人停住了,喝了口茶,然后深情地说:"多么可爱的鸟儿啊! 我当时离它们才三四十米,双手端着上了子弹的猎枪,可是,我却把枪挂到肩头,悄悄地离开了湖岸。从此以后,这支猎枪就一直挂在墙上,再也没有动过。"

《天鹅的故事》(第二课时)教学设计(四年级)

特级教师:刘昕

教学目标

1. 能正确、流利、有感情地朗读课文,在熟读课文的基础上,背诵课文的第四、五自然段。
2. 体会天鹅勇敢奉献、团结拼搏的精神,体会生命的珍贵。

教学准备

多媒体课件。

课时安排

一课时。

教学重、难点

体会天鹅的勇敢,感受生命的珍贵。

教学流程

一、谈话激趣,导入新课

同学们,今天我们继续学习第16课——(齐读课题《天鹅的故事》),课文讲述了一个关于天鹅的什么故事? 能用简要的语言说一说吗?

请同学们打开课本读读课文,找出课文中最能打动你的地方,细细地读一读、品一品。

二、直奔重点,以情施教

(一)品读第五自然段

1. 请大家轻声读读这一小节,(出示)看看哪些地方最能打动你? 可以是一句话,也可以是一个词。

突然，一只个儿特别大的老天鹅腾空而起，可是它并没有飞走，而是利用下落的冲力，像石头似的让自己的胸脯和翅膀重重地扑打在冰面上。经过这沉重的一击，镜子般的冰面被震得颤动起来。接着是第二次，第三次……

2. 哪位同学把这段话读一下？其他同学想一想这段话中哪些词语最让你感动？为什么？

3. 你们知道吗？一年中，贝加尔湖面有 5 个月封冻，冬季气温零下 38 度左右，冰层约 90 厘米厚，初春时节，冰层也足有四五十厘米。听了老师的介绍，你有什么想说的？

4. 师生对话情境：

可怜的老天鹅啊，你为什么要这样做？你不疼吗？

可爱的老天鹅啊，你为什么要这样做？你不想活下去吗？

敬爱的老天鹅呀，你为谁这样做？

如果说老天鹅的行动是一首诗，那么它一定是世界上最怎样的诗篇？如果说老天鹅的心声是一支歌，那么它一定是世界上最怎样的旋律？

让我们用饱含真情的朗读再现老天鹅带头破冰的情景。（出示）第五自然段，齐读。

5. 读到这里，你会情不自禁地用哪些美好的词语来称赞这只老天鹅呢？——（破冰勇士、勇敢智慧）（齐说）在它的身上有着一种可贵的品质，那就是舍己为群。（板书：破冰勇士）

（二）品读第六自然段

1. 面对这样的一只勇敢智慧的老天鹅，（出示一至四句）（引读）这时，如果你就是其中的一只天鹅，亲眼目睹了老天鹅的壮举，你会怎么想？你又会怎么做？

出示第六自然段 5 至 8 句。

默默地读，透过文字的表面你仿佛看到了怎样的画面？

提示：只见这边几只天鹅——

又见那边几只天鹅——

所有的天鹅都在一次又一次地——

啊，眼见那只天鹅受伤了，可是——

这只天鹅已经筋疲力尽了，但是——

2. 这叫声在课文中一共出现了几次？前两次各表示什么意思？

在这里，这叫声又是什么意思呢？天鹅们在说什么呢？

3. 这欢呼声在那广袤的俄罗斯天空，在那遥远的贝加尔湖畔久久回旋，不断传来，一直传到三十年后的今天。这就是感人至深的天鹅的故事。你愿意再读读这个课题吗？我们一起读。

（三）品读第八自然段

三十年来,天鹅那三种不同的啼叫时刻回响在斯杰潘老人的耳边,老师和你们合作,读好这三次啼叫。(师生合作读)(寒潮降临,冰封湖面,清脆的啼叫焦急无奈;群鹅破冰,齐心协力,劳动号子,激动人心;破冰成功,欢呼胜利。)

这声音总把老人带入那群天鹅破冰的情景,带入那段深沉的记忆,我们一起深情地读读他的话。(出示第8自然段)

三、前后勾连,拓展升华

现在你知道斯杰潘的这支猎枪为什么挂在墙上,一挂就是三十年,再也没动过?

补充动物界感人的一幕幕。(课件)你想说什么?

小结:这些动物所表现出来的智慧、勇气、自我牺牲的精神,让我们每个人为之震撼,生命如此灿烂,更应尊重珍惜。

布置作业。

附板书:

```
天鹅的故事
"破冰勇士"　齐心协力
    珍爱生命
```

《天鹅的故事》课堂实录

刘昕

师: 同学们,今天我们继续学习第16课——(齐读课题《天鹅的故事》),课文讲述了一个关于天鹅的什么故事? 能用简要的语言说一说吗?

生: 课文讲了一只老天鹅带领一群天鹅用自己的身体破冰捕鱼的故事。

师: 是的,概括得很准确。请同学们打开课本读读课文,找出课文中最能打动你的地方,细细地读一读,品一品。

生: 第五自然段和第六自然段最让我们感动。

师: 好,那我们先来阅读第五自然段。请大家轻声读读这一小节,(出示)看看哪些地方最能打动你? 可以是一句话,也可以是一个词。

师: 哪位同学把这段话读一下? 其他同学想一想这段中哪些词语最让你感动? 为什么?

生: 老师,我觉得这里的"胸脯和翅膀",让我很感动。

师: 哦? 这两个词是老天鹅身体的部分,为何让你感动呢?

生: 因为老天鹅是以血肉之躯作为破冰的武器,那是很疼的。

师: 理解得很深刻。还有谁想说?

生: 我觉得"腾空而起",这个词让我很感动。因为飞得越高,落下来就会越疼。

师：是的，老天鹅这样做是为了什么？是为了增加下落的力量，使胸脯和翅膀扑打冰面的力量更大。

生："重重的"这个词很让我感动，从这个词中我看出老天鹅把自己的疼痛、生死完全抛开了。

生："像石头似的"，这个比喻让我很感动，这样坚决的态度和石头似的重量落下来，该有多疼啊！

师：老天鹅破冰的态度是坚决的，力量是巨大的。此时，我多希望它就是一块石头，因为石头是无情的，不会疼。可是老天鹅是有生命的，即使痛，它也不吭一声，就像一块——石头！

师：你们知道吗？一年中，贝加尔湖面有 5 个月封冻，冬季气温零下 38 度左右，冰层约 90 厘米厚，初春时节，冰层也足有四五十厘米。听了老师的介绍，你有什么想说的？

生：老师，这么厚的冰层，老天鹅就用自己弱小的身躯去砸，那是冒着死亡的危险啊。

生：老师，读了课文，听了您的介绍我都想哭了，老天鹅好可怜！

生：老天鹅哪里来的这么大的勇气啊！

师：是啊，这需要多大的勇气啊！请同学们再来读一读第一句话！

师：同学们，来！站起来，请高高举起你的手，用你的手重重地击打桌面。疼吗？（生齐说：疼）

师：你是腾空而起地击打吗？

生：不是。

师：你是用整个身体重重地击打吗？

生：不是。

师：你是击打在坚硬冷峭的冰面吗？

生：不是！

师：可老天鹅是的，它是腾空而起（指读相关句子），它的疼痛是我们敲打桌面疼痛的多少倍呀，那是彻骨的疼痛，那是撕心的疼，那是裂肺的疼！

师：尽管如此，但镜子般的冰面依然如故，它第二次腾空而起，（引读）像石头似的把自己的胸脯……

师：老天鹅头晕了，眼冒金星了，但它还是拍拍翅膀，艰难地站起来，第三次——（引读）腾空而起……

师：可冰面仍没有破裂，怎么办？第四次、第五次……（引读）它腾空而起……

师：就这样，老天鹅用自己的血肉之躯一次又一次地撞击着，同学们看——（课件：老天鹅破冰的情景）

师：此时此刻，你的心怎样了？

师：可怜的老天鹅啊，你为什么要这样做？你不疼吗？

生：我很疼很疼，但是我必须这样做！

师：可爱的老天鹅啊，你为什么要这样做？你不想活下去吗？

生：我非常想活下去，但是如果不这么做，我的孩子们都会饿死在这里，用我的死换取它们的生是值得的。

师：敬爱的老天鹅呀，你为谁这样做？

生：我为了整个家族能够繁衍生存下去，我必须这样做。

师：如果说老天鹅的行动是一首诗，那么它一定是世界上最怎样的诗篇？如果说老天鹅的心声是一支歌，那么它一定是世界上最怎样的旋律？

师：让我们用饱含真情的朗读再现老天鹅带头破冰的情景。（出示第五自然段，齐读）

师：读到这里，你会情不自禁地用哪些美好的词语来称赞这只老天鹅呢？

生：破冰勇士、勇敢智慧。

师：在它的身上有着一种可贵的品质，那就是舍己为群。（板书：破冰勇士）

师：面对这样的一只勇敢智慧的老天鹅，（出示课文第六自然段一至四句）（引读）如果你就是其中的一只天鹅，亲眼目睹了老天鹅的壮举，你会怎么想？你又会怎么做？

生：我会想，奶奶那么大的年纪了，她是在用自己的生命为我们赢得生机啊，我们要和她一起努力战斗。

（出示第六自然段5至8句。）

师：默默地读，透过文字的表面你仿佛看到了怎样的画面？

提示：只见这边几只天鹅——

　　　又见那边几只天鹅——

　　　所有的天鹅都在一次又一次地——

　　　啊，眼见那只天鹅受伤了，可是——

　　　这只天鹅已经筋疲力尽了，但是——

师：你们听到了什么？

生：我们听到了激动的声音，是天鹅们战斗的号角。

师：谁来把你听到的声音模仿着喊出来。（克里克噜……）

开始，几只天鹅来帮忙了，喊起来；接着，天鹅渐渐多起来；后来，更多的天鹅参加进来了。

它们的叫声此起彼伏——这叫声仿佛就是那激动人心的劳动号子——

师生齐读：兄弟们啊……

师：这些声音汇成了一曲动听的歌，这是一首奋斗之歌，这是一首团结之歌，这更是一首赞美之歌。

师：你们看（课件：群鹅破冰的场面），你们听……

师：此时，这些天鹅们仅仅是在同冰面作斗争吗？

生：不是，是同死神作斗争、同环境作斗争、同命运作斗争。

师：是啊，它们齐心协力在同命运作斗争，（板书：齐心协力）让我们一起读好这个场面。（齐读第六自然段5至8句。）

出示第七自然段，引读：小小的冰窟窿……（学生读：它们昂着头……）

师：这叫声在课文中一共出现了几次？前两次各表示什么意思？在这里，这叫声又是什么意思呢？天鹅们在说什么呢？

生：这叫声课文中一共出现了三次。

生：第一次是悲伤的鸣叫，好像在说，怎么办呢？我们一定会饿死在这里的。

生：第二次是战斗的号角，好像在说，兄弟们啊加油干啊。

生：这第三次的鸣叫是胜利的欢呼，好像在说，成功了，成功了，我们终于胜利了！

师：是啊，这欢呼声在那广袤的俄罗斯天空，在那遥远的贝加尔湖畔久久回旋，不断传来，一直传到三十年后的今天。这就是感人至深的天鹅的故事。你愿意再读读这个课题吗？我们一起读。

师：三十年来，天鹅那三种不同的啼叫时刻回响在斯杰潘老人的耳边。老师和你们合作，读好这三次啼叫。(师生合作读)(寒潮降临,冰封湖面,清脆的啼叫焦急无奈;群鹅破冰,齐心协力,劳动号子,激动人心;破冰成功,欢呼胜利。)

师:这声音总把老人带入那群天鹅破冰的情景,带入那段深沉的记忆,我们一起深情地读读他的话。(出示第8自然段。)

师:现在你知道斯杰潘的这支猎枪为什么挂在墙上,一挂就是三十年,再也没动过?

生:因为老人被天鹅冒死破冰、顽强求生的精神打动了。

师:是的,不仅仅天鹅如此,我们来看看动物界这一幕幕感人的画面。

(出示动物界感人的一幕幕课件。)

师:你想说什么?

生:这些动物所表现出来的智慧、勇气、自我牺牲的精神,让我们每个人为之震撼,生命如此灿烂,更应尊重珍惜。

感悟分享

《天鹅的故事》这篇课文选自苏教版国标教材第八册,教学对象是小学四年级下学期的学生。应该说,这篇文章对于四年级儿童来说,读懂故事内容并不困难,但是入情入境,体会文字背后的情感有一定难度。因此,为了达到最佳的学习效果,我根据教材特点和儿童已有的认知基础,参照课程标准中段的学段要求,为本课定下了如下三大目标:

1. 能正确、流利、有感情地朗读课文,在熟读课文的基础上,背诵课文的第四、五自然段。
2. 学会本课生字,认识多音字,结合课文内容理解由生字组成的词语。
3. 体会天鹅勇敢奉献、团结拼搏的精神,体会生命的珍贵。

本课的教学重、难点是本课的教学是体会天鹅的勇敢,感受生命的珍贵。

围绕上述教学目标,我将本课分为两个课时进行教学,现在呈现的是第二课时的教学。

我努力践行2011版新课标核心理念,即语文学习要在儿童的语言实践活动中提升语文素养。为此,本课在启发式教学思想的指导下,通过教师引导,发挥学生的积极作用,构建和谐、民主、对话的课堂模式。这节课我主要采用朗读体验和对话体验为主的策略,通过引导学生诵读文本和角色体验来理解语言文字潜藏的情感,引导学生身临其境,个性地表达自己的理解。

围绕教学目标的达成以及教学重、难点的突破,我设计了三大教学板块来完成第二课时的教学。

板块一:复习词语,导入新课。

在第一课时已经教会学生读、写生字并组词,并初步理解了词语的意思。所以第二课时开始,我就用复习巩固词语来实现"温故而知新"的目标。词语的出示,是有一定技巧的。我将生字词板书成两组出示。

第一组是描写天气恶劣的:寒潮来临,北风呼啸,湖面上冻。

第二组是写天鹅们破冰的:腾空而起,继续扑打,劳动号子,昂头挺胸。

出示了这些词语,首先让学生朗读,然后引导发现这两组词语分别写了什么。学生不难发现规律,第一组是写恶劣天气的,第二组是写天鹅破冰。紧接着追问,这两组词对照着读,你们发现了什么?我让学生用上"虽然……但是……"这样的句式来回答,并建议适当使用上面的词语。学生会说出类似这样的答案:虽然寒潮来临、北风呼啸、湖面上冻,但是天鹅们勇敢破冰。

由此顺势进入课文重点段落的教学,也就是我预设的第二个板块。

板块二：设置情境,品读感悟。

紧接着学生的回答,我抛出这样一个问题:课文中哪些自然段具体地介绍了天鹅破冰的壮观场面呢? 学生很快会找到5、6、7三个自然段,这也是和学生分享的最重要的一个部分。这部分的教学正是课文重点教学内容,也是难点所在。其中第5自然段和第6自然段分别讲的是老天鹅带头破冰的壮举和群鹅破冰。

这两个自然段的教学,为了让学生能够入情入境,我分别采用"角色情境对话"和"艺术熏染"的入境策略,让学生进入文字,融入故事,感同身受。

引领学生体会老天鹅舍身破冰的壮举时,我分两步走,第一步:抓重点词,体会破冰之艰难。我设计的问题是:"读读课文第5小节,看看哪些词语最能打动你? 为什么?"学生在品读中会抓住"腾空而起""胸脯和翅膀""重重的""石头似的",在学生说自己的感动时,教师相继评点,在评点中提升情感。第二步在第一步的基础上深入文本,我设计了一个角色对话的情境,让孩子们化身老天鹅,我则是一个旁观者对老天鹅进行采访式的对话。对话情境是这样的,我设计以下系列问题:亲爱的老天鹅,你疼吗? 敬爱的老天鹅,你为什么要这么做呢? 老天鹅啊,你冒着生命的危险去破冰,究竟是为了什么呢? 值得吗? 让已经进行了角色替换的学生代表老天鹅回答,学生的回答就是老天鹅的心声,也就是学生对文章情感的深刻理解。

讲群鹅破冰的场景,也就是课文第6小节时,我在学生通读后,放映和文字表述内容一致的动画,配上激情的音乐,把符号化的文字转化成具体生动的故事画面,艺术感染的力量渗透进学生的心灵,使学生和文字内涵产生共振,从而突破教学的难点。最后仍然落实在朗读上,通过一次次的朗读表达学生的理解。最后在学生的情绪达到沸点时,顺势朗读第7自然段,也就是胜利的欢呼。

至此,课文的主体教学已经很好地完成了。但我并不会就此结束这一课的语言实践活动。因此,我设计了第三个板块。

板块三:瞻前顾后,拓展升华。

课文中反复出现了三次天鹅的叫声"克鲁——克里——克里",但三次叫声的含义却不一样。我让学生回顾前文,想一想,三次叫声,天鹅分别在说什么? 叫声是否一样? 并指导学生通过不同音调、不同音长的朗读读出三次叫声的不同含义和情感。

接着再"顾后文",想一想课文后面设计的问题:老人为什么没有向天鹅开枪,却把枪挂在肩头,悄悄地离开了湖岸? 老人在想什么呢? 让学生用几句话写出来。

名师示例二 月光启蒙

苏教版五年级下册课文
月光启蒙

童年的夏夜永远是美妙的。暑热散去了,星星出齐了,月亮升起来了,柔和的月色立即洒满了我们的篱笆小院。这是孩子眼里最美的时辰。母亲忙完了一天的活计,洗

完澡,换了一件白布褂子,在院中的干草堆旁搂着我,唱起动听的歌谣:

"月亮出来亮堂堂,打开楼门洗衣裳,洗得白白的,晒得脆脆的。"

"月儿弯弯像小船,带俺娘俩去云南,飞了千里万里路,凤凰落在梧桐树。凤凰凤凰一摆头,先盖瓦屋后盖楼。东楼西楼都盖上,再盖南楼遮太阳。"

她用甜甜的嗓音深情地为我吟唱,轻轻的,像三月的和风,像小溪的流水。小院立即飘满了她那芳香的音韵。

那时,我们日子清苦,但精神生活是丰富的。黄河留给家乡的故道不长五谷,却长歌谣。母亲天资聪颖,一听就会。再加上我的外婆是唱民歌的能手,我的父亲是唱莲花落的民间艺人。母亲用歌谣把故乡的爱,伴着月光给了我,让一颗混沌的童心豁然开朗。

母亲唱累了,就给我讲嫦娥奔月的故事,讲牛郎织女天河相会的故事……高深莫测的夜空竟是个神话的世界。此时明月已至中天,母亲沉浸在如水的月色里,像一尊玉石雕像。她又为我唱起了幽默风趣的童谣,把我的思绪从天上引到人间:

"小红孩,上南山,割荆草,编箔篮,筛大米,做干饭。小狗吃,小猫看,急得老鼠啃锅沿。"

"小老鼠,上灯台,偷油喝,下不来——老鼠老鼠你别急,抱个狸猫来哄你。"

"毛娃哭,住瓦屋。毛娃笑,坐花轿。毛娃醒,吃油饼。毛娃睡,盖花被。毛娃走,唤花狗,花狗伸着花舌头。"

民谣童谣唱过了,我还不想睡,就缠着她给我说谜语,让我猜。母亲说:"仔细听着:麻屋子,红帐子,里边睡个白胖子——是什么呀?"

我问:"朝哪里猜?"

母亲说:"朝吃的猜。"

我歪着头想了一会儿,硬是解不开。母亲笑着说:"你真笨,这是咱种的花生呀。"

母亲不识字,却是我的启蒙老师。是母亲用一双勤劳的手为我打开了民间文学的宝库,给我送来月夜浓郁的诗情。她让明月星光陪伴我的童年,用智慧才华启迪我的想象。她在月光下唱的那些明快、流畅、含蓄、风趣的民歌民谣,使我展开了想象的翅膀,飞向诗歌的王国。

《月光启蒙》(第一课时)教学设计(五年级)

特级教师:刘昕

教学目标

1. 朗读课文,感受民间文学的魅力。

2. 阅读课文,体会课题的深刻含义,了解背景(描述性)语言的烘托作用。

3. 拓展阅读,感受作者对母亲的一片深情。

教学准备

1. 布置生字词自学要求。
2. 多媒体课件。

教学重点

精读课文,了解背景语言的烘托作用,体会课题的深刻含义。

课时安排

一课时。

教学流程

一、一读:初读课文,提出研讨话题

出示一读要求:

> 一读:
>
> 请同学们自由阅读课文,想一想初读课文后,有哪些问题需要提出来和大家研讨。

二、二读:再读课文,了解文章主要内容

师:为什么叫"月光启蒙"呢?月光怎会给我启蒙呢?月光给我什么启蒙呢?那么究竟是什么给了我哪一方面的启蒙呢?请同学们快速阅读课文,找到答案。(民谣童谣、传说、谜语)

出示二读要求:

> 二读:
>
> 请同学们再次阅读课文,究竟是什么给了我哪一方面的启蒙呢?快速阅读课文,找到答案。

三、三读:自由诵读民谣童谣,感受其中的妙趣

以学习小组为单位,在小组的带领下,用多种方式来诵读这些民谣童谣。(屏显课文中出现的民歌民谣)

> 三读:
>
> 以学习小组为单位,在小组长的带领下,用多种方式诵读这些民谣童谣。(每组至少选择三种集体诵读的方式)

各小组选择其中的一种方式来展示一下。

师:老师采访一下,你们在诵读这些民谣童谣的时候,心情怎样?为什么会有这样快乐的心情呢?(在学生回答的过程中引导学生从民谣童谣的内容和形式两个角度来说,学生说出的原因就是民谣童谣的特点。)

四、四读：语言情境(背景语言)中诵读民谣童谣，突破话题

师： 文中除了有大量的民谣童谣，还有很多语言，这些语言有的是提示语，比如"母亲笑着说"，有的是记叙的语言，比如"童年的夏夜永远是美妙的"，有的是描写的语言，比如"暑热散去了，星星出齐了……"现在我们把民谣童谣放进课文，在课文背景语言的指引下再诵读，你又会怎么读呢？

四读：

　　以学习小组为单位，在小组的带领下，把这些民谣童谣放进课文中，在课文背景语言的指引下再次诵读，体会和刚才的诵读有什么不同？

师： 谁来说说看，你们这次诵读的体会。(教师穿插引领这些背景语言的妙处)

师生对读，老师读背景语言，孩子们读民谣童谣。

反过来，让孩子们体会背景语言的美好，他们读提示语言，老师读民谣童谣。

引读猜谜部分："民谣童谣唱过了……"

出示：

　　请在小组内讨论我们一开始提出的问题，用几句话说说你对课题"月光启蒙"的理解。

师： 现在你觉得这些对环境描写，对母亲神情的描写的语言是否能够去掉？为什么？

(出示：关于环境描写的重要性的一些名家名言)

　　一个好的故事总是在一个合适的环境描写中方显更加美妙。

　　　　　　　　　　　　　　　　　　　　　　　　　　　　——梁实秋

　　你要写好那个人，那件事情，那份情感，总要在相匹配的情境里发生才好。那些能够激荡你心里感情的总也是那星、那月、那树、那草……和着那些细腻的描写。

　　　　　　　　　　　　　　　　　　　　　　　　　　　　——冰心

五、五读：拓展阅读原著原文《月亮母亲》，铺垫深层次讨论

师： 读到这里，同学们觉得作者写这篇文章的初衷是什么？他最想表达的情感是什么？

(对母亲的感激和满腔深情)

师： 的确，这是一篇献给母亲的文章，今天我们学的课文是节选自孙友田的作品《月亮母亲》，现在老师把原文发给大家，可以先预习预习，想一想把这些民歌民谣放在原文中去读，你又会读出怎样的情感呢？为什么情绪又会产生变化呢？留着第二节课研读。

作业：

　　1. 书写由生字组成的词语各两遍，并默写一遍。

2. 诵读课文,找出课文中让你觉得特别美妙或者有些"奇怪"的句子,思考妙在何处? "怪"在何处? 这样表达好在哪里?

3. 独立阅读《月亮母亲》,想一想把这些民谣童谣放在没有删减的原文中去读,你又会读出怎样的情感呢? 为什么情绪又会产生变化呢?

《月光启蒙》(第一课时)课堂实录

刘昕

课前,教师引背《咏鹅》《静夜思》《春晓》等古诗,学生边背边笑。

师:我看你们一个个都在笑,是不是觉得特别简单呀? 请大家回忆一下,这些唐诗都是什么时候背过的?

生:一、二年级。

师:对呀,正是这些古诗带我们走进了古典文学,所以,我们把这些小时候就学着背诵的诗歌称为启蒙诗歌。

师:大家还记得吗,自己独立阅读的第一本书是什么?

生:《鲁宾逊漂流记》。

生:《西游记》。

生:《安徒生童话》。

师:这些就称作大家的启蒙读物。那么还记得你们的启蒙老师吗?

生:幼儿园的老师。

师:其实不仅仅是幼儿园的老师,也可以是小学的老师,还可以是我们上学前,某个人帮助你认识世界,帮助你懂得道理,这些人我们都可以称他们为——

生:(齐答)启蒙老师。

师:今天,我们以学习小组为单位进行学习,据老师课前了解,我们每一小组是六个人,请小组长举手示意。

师:各位小组长,你们的责任可不轻哦。在今天这节课上,你们每一个人都是一位小老师,是我的助手,是你们学习小组的领头羊。你们要负责带领大家一起诵读、一起研讨,还要保证在研讨的时候你的组员人人参与,人人发言。如果你的小组当中有任何一位同学在今天的课堂上没有得到展示表达的机会,那就是我们小组长失职了。好啦,我们开始上课了。

师:课前,我给大家布置了预习作业,提了两个学习要求,谁来说说看。

生:自学生字词,会读会写;朗读课文,把课文读通顺、读流畅。

师:按照预习要求完成作业的请举手。

(全体学生举手。)

师:百分之一百完成了,很好! 下面大家根据要求再次大声朗读课文。(出示"一读要求",学生对照自读。)

一读：

请同学们自由阅读课文，想一想初读课文后，有哪些问题需要提出来和大家研讨。

生：我们都知道，"启蒙"是指某个人或者某些人对我们进行启蒙，这篇文章为什么叫"月光启蒙"？

师：很会想，这个话题很有价值。

生：我们都知道，声音是不会有香味的，为什么课文里说"小院立即飘满了她那芳香的音韵"？

师：你很会欣赏。

生：这篇课文明明是写母亲的，为什么题目是"月光启蒙"呢？

师：好，这位同学提出了同样具有价值的问题。认为自己也同样对这个问题感到困惑的请举手。（生纷纷举手）几乎所有的同学都有这样的困惑，明明是写母亲的，为什么用"月光启蒙"作为题目呢？请同学们根据阅读要求再次阅读课文，这次要默默地读、快速地读。（出示"二读要求"，学生对照自读。）

二读：

请同学们再次阅读课文，究竟是什么给了我哪一方面的启蒙呢？快速阅读课文，找到答案。

师：已经有同学找到了，请小组长带领你的组员互相交流一下。（学生小组内交流。交流完毕教师指名汇报。）

生：我们组讨论的结果是，母亲给了"我"关于诗歌方面的启蒙。

师：很好，母亲用什么给了"我"诗歌方面的启蒙呢？

生：用童谣和民谣。

师：还有补充吗？

生：还有神话故事。

生：还有一双勤劳的手。

师：哦，你读出了更加深层次的东西，这个我们稍后专门讨论。

生：还有谜语。

师：是的，我们可以把这些东西统统概括为——民间文学。母亲用民间文学给了"我"文学的启蒙。课文中出现了大量的民谣、童谣，接下来让我们一起来读一读这些民谣、童谣。各位小组长注意了，我们任务单又来了。大家读完之后，需要每个小组选择一种方式来进行展示。（出示"三读要求"，各小组对照自读。）

三读：

以学习小组为单位，在小组长的带领下，用多种方式诵读这些民谣童谣。（每组至少选择三种集体诵读的方式。）

各小组采用齐读、男女生分别读、方言朗读、流行歌曲唱读等方式进行了精彩的展示后，教师带领学生边打拍子边齐读。

师：好，刚才在读的时候，老师观察到你们一个个小脸通红、眼睛放光，非常欢乐，为什么心情这么好呢？读这些民谣童谣就这么欢乐吗？谁能说说为什么？

生：我觉得读这些很好玩，比如刚刚那个"毛娃哭，住瓦屋……"，是幽默风趣的。

师：你读懂了民谣童谣的特点——风趣幽默。还有谁想说？

生：我觉得这些民谣童谣大部分是我们从小听到大的，我们都很熟悉。

师：耳熟能详，特别有意思是吧？能让我们从小记住的东西，那一定是脍炙人口的。

生：我觉得这些民谣童谣读起来非常有节奏感。

师：对呀，这也是民谣童谣的一大特点。请大家快速地到课文中找一找，课文里就有一句直接说民谣童谣特点的，哪一句？

生："她在月光下唱的那些明快、流畅、含蓄、风趣的民歌民谣"中的"明快、流畅、含蓄、风趣"。

师：是的，这些就是民谣、童谣的特点，内容很好玩、很有趣，读起来流畅明快，很有节奏。我们刚才集中诵读时已经感觉到了这些特点。那么，课文中出了有大量的民谣童谣外，还有很多非常好的语言。有的是带有记叙性的，比如"那时，我们日子清苦，但日子是丰富的"；有的是描写性的语言，比如"童年的夏夜永远是美妙的。暑热散去了，星星出齐了……"；有的是带有提示性质的，比如"唱起动听的歌谣……""母亲笑着说……"等等。相对于课文中大量的民谣童谣，我们暂且把剩下的这些内容称作是背景语言。现在，我们把这些民谣童谣放回课文中去，以学习小组为单位，再来读读看，跟刚才的诵读比起来，会读出什么区别呢？（出示"四读要求"，各小组对照自读。）

四读：

　　以学习小组为单位，在小组的带领下，把这些民谣童谣放进课文中，在课文背景语言的指引下再次诵读，体会和刚才的诵读有什么不同？

师：老师刚刚巡视了四个组，发现大家的意见还是比较一致的。谁来说说看，现在你们再来阅读这些民谣、童谣的时候，会像刚才一样读得那么欢乐吗？（生齐答：不会。）

师：为什么呢？那你又会怎么读呢？

生：我们会根据文章中的提示语和侧面描写来体会感情，然后再根据感情来朗读。

师：根据那些描述性的语言的提示和所营造的氛围来读，说得很好。那到底应该怎么读呢？以"月亮出来亮堂堂"这一首为例。

生：我不会读得像刚才那么快了，我会慢慢读，读得抒情一点。

师：这样，请你们组的其他同学带你读背景语言，从"童年的夏夜"开始，然后你再接着读这首歌谣，试试看。

（该学习小组按照要求朗读，其他学生轻声跟读。）

师：真好，我们把民谣放到课文当中去，立马感觉就不一样了，一种氛围就营造出来了。我们一起试一下，我来给大家读背景语言。（师生合作读全文，其中，师读背景语言，生读民谣、童谣。）

师：刚刚刘老师是为你们服务的，给大家读了背景语言，营造了课文的氛围。现在轮到你们了，你们来读这些背景语言，我来读民谣、童谣。只有当你们给我营造了月夜静谧浓郁的氛围，刘老师才能在你们的指导下读得好，所以你们的朗读非常重要。预习的时候，我们知道，作者的家乡在安徽，所以我有可能会用安徽小调来吟唱，希望我们合作愉快！

（生读背景语言，师读童谣民谣。师化用黄梅戏的曲调唱读，学生听得很入神。）

师：这样读是不是很有意思呀？现在，请在小组里讨论我们一开始提出的问题，用几句话说说你对课题"月光启蒙"的理解。读到现在，我想你们肯定会有自己的答案了，各位小组长，请开始发挥你们的作用吧！

学生小组内讨论,教师指名回答。

生:我觉得"月光启蒙"不仅仅是指母亲在月光下启蒙我、引导我,而是表达了母亲对故乡的爱以及对我的爱,就像月光一样甜甜的、暖暖的,一直陪伴着我。

生:母亲在月光下启蒙我,朦胧的月光会引发我无限的想象。

生:我认为,之所以叫"月光启蒙",是因为文中已经说了作者的母亲是在月光下把这些民谣童谣教给了他。

生:我觉得不仅仅是"在月光下启蒙"这一层意思,大家都知道月光是柔和似水的,而母亲对我的爱也是非常柔和的,应该是指母亲对我的爱就像月光一样。

师:最后这位同学理解得很全面,你们都听懂了吗?(学生点头)那么,作者到底是为什么写这篇文章呢?他仅仅是为了告诉读者,民谣、童谣对他后来成为一名诗人有启蒙作用吗?他究竟为什么写,写给谁呢?

生:我觉得他是写给他的母亲的,感谢母亲对他的爱。

师:好,请你在"月光启蒙"和"童年文学"之间深情地写下"母亲"二字,其他同学可以在心里写,也可以用手指在桌子上认真写下这两个字。(学生代表板书。)

师:我来采访一下你,你在写下这两个字的时候,心里想到了什么?

生:我联想到了母亲为"我"吟唱儿歌时的情景,月光柔和,母亲的声音无比甜美。

师:对呀,这篇文章是通过回忆母亲在月光下用民间文学来给我启蒙的一个又一个夜晚,表达作者对母亲深深的思念。这是孙友田写的"母亲三部曲"当中的一篇。可见,课文当中的那些描述性的语言,对于帮助我们理解这个题目起了多么大的作用,对于打动我们起了多么大的作用,对于孙友田表达母亲的那份爱起了多么大的作用!

(出示名家名言,教师带领学生齐读。)

一个好的故事总是在一个合适的环境描写中方显更加美妙。

——梁实秋

你要写好那个人,那件事情,那份情感,总要在相匹配的情境里发生才好。那些能够激荡你心里感情的总也是那星、那月、那树、那草……和着那些细腻的描写。

——冰心

师:还想继续往下学吗?(生齐答"想")第一课我们就上到这儿,文章还有更多的秘密等待我们第二节课再去发掘。(出示课后作业要求。)

作业:

1. 书写由生字组成的词语各两遍,并默写一遍。

2. 诵读课文,找出课文中让你觉得特别美妙或者有些"奇怪"的句子,思考妙在何处?"怪"在何处?这样表达好在哪里?

3. 独立阅读《月亮母亲》,想一想把这些民谣童谣放在没有删减的原文中去读,你又会读出怎样的情感呢?为什么情绪又会产生变化呢?

感悟分享

"把课文当做一个例子来教",这样的教学理念得到越来越多的教师的认同和呼应,然而,在具体备课时,教师们又常常苦恼和纠结:如何跳出课文教语文,实现美丽的转身? 特别是当遇到一篇人文性非常强的课文时,要想实现转身,我们往往感到不容易。比如《月光启蒙》这篇课文,包含着浓浓的情感,如何从教课文向教语文、学语文转身? 我们首先要弄清楚教学立场的三条基准线:教学是为了谁,是依靠谁来开展的,又是从哪里出发的。毋庸置疑,教学是为了学生,是依靠学生展开的,应从学情出发。

阅读教学从儿童立场出发,就要实现二次转身,从教语文向学语文转身,倾力打造"让学课堂",把学习的方便和好处让给学生,让学习真正在课堂上发生,使尚蒙的学生觉悟、聪慧,做到导学相长,师生互动,让教育学臻于和谐的境界。

钟启泉教授指出:"课堂教学应以学生的自主活动为中心展开。教学目标的设定、教材教法的选择、班级的集体交互作用等,所有的构成要素都应当为形成学生的自主活动而加以统整,都必须服从于学生自主活动的组织。"

《月光启蒙》第一课时的教学是一个比较成功的尝试,带给我们一些思考。

首先,把学生置于课堂中央,使之成为首席,成为阅读的主人,而教师确实退到了背后,只起到组织、引导、示范的作用。

执教老师设计的四个板块,每一个板块都有不同的学习任务,学生不是在陪着听,而是作为学习的主人在完成自己的使命,发展能力、拔节生命。

"一读"培养学生质疑问难的能力;"二读"培养学生整体感知课文的能力;"三读"培养学生合作和朗读的能力;"四读"培养学生感悟和诵读的能力。在"四读"的基础上,让学生说说课题为什么叫"月光启蒙",回应学生课始提出的问题,这一时机把握得恰到好处,学生对这一问题的理解也水到渠成。

看看刘老师的课堂,再想想当下的课堂,为何只见教师而不见学生? 因为教掩盖了学,教师的教束缚、抑制了学生的学,教师苦心经营,以自己的思路推进课堂运行,拽着、牵着、赶着学生走,逼反了学生学的时空,消减了学生学习的兴趣与热情,也使学生常常在课堂上走失。归根到底是教师心中没有学生,"把学生当作主体"只是挂在嘴上,并没有落在行动上,更没有落地生花。

第二,让学生开展实践活动。学习的基本法则是:听到了,忘记了;读过的,记住了;做过的,理解了。

孟子说:"君子深造之以道,欲其自得之也。"

叶圣陶先生说:"教师之为教,不在全盘授予,而在相继诱导。必令学生运其才智,勤其练习,领取之源广开,纯熟之功弥深,乃为善教者。"

显然,案例中的教师让学生在自读中学会提问,在默读中感知主要内容,在合作朗读中体会民歌民谣的特点,在师生合作诵读中体会作者的情感。读既是目标,也是实践活动。整堂课学生始终在实践、在体验、在经历,而不是我们常常看到的学生只是在陪听,配合教师的问题发言。刘老师是让学生在水里学游泳,在空中学飞翔,在语文实践中学语文,返身体验,默识新通,达到自然而得的境界。

这节课启迪我们,想要构建学语文的课堂,或许可以从以下几点入手尝试。

一转变:教学要关注学生的成长,课堂要以生为本,以学为主。

两增加:增加语用能力的实践活动,增加学生个体学习的时间,让学生学得充分,学得饱满。

三减少:减少目标,清晰目标,追求一课一得;减少教师的活动时间;减少学生集体活动的时间。

拓展阅读
名师示例《徐悲鸿励志学画》

学有所得

认真学习了这两篇教学设计,从下面几个角度写下你的体会:

1. 你认为刘老师在这两课的教学中除了采用的对话的教学策略,还有哪些方法是值得我们学习的?

_____

_____

2. 选择这两篇教学设计中你认为最精彩的片段,请标注出来,并说说理由。

_____

_____

4. 对照三个名师示例(包括扫码阅读材料)中教学设计和教学实录,从中找到课堂教学中生成的内容,细细体会教者是怎样在生成处把握教学、调整设计的。可以把你的所悟所得写下来。

_____

_____

_____

实践操练

下面是苏教版教材五年级上册中的一篇课文,请你选择第一课时或第二课时的教学写一篇教学设计。

师 恩 难 忘

那年正月新春,我不满6周岁,便到邻近的乡村小学去读书。

这个小学设在一座庙内，只有一位老师，教四个年级。当时学生少，四个年级才一个班。老师姓田，17岁就开始教书了。他口才、文笔都很好。

开学头一天，我们排队进入教室。田老师先给二年级和四年级同学上课，叫三年级学兄把着一年级学弟的手描红。描红纸上是一首小诗：

一去二三里，烟村四五家。

亭台六七座，八九十枝花。

田老师给一年级上课了。他先把这首诗念一遍，又连起来讲一遍，然后，编出一段故事，娓娓动听地讲起来。我还记得故事的大意是这样的：

一个小孩子，牵着妈妈的衣襟儿去姥姥家，一口气走了二三里地。路过一个小村子，只有四五户人家，正在做午饭，家家冒炊烟。娘儿俩走累了，看见路边有六七座亭子，就走进一座亭子里去歇歇脚。亭子外边，花开得很茂盛，小孩子伸出小手指念叨着："……八枝，九枝，十枝。"他越看越喜欢，想折下一枝来。妈妈拦住了他，说："你折一枝，他折一枝，后边歇脚的人就看不到花儿了。"后来，这儿的花越开越多，数也数不过来，变成了一座大花园。

我听得入了迷，恍如身临其境。田老师的声音戛然而止，我却仍在发呆，直到三年级的大学兄捅了我一下，我才惊醒。

那时候的语文叫国语。田老师每讲一课，都要编一个引人入胜的故事。我在田老师那里学习四年，听了上千个故事，这些故事有如春雨点点，滋润着我。

有一年我回家乡去，在村边遇到了老师，他拄着拐杖正在散步。我仍然像40年前的小学生那样，恭恭敬敬地向他行礼。谈起往事，我深深感谢老师在我那幼小的心田里，播下了文学的种子。

十年树木，百年树人。老师的教诲之恩，我终生难忘！

作者刘绍棠。原题《老师领进门》，选作课文时文字有改动。

第三章　写景状物散文的教学设计

方法举隅

　　写景状物类的文章在教材中大多是名家名篇，语言优美，描写细腻。写景状物的文章不是单纯对景物的描写，常常是作者寄情言志的语言载体。在教学中帮助儿童欣赏语言之美和表达之美是教学重点，而教学的难点则是通过语言的品鉴体会蕴含其中的情感和理趣。

　　这类文体的课文写作顺序比较清晰，对帮助学生把握篇章结构、学会谋篇布局有很强的范本作用。教学设计中的一个重要环节就是要引导学生整体阅读，厘清课文写作顺序。

　　在此基础上，为了能够帮助学生较好地掌握学习重点，教师要选择适切的方法，帮助儿童进入文章的内里，和语言发生亲密的关系，从而真正产生和文章的共鸣。因为写景状物的课文基本都是名家名篇，有的写作年代和当下儿童有时间上的距离，有的有空间的距离，又由于写景状物类的文章没有情节，鲜少有儿童喜欢的故事形象，灵动毓秀的文学语言对儿童来说也是有陌生感的。所以在写景状物散文的教学中，我们可以借鉴以下三种方法设计语文实践活动。

一、对比品析

　　贾岛"推敲"的故事告诉我们，只有在不断的推敲、反复的咀嚼中才能感受到精确表达和"好词好句"的妙处。引导孩子进行词句间的对比，是比较贴切、有抓手的品鉴方法之一。对比的具体方法也有若干，比如正反的对比，找出文章中用得特别恰当的词语的近义词，把它们放在一起比较，引导学生把这些词语分别放到语言环境中去考量，反复体会为何不可替换。再比如，长短句的对比，在教学中，我们可以把描写非常细腻的句子抽取出来，让学生通过删减部分词语或添加部分成分，来斟酌品鉴原句"增一分则肥，减一分则瘦"的恰到好处。还可以对描写相同对象的不同范本（不同作家的作品）进行对比阅读，发现它们异同之处，欣赏不同作家不同角度或者不同结构，又或者不同语言风格的各自魅力。

二、角色置入

　　在写景状物类文章的学习中，角色置入是引领儿童进入课文之境的一种巧妙突破，可以帮助儿童和文章了无罅隙地贴紧，同时又可以制造出和文章两两相望的恰当距离。比如，我们可以给孩子设置一个小导游的角色，请小导游们根据课文的内容带领我们游览并讲解；我们也可以根据不同的课文,给学生设置一个文中景物的同伴或朋友,在想象补白中进行角色对话。比如写柳树的文章,我们就可以设置柳树脚下的小鱼,柳树头上飞着的燕子,以它们的口吻来和柳树进行对话,帮助学生内化和运用课文中的语言。

三、角色替换

角色替换则是帮助儿童从另一个切入口进入文章内里,和文章融为一体的策略。角色替换通常在故事性的文章中用得比较多。而事实上,角色替换在写景状物文章中恰当使用,对于帮助儿童理解、欣赏并对文学语言产生兴趣有着事半功倍的作用。比如课文《沙漠里的绿洲》,我们可以让学生替换为阿联酋土地上的一棵小草,以一棵小草的身份进入课文,讲述在阿联酋土地上享受的待遇,表达幸福的情感。教学设计时,我们可以这样提问:同学们,现在你就是阿联酋土地上的一棵小草,请讲讲你的生活、你的故事和你的心情。

名师示例一 *索溪峪的"野"

人教版课标本六年级上册课文
*索溪峪的"野"①

走进张家界的索溪峪,脑子里只剩下了一个字:野。

山是野的。索溪峪的山,是天然的美,是野性的美。这种美,是一种惊险的美:几十丈高的断壁悬崖拔地而起,半边悬空的巨石在山风中摇摇晃晃,使人望而生畏。什么"一线天"②,什么"百丈峡",听着名字就让人胆颤。这种美,是一种磅礴的美:不是一峰独秀,也不是三五峰呼应,而是千峰万仞绵亘蜿蜒,"十里画廊"、"西海峰林",令人浩气长舒。这种美,是一种随心所欲、不拘一格的美:或直插云天,或横拦绿水。旁逸斜出,崛起巍巍"斜山";相对相依,宛如"热恋情人";婷婷玉立,则好似"窈窕淑女"。

水是野的。索溪像是一个从深山中蹦跳而出的野孩子,一会儿绕着山奔跑,一会儿撅着屁股,赌着气又自个儿闹去了。它尤其爱跟山路哥哥闹着玩:一会儿手牵手,并肩而行;一会儿横铲一脚,将山路拦腰截断。山路哥哥倒不觉得这有什么了不起,它请树木大叔帮忙,几棵大树往索溪身上一搭,反从它身上跨过去了。山路哥哥还找石头弟弟帮忙,几块巨石一垫,山路便化成一条虚线,一跳一跳地从水中过去了。山路还有更巧妙的办法,它在河床上垫一排大卵石,从水底下一个猛子扎过去。这样的"路",还可以过汽车——汽车吼叫着,车身摇晃着,卵石挤碰着,水花四溅,我们的心也怦怦直跳……平生没走过这么"野"的路!

山上的野物当然更是"野"性十足了。那些大大小小的猴子,在我们头上的树枝间跳来跳去,亲热的劲头难以言状。但当我们一行中的一位年轻女同志从树下经过时,一只小猴子竟恶作剧地撅起尿来,吓得这位女同胞惊叫一声,慌忙逃走了。而那个调皮的小家伙,却快活地叫着,跳到另一棵树上去了。

在这样的山水间行走,我们也渐渐变得"野"了起来。城里戴眼镜的姑娘,一边攀缘,一边大嚼着煮熟的玉米棒;年过花甲的老人,在石块间蹦来跳去,温习着儿时的功课。遇上突然横在面前的山溪,一队人手提皮鞋、丝袜,踩着乱石,从平膝的水中蹚过去……满山的嘻嘻哈哈,满溪的亲亲热热。人们,在这山水中返璞归真了。

①本文作者曹敬庄,选作课文时有改动。②"一线天"及下文中的"百丈峡""十里画廊""西海峰林"都是索溪峪风景的名称。

《*索溪峪的"野"》教学设计(六年级)

特级教师:姜树华

教学目标

1. 学抓文路,感知文本"由总到分"的行文智慧。
2. 品读词句,感受学习"概括具体"的表达技巧。
3. 叩击文眼,体会作者"融入自然"的赏景心境。

教学准备

多媒体课件。

课时安排

一课时。

教学流程

一、学抓文路,初感索溪峪的"野"

1. 揭示文题。

关注双引号。

2. 练习浏览。

■ **学抓文路,初感索溪峪的"野"。**

(1) 浏览课文,用"_____"画出各自然段的中心句。

(2) 组内交流画出的语句,并探究探究作者这样行文的智慧。

(人人交流,注意倾听,及时补充个人想法。)

3. 汇报交流。

关注总分行文结构、关注观赏视角变化。

二、品读词句,体验索溪峪的"野"

(一) 品读第 2 自然段

1. 品读交流。

■ **品读词句,感受"山是'野'的"。**

(1) 默读第 2 自然段一分钟,用"〰〰"画出概括山"野"的句子。

(2) 组内读读画出的句子,看看有没有发现。(提示:每一处词语、标点、句式都包含着作者的智慧哟!)

交流发现:关注先概括后具体的表达方法、排比句式等。

2. 读出山"野"。

读出画面。(自读、指读、评价读、师生配合读。)

(二) 品读 3～5 自然段

■ **自主品读,走进索溪峪的"野"。**

选择 3～5 自然段中的一个段落,自主品读:从哪些语句中感受到索溪峪的"野"。结合相关语句,各自体会体会作者的表达智慧。

活动学习——交流汇报。

1. 水是野的。

童话手法;衬托。(关注文中"山路哥哥"衬托手法。)

2. 野物是"野"性十足。

细节描写。

3. 我们也变得"野"了起来。

细节描写。

小组即时讨论:这么多游人中,为什么作者只选了姑娘和老人来写呢?

(三) 写法迁移

1. 小结写法。

先概括后具体。

2. 情景练写。

索溪峪的一切都是野的,这里的树木,这里的云雾,这里的瀑布……(配乐出示图片)

情景练写(用"先概括后具体"的表达方式写一段话。注意书写工整,养成修改习惯。)

"索溪峪的_____是野的。_____……"(练写)

3. 展示点评。

三、叩击文眼，体会作者心中的"野"

1. 回读文题。

品读"野"字。

2. 拓展阅读。

（出示原文片段）"桂林太秀了，庐山太俊了，泰山太尊了，黄山太贵了——它们都已经"家"化了。人工的雕琢，赋予的毕竟是人工的美，这种人工的美，是不能与索溪峪的山比美的。"

自读——交流。

3. 升华主题。

索溪峪是"野"的，作者的内心也变得——"野"了，于是笔下的文字也变得——"野"了。

4. 布置作业。

课后阅读著名作家峻青的《难忘的索溪峪》。

《索溪峪的"野"》教学实录

一、学抓文路，初感索溪峪的"野"

1. 揭示文题。

师：同学们，这一节课我们来学习一篇略读课文——（生齐读课题）

师：课题中有一个双引号，能理解吗？（出示双引号的用法）

生：在这里是特定称谓或着重指出。

师：到底是特定称谓，还是着重指出呢？

生：（齐）着重指出。

师：我们再读课题，让我们听出这儿双引号的存在，读——（生齐读课题）

2. 练习浏览。

师：让我们走进索溪峪，谁来读一读学习要求。

> **学抓文路，初感索溪峪的"野"**
>
> 1. 浏览课文，用"＿＿＿"画出各自然段的中心句。
> 2. 组内交流画出的语句，并探究探究作者这样行文的智慧。
> （人人交流，注意倾听，及时补充个人想法。）

（学生自主浏览，组内交流。）

3. 汇报交流。

师：好，我想听听同学们都画了哪些句子。谁来读一读？

（生汇报，读每一节的第一句。）

师：像她一样的举手。不准确的完善一下，注意：这些中心句你都发现什么了？

生：我发现了里面都有一个"野"字。

师：哦，他发现的是中心句中的中心——

生：词。

生：它们分别写了索溪峪事物的一个方面。

师：都写了哪些事物呢？

生：文中写了山、水。（板书：山、水）

师：由山到水，这里面有没有什么变化？

生：从上到下。

生：从远到近。

师：这个理解好，从远一点的到近一点的，接着说。

（生说，师板书：野物、行人）

师：你看，作者原来写看的东西的时候是有顺序的——

生：越来越靠近自己了。

生：发现了它最后写"我们也渐渐变得野了起来"是为了突出写山水的"野"，因为它如果说写索溪峪不野，我们也不会变得"野了起来"。而正是我们被索溪峪的"野"感染了才会这样。

师：真会理解。这就是为什么把我们放在最后写，对不对？这个孩子是写作高手。

生：它们是总分。第一句是概括的，其余四句是具体描写景物的"野"的。

师：（出示全文浓缩版）用你的意思就是说，第一段话就是全文的——

生：中心句。

师：那二三四五就是分着写的，对吧。（生总分读。）

二、品读词句，体验索溪峪的"野"

（一）品读第2自然段

1. 品读交流。

师：走，去感受山的野。

品读词句，感受"山是'野'的"。

1. 默读第2自然段一分钟，用"〜〜〜"划出概括山"野"的句子。

2. 组内读读画出的句子，看看有没有发现。（提示：每一处词语、标点、句式都包含着作者的智慧哟！）

师：好，注意，拿起笔，瞄准第二段，时间只有一分钟。开始！

（学生练习默读练习。）

师：时间到，是不是感觉得很仓促？默读啊，是要有速度的，一定要训练自己。接下来就是要通过组内去交流，正好大家讨论一下到底要划出哪些是概括写的，这样来发现。

（小组讨论，教师指导。）

师：好，这回同学们都画了哪些句子？

生：我画了"索溪峪的山是天然的美，是野性的美。"

生：我还画了"这种美是一种惊险的美。""这种美是一种磅礴的美。""这种美是一种随身所欲，不拘一格的美。"

师：像她这样划的同学请举手。没画全的完善一下。

师：读读这些句子有什么发现吗？

生：我发现这些文字也是总分的结构，"索溪峪的山是天然的美，是野性的美。"是概括性地写出了这山到底是怎么美法的，而它后面再分开来写它到底是哪种美。

师：嗯，你这里面有两个概念，其实"磅礴、惊险、不拘一格"的景物能够分开吗？因此更准确地说应该是由概括到具体的写法。（板书）

生：我觉得后面三句都是"这种美……"开头，我觉得有点排比。

师：不是有点，就是排比，奖励你来读，读出排比的感觉。

（生读。）

2. 读出山"野"。

师：很有气势。这样，接下来就选你最想读的一部分去读，想象着把这种"野"读出来才是本领，自己练一练。只选一个地方。

（学生练习，教师巡视。）

师：很想听同学们读书的声音。惊险的美，找两个同学来读。

师：注意，其他同学仔细听，朗读水平越高的人，他总能够听得出谁在哪个地方读得特别得有画面感。他们一读完，我就看大家的反应。（生1、生2读。）

生：我觉得男孩儿读得比较好。因为他突出了磅礴的气势。

师：哪个地方让你感觉到有画面出来。

生：就是"什么'一线天'，什么'百丈峡'"那边。

师：哦，什么样的感觉，那里"一线天"。光是有画面感觉，什么样的感觉？

生：感觉很雄伟，好像就出现在眼前。

生：我感觉顾一龙读得抑扬顿挫，让我有身临其境的感觉。

师：有没有看到什么？

生：我从这个"摇摇晃晃"他读出来之后就感觉这个巨石真的在我眼前摇来晃去。

师：是不是这种感觉？（出示摇晃感觉的山峰图片。）

生：我觉得顾一龙读的那个"几十丈高的断壁悬崖拔地而起"，从这句话中顾一龙让我感受到了突然看到了在一个平地上断臂悬崖直插云天。

师：是不是这种感觉？（出示对应图片）还有吗？你说。

生：我觉得这两个人读得都是抑扬顿挫，很有气势，恰到好处。

师：姜老师也感觉他们读得不错，只是男孩儿读得肯定的最多，因为你的朗读能够让同学们看到那种惊险的画面，全出来了，所以大家才对你很赞赏。你再读，让我们感受一下那个画面。（男生读）

师：咱班孩子朗读水平高哦！磅礴的美谁来读？（指生）注意，咱班欣赏水平也要高啊！

（生读得很好，学生鼓掌。）

师：光顾给他鼓掌，我更喜欢大家说。

生：我从他读得"千峰万仞绵亘蜿蜒"，我觉得眼前仿佛就是连绵起伏的山。

师：你真会听了。

生：我觉得读这段文字要声音响亮，才能体现出这种磅礴。

师：他哪一句读得气势磅礴，你试一下。

生：这种美，是一种磅礴的美……绵亘蜿蜒。

师：嗯，他是有感觉的，磅礴的感觉出来了。同学们，他说的这种感觉让我们亲自去体验一下。（播放山峰动画效果。）

师：把刚才的体验送进去，一起读。（生齐读。）

师：书，就要这样读！谁再来读读随心所欲的美？（生读）

师：谁再读得更加随心所欲一点！（再指生读）

师：真想听同学们就这样读读，分别指生读惊险、磅礴、随心所欲部分，第一句齐读。（齐——分）

（二）品读3～5自然段

师：惊险、磅礴、不拘一格，这就是索溪峪山的野，来，让我们继续走进索溪峪，这回我们自由一点，3～5自然段里面，你任选一段去读。

自主品读，走进索溪峪的"野"。

选择3～5自然段中的一个段落，自主品读：从哪些语句中感受到索溪峪的"野"。结合相关语句，各自体会体会作者的表达智慧。

（自主读，交流。）

1. 水是野的。

生："索溪像从深山中蹦跳而出的野孩子，一会儿……一会儿……"我感觉到了索溪的野，作者用拟人的手法来写。

师：发现作者的智慧了。好的，还有没有补充的。

生：我从"它蹦跳而出的野孩子"感受到野，既然说他是野孩子，他当然是很顽皮的，所以说我觉得作者通过写他的顽皮来说出索溪峪的野。

生："这一路开过汽车，……平生没走过这么野的路。"我从这里面的三个"着"中体会到，路很惊险，一般的城市里面的路，是没有惊险的，我体会到了这个路的野及作者的心惊胆战。

师：对呀，明明在写水是野的，可刚才我们同学读的是山路的野。

生：我认为作者用侧面烘托的手法写出了水是非常野的，因为水拦了山路，所以汽车只能从水上开过去。

师：我很赞成你的这种想法，但是你的说法不准确。这应该叫什么？

生：反衬。

2. 野物是"野"性十足。

师：山上野物呢？

生：我从"当我们一行……慌忙逃走了。"体会到山上的小猴子十分的野，十分的顽皮，看到女同胞就爬到树枝上撒尿了。

师：你看，猴子都爬到树枝上撒尿了，我们六年级了应该知道这么细致的地方，叫——细节描写。

3. 我们也变得"野"了起来。

生：我从"年过花甲的老人在石块间蹦来跳去温习着儿时的功课"这句话中感受到人也是野的，以为他已经是年过花甲的老人了，还像小孩子那样蹦来跳去，所以感觉游人野。

生：我说的是"城里戴眼镜的姑娘一边攀岩一边大嚼着煮熟的玉米棒。"城里的姑娘一般都比较淑女，在索溪峪这样的环境中，城里的姑娘都变得这样野了。

师：淑女也变野了，真奇怪！这么多游人，为何独独选了老人和姑娘来写？小组内赶紧讨论一下。（小组合作学习。）

师：想听听各组的想法。

生：作者举了两个例子都是跟"野"是相反的，他把两个例子给180°大转身。城里的姑娘戴着眼镜一边攀缘，手还在攀着陡峭的石头，一边嘴里大嚼着玉米棒。下面写了老人，我看到这样一幅画面，白发的老人，他却不走阶梯，在旁边的石块间跳来跳去。

师：很反常对吧！你看，跳来跳去、攀援，用本段中的一个词其实就是——（生齐：返朴归真），作者所有的词句其实都瞄准着题目中的一个字，那就是——（生齐：野）。

（三）写法迁移。

1. 小结写法。

师：（结合板书）写山的时候作者让我们去（生齐：想象），写水的时候把山路哥哥捧出来干什么（生齐：衬托），写野物、写我们的时候写得特别的细，这叫什么描写的？（生齐：细节描写。）

2. 情景练写。

师：索溪峪的一切都是野的。（配乐欣赏索溪峪的树木、瀑布、云雾）选一类景物练着写写。（学生练写）

3. 展示点评。

师：很想听听同学们笔下的文字，谁来读读！其他同学注意听。怎么听的，写作水平高的人，他总能帮助别人修改。所以她一读完就看大家的反应。

生读："索溪谷的树木是野的。大树不再长在地上，它一蹦一跳地跑到山上去了，它像一个顽皮的孩子，一会儿伸长了手臂，把一旁的小山拉住；一会儿骑在山的头顶上，像给山戴了一个顶绿帽子；一会儿把山紧紧抱住，不让它逃走。"

生：我给她加一句"它是绿色的使者，它是索溪峪山的装饰品。"

师："绿色的使者"加进去很好，还有没有要帮忙的了？

生：我觉得可以把树木比作一个顽皮的小男孩，爬在了大山爷爷的背上。

师：好一个"爬"字，更加形象了。你看，这就是会听的孩子，还有没有谁想读了？

生：索溪峪的雾是野的。它飘飘扬扬，潇潇洒洒地走向了索溪峪，帮助了一切，使一切如仙境一般，在霞光的反射下，金光闪闪，火红一片，让人好似在梦境中游荡。这种美是一种让人腾云驾雾、飘飘欲仙的美，令人赞叹不绝。（学生鼓掌）

师：感觉同学们语文水平真的很高。

三、叩击文眼，体会作者心中的"野"

1. 回读文题。

师：课文读了，片段也写了，现在我们再回到课题中来品品这个"野"，说说你此刻对"野"字的体会。

生：这里的野并非是指索溪峪的野性，而是指索溪峪十分接近自然，十分活泼。

师：很赞成你后半句。

生：索溪峪的野不是人工雕塑的，而是靠大自然雕塑的。

生：这篇文章是让我们感觉重新回到了大自然，其实也是号召我们保护大自然。

师：用了一个"号召"，有点儿行政口吻，呵呵。

生："野"是友善的语言，它让我们亲近大自然，感受大自然给我们带来的快乐。

2. 拓展阅读。

师：听懂了，这里不是野蛮。原文中有一段话，我们读读，会有更准确的体会。

出示（原文）："桂林太秀了……是不能与索溪峪的山比美的。"

师：再说说对"野"的体会。

生：我觉得大自然就是雕刻家，十分伟大。

师：杰出的设计师对吧？

生：其他的山都有人工痕迹，只有索溪峪的山是大自然的手笔，我们要亲近大自然，保护大自然，不能再破坏大自然了。

师：我特别欣赏你说的"这是大自然的手笔"。

生：谁说索溪峪的野不如桂林的秀、庐山的俊、泰山的尊呢，它是大自然的作品，我觉得它在我的心中是不能被替代的。

师：你刚才说的这段话完全替换原文的话，多了不起啊！

3. 升华主题。

师：其实呀，索溪峪是野的，作者的心也变得——（生齐：野了），于是他笔下的文字也都变得——（生齐：野了）。同样的风景，不同的人看，感受会不一样。

4. 布置作业。

师：姜老师今天带来了著名作家峻青的一篇文章《难忘的索溪峪》，但他没有写索溪峪的"野"，课后读了就知道了。下课！

··

感悟分享

　　一节语文课堂到底该给学生带来什么？无疑是要带来语文变化的，也就是语文素养的生长。不带来语文生长的课不需要上，上了也是谋学生的时间"才"，害学生的童年"命"。换言之，所有的课堂教学都应给学生"带得走的东西"。那么，语文课堂又该给孩子带走什么东西呢？

　　一、语文课堂应给学生什么？"语文经验"

　　一节课堂的价值底线在哪？　一节课堂的价值底线在于教和不教要不一样。有人会说，这句话等于没有说，谁不知道"教和不教要不一样"？但也许我们平时没有提及这一话题时，压根儿就不会用这种标准去反思自己的课堂：学生走进课堂之前与走出课堂之后，有没有变化？有些什么变化？很多学科的课堂教学带给学生的变化是很明显的：数学的课堂中，学生走进去之前对某个问题的思考与解决路径一定是充满疑惑的，但走出课堂之后应该轻松了许多，一定亦是解决了一些疑惑，掌握了一些方法；音乐也是这样，走出课堂的时候已经掌握了某些乐理与歌唱方法或者歌唱情感的表达技巧与方法；体育更是如此，一节体育课堂之后，体能一定是得到锻炼的，运动技能也能提高……语文课上课前学生会说话，也会写，上完课还会说，还会写，不容易看出变化。日久之后，孩子们就渐渐感觉不到语文课的重要与必要，兴趣点也就渐渐消淡。因为很难看到变化，所以才有人（其中不乏有家长，甚至老师）说"语文课一个月不上没问题"。"语文课一个月不上没问题"的说法背后虽有"学文如积沙"之理，但更有一节节语文课担当缺席之悲。其他人尚可有这样的误会，唯独我们语文老师不应该这样认为。语文老师再没有一节语文课应有担当的专业觉醒的话，语文教学真到穷途末路了。

一节语文课教和不教应不一样在哪儿？ **在于学生有没有形成语文经验。** 人生就是经验，人的成长都是靠经验的累积，抑或是经验的顿悟。人生的每个阶段、每个经历都在形成经验，只不过有经验多少、厚薄之别。经历过的经验一定是最具力量的。光听，可能是轻风过耳；光看，可能是过眼烟云；只有亲历，亲自经历，亲自做，才可能给你留下深刻的印记。这也让我们对杜威的"做中学"有了更真切的理解，让学生在实践中掌握学科知识与学科技能，即学科素养。"做中学"对于语文，那无疑是言语的实践，就是尽可能多地创造让学生实践的"言语场"。2011版新课标中出现率最高的一个短语是"言语运用"，运用显然是"做中学"的代名词。"做中学"的语文课堂，学生历经的是言语实践，形成的理所当然就是"语文经验"了。

二、语文课堂应给学生什么"语文经验"？"言意共生"

语文经验无外乎三个方面：见识方面的、能力方面的、习惯方面的。这三个方面又可以归为两个领域：生活经验与语文经验。见识可以归为生活经验；能力、习惯可以归为语文经验。

生活经验。 语文课文中一定会有许多未经历的事物、人物、事情以及启发情感精神方面具有价值的内容，通过阅读，学生掌握了这些内容，从而获得变化，这是课文原生态的价值，也叫阅读的价值。生活经验又分内容层面和精神层面。内容层面，是感性的经验，就是言语里即可感知而来的经验。如《索溪峪的"野"》一课中，索溪峪的"山是野的""水是野的""山上的野物当然更是'野'性十足了""在这样的山水间行走，我们也渐渐变得'野'了起来"……这是内容表层的"言"与"意"的收获。精神层面，是感悟的经验，由言到意。阅读之后的感受、感慨、感悟、启发、顿悟……如阅读《索溪峪的"野"》一文后，自然界真是位杰出的大师！内心会产生对索溪峪的惊美与梦想着去游玩的冲动。这是意识层面的"意"的收获。生活经验，是每一个读者都可能自取获得的。当然也与阅读者的生活阅历、知识经验的多少成正比。作为语文课，生活经验的获得属于阅读的"基本收入"。

语文经验。 笔者理解的语文经验，主要体现在学不学这篇课文，经历不经历某节语文课的差别。我以为，这才是我们语文这门学科的本质。这一方面我们应该有所作为，属理性经验，这也是语文学习的价值。就语文学习状态而言，是学习语文的习惯类经验。语文课堂一定是在某种言行规范下运行的，日久运行，身浸其中的学生就会形成了相应的学习习惯。如听的习惯、读的习惯、说的习惯、写的习惯、讨论习惯、合作习惯……就语文学习过程而言，是感悟和表达的能力类经验。一类是感悟的经验，即怎么听、怎么读的方法、策略，也就是由言到意的方法、策略；一类是表达的经验，即怎么说、怎么写的方法、策略，也就是由意到言的方法、策略。具体说，习惯类经验是在"言意共生"经验形成的过程中形成的，也可以说是裹挟着的。语文能力类经验就是听说读写的方法，也就是"言意共生"的经验。由此，语文课堂中无论是"生活经验"还是"语文经验"的获得，都与"言""意"相关切，聚焦起来就是"言意共生"的经验。

三、"言意共生"语文经验怎么才能让学生"带得走"

什么样的经验才是宝贵的？亲身经历的才是最有价值、最为宝贵的。因此，课堂中不要怕学生出错，出错了才有纠错的机会，才有固化经验的过程。"言意共生"的语文经验怎么才能让学生真正"带得走"呢？《索溪峪的"野"》一课的教学主要从三个角度来加以实现的。

1. 学阅读——实现"由言到意"的语文经验。

提起学阅读，不能不让人感慨良多。时下，阅读教学"非左即右"式的走向即是明证：从内容指向到表达指向，水火不容，如钟摆的两极，殊不知钟摆的生命恰恰在于两极之间。华东师大张奠宙教授曾这样谈我国的数学课改："中国数学教育积累太少，否定得太多。一谈改革，就否定以前的一切……老是否定自己，没有积累。"我们语文课改呢？有过之而无不及。因为中国教育学会小学语文教学研究专业委员会崔峦会长"跟内容说再见",所以,有专家提出阅读课要以表达(写作指向)为本位。这样说当然是有积极意义的:对过去以文本内容为教学内容积极转轨是有即时意义的。但我们也要清楚地认识到,写作,本身有其专门活动,有其专门的训练。叶圣陶先生早有论述:阅读不是专门为了写。其实文本的内容、思想价值也是不可丢光的。内容指向与写作指向两方争论甚浓,无意间忽略了第三者的存在,那就是"学阅读"这一阅读教学指向。孩子们的阅读能力是需要培养的,语文课,尤其是阅读课应有某自身任务。

在这样一个资讯空前发达的时代,一个人乃至一个民族的阅读力对于一个人、一个民族的未来何其先决? 当下及今后,每个人必须不断地阅读以获取最新的资讯,来适应日新月异的生活环境。因此,在我们的阅读教学中,应尽可能帮助学生建立阅读策略,掌握阅读相应文体的阅读方法。从这一点来看,提升学生阅读的能力比教会学生了解一篇课文的内容重要得多。台湾赵镜中先生《提升阅读力》一书中观点鲜明:"我们的孩子生活在十五年后的社会,我们培养什么样的能力给我们的孩子,更助于他们立足于这个社会。"国家课课标准研制组核心成员、江苏省教育学会副会长陆志平先生提出,我们的语文教育要"让学生为还不存在的未来生活做准备"。

语文课标明确要求:"阅读教学应注重培养学生感受、理解、欣赏和评价的能力。这种综合能力的培养,各学段可以有所侧重。""三维目标"中也明确提及"过程与方法"这一维度的掌握要求。所以,我很愿意说学会阅读是阅读教学的首当之任(不是唯一之任)。倘若,语文老师、语文课堂再不做"学阅读"的事,恐再也没有谁、再也没有哪个场合可能做这件事了。

一个人的阅读力,来自于语言的感悟力与理解力。包括浅层次的阅读能力、认知能力;发展性层次的理解、感悟、体验的语文能力;更高层次的欣赏与批判能力。具体说,这就需要学阅读方法,学阅读策略,宽泛地说这也叫知识,是程序性知识、策略性知识。因此,学阅读也是教学的首要目标。以下是《索溪峪的"野"》一文中"学抓文路"教学片段。

学抓文路,初感索溪峪的"野"。

1. 快速浏览课文,用"_____"画出各自然段的中心句。

2. 组内交流划出的语句,并探究探究作者这样行文的智慧。

(人人交流,注意倾听,及时补充个人想法。)

学习理清文路。 阅读,当然要收获内容梗概,也就是主要内容,但概括主要内容是有方法可循的。本教学环节中主要是通过让学生快速划出各自然段的中心句来概括。用中心句集合的方法,学生一读就明白,以至于熟悉并掌握此类行文路径的阅读策略。

练习快速浏览。 自主学习环节,提出"快速浏览课文"的要求,也是基于课标的年段要求:"应加强对阅读方法的指导,让学生逐步学会精读、略读和浏览。""学习浏览,扩大知识面,根据需要搜集信息。"诚然,浏览的优势是快速查找、接受信息,是一个人的生活中必需的阅读方式。所以本教学环节中,要求学生快速浏览课文,搜集各自然段的中心句,意在强化学生浏览课文的训练。

学习品读文字。 感悟文字的背后是语文课堂熟识的环节,但如何真正从学生角度,让学生有一个学习品读的过程,这就需要我们转换角度,强调学生自主的感悟,从学生即时感悟的基础上碰撞、分享、提升,非强拉硬拽可得,不是教者一厢情愿的"顶层设计"。教学中,让学生选最喜欢的一部分,想象着读出那种美。学生想象朗读时,千方百计地焕发出学生品读文字的兴致与即时性水平,于是就有了"仔细听,朗读水平高的人,总能听得出谁在哪儿读得特别的有感觉。""这样的朗读满意吗? 还有谁想读?"

"孩子,你能不能把你的朗读诀窍告诉大家？你一读,我们都被你带进去了"……想象画面、身临其境、真情实感等品读能力的形成,是需要学生自我建构、吸收、完善的。

笔者以为,阅读课堂让学生学会阅读,这是应当之责。一节节语文课堂,不断获得"会阅读"的经验,这种经验再提炼之后就成为语文能力,这种能力得以积淀,长时间后就成为了语文素养。

2. 学表达——实现"由意到言"的语文经验。

"语文课程是一门学习语言文字运用的综合性、实践性课程。"因此,语文课堂当以引导学生学习语言文字运用为本。一篇文本,对于作者来说,就是写;对于读者来说,就是读;对于学生来说,既要有读者一样的读,还要有作者一样的眼光关注作者用词的惟妙、个性的表达。这方面不需要多阐述即能领会。《索溪峪的"野"》一课教学中,学生们主要做了好多从读知写、从读悟写、从读学写的事儿。

发现行文智慧。

学抓文路,初感索溪峪的"野"。

1. 快速浏览课文,用"____"画出各自然段的中心句。

2. 组内交流划出的语句,并探究探究作者这样行文的智慧。

(人人交流,注意倾听,及时补充个人想法。)

课标明确要求:"在阅读中了解文章的表达顺序,体会作者的思想感情"。这一学习活动中,在学生划出各段中心句的基础上,进一步引导学生发现作者的行文智慧。于是,课堂出现了"我们组发现了,每一句中都有一个'野'字"(学生发现并明白了中心句中的中心词);"我发现了第一句是总写的,后四句是分写的"(学生发现并明白了作者的行文结构);"我发现作者是按照自己的观察顺序写的,由远及近",教师顺势提升"这也是观赏风景的一般习惯"(学生发现并明白作者的四个方面是有顺序的,不是随意而为);"我发现写野物和游人的'野',用了双引号,而写山水的野没有用双引号。"我顺势追问"为什么要这样呢?"(学生发现并明白了山水是原本自然的野,野物、游人是被感化被激发的"野",表示着重指出)……

品读词句,感受"山是'野'的"。

1. 默读第 2 自然段一分钟,用"﹏﹏"画出概括山"野"的句子。

2. 组内读读画出的句子,看看有没有发现。

(提示:每一处词语、标点、句式都包含着作者的智慧呦!)

"各个学段的阅读教学都要重视朗读和默读。"(2011 版新课标)有了第一个活动的发现经历,学生显然已形成了一定的发现经验。于是在这个活动中"从词语、标点、句式等方面去发现作者的智慧"就显得有些驾轻就熟。细读划出的语句:"索溪峪的山,是天然的美,是野性的美。这种美,是一种惊险的美:……这种美,是一种磅礴的美:……这种美,是一种随心所欲、不拘一格的美:……"学生们很快发现"先概括后具体"的写法,很快发现了三个冒号,进一步明晰了句子中"先概括后具体"的关系。

自主品读,走进索溪峪的"野"。

选择 3～5 自然段中的一个段落,自主品读:从哪些语句中体会到索溪峪的"野"。结合相关语句,各自体会作者的表达智慧。

自主选择性的阅读,恰如自由地观赏风光。在观赏"风景"之时不忘提醒学生"结合相关语句,各自体会作者的表达智慧"。这是本堂课第三次"发现式"的学习活动。于是,课堂中学生各有所得:"我发现作者把索溪拟人化了""我发现作者借写山路哥哥来衬托索溪的野";"我发现山中的野物只写了一只猴子的表现,并且写得特别生动"(教师顺势点醒:"这叫细节描写");"我发现写有人时特别写了姑娘和老人"(教师顺势追问"是啊,作者为什么只特别写了姑娘和老人呢,想过吗?"并要求各组即时讨论),学生们明白了写姑娘和老人更具代表性,这也是细节描写……于是,对全文做了"先概括后具体"写法的总结:索溪峪是野的,作者的文笔也变得"野"了——写山的野运用想象联想手法来具体化;写水的野运用童话笔法来具体写的;写野物、游人之"野",运用细节描写实现具体化。

三次"发现式"的学习活动,从作者文路的感受到文笔的揣摩,收获着作者"由意到言"的智慧,当然形成了学生"由意到言"的语文经验。

实践表达方式。

"先概括后具体"是作者具体描写景物或人物的表达方式。所以在详细学习了"山是野的",简略学习水、野物、游人是"野"的之后,迅速将学生带入索溪峪风光之中,展现了索溪峪风景中颇具代表的树木、云雾、瀑布不同姿态的野,开始了情景练写,让学生从树木、云雾、瀑布中任选一种:"索溪峪的_____是野的。_____"(练写——交流)。为了让学生充分参与实践表达,在一位学生展示前,简单评价学生的书写质量:行款、工整、整洁情况,以符合课标中关于写作的要求:"行款正确,书写工整、整齐";展示时,要求其他学生"仔细听,写作水平高的孩子,总能帮着修改的",从而让学生在学习别人表达时,融入自己的表达,实现学生表达能力的有效提升。实践表达方式这一环节,旨在让学生学习用概括具体的表达方式,表达内心的"意"。

3. 学习学会学习——为"言意共生"提供方法经验。

"学习学会学习"这一提法,不是绕口令,更不是存心想把明白的说成不明白。"学会学习"说法大家很熟,强调"学习",应该是实践之意,更强调给学生学会学习的机会、时间、过程、方法、训练等。笔者以为,语文实践能力一定是在语文实践过程中实现的,学习方法的形成也一定是在学习过程中掌握的。《索溪峪的"野"》一文教学中充分实现了"学习学会学习"这一理念。

学习合作之法。

学抓文路,初感索溪峪的"野"。

1. 快速浏览课文,用"____"画出各自然段的中心句。

2. 组内交流划出的语句,并探究探究作者这样行文的智慧。

(人人交流,注意倾听,及时补充个人想法。)

小组合作中,强调"人人交流,注意倾听,及时补充个人想法。"这其实只是合作学习中最为常态的做法,对于一个习惯了合作学习的小组,可以视而不见,但对于一个还不习惯合作学习的小组,这种提示是极为重要的。课标要求"在交流和讨论中,敢于提出看法,作出自己的判断。"学习活动中有了这样的提示,学生组内讨论时会更注重个人看法的提出,从而大大提升讨论的价值。

学习快速默读。

品读词句,感受"山是'野'的"。

1. 默读第 2 自然段一分钟,用"〜〜〜"画出概括山"野"的句子。

> 2. 组内读读划出的句子,看看有没有发现。(提示:每一处词语、标点、句式都包含着作者的智慧呦!)

有人会问,为什么没让学生用更多时间去揣悟作者的言语。生活中有闲情漫步的时刻,更有疾步而行的经历,语文课堂也应给学生不同的体验,有很多时候是没有很多时间让你品读的。再说,编者把本文设定为一篇略读课文,所以笔者更乐意用略读教学的姿态行走。

关于默读,课标中明确要求,"各个学段的阅读教学都要重视朗读和默读""默读有一定的速度,默读一般读物每分钟不少于300字"。教学中,在品读词句环节中感受"山是'野'的"部分,让学生"默读第2自然段一分钟,用'﹏﹏'划出概括山"野"的句子"这样的方式无非也是在兑现课标要求(第2自然段共有233个字)。因为有了前面一环节浏览的学习经历,这一环节显然顺利得多。

学习比较阅读。

课末,出示原文片段:"桂林太秀了,庐山太俊了,泰山太尊了,黄山太贵了——它们都已经"家"化了。人工的雕琢,赋予的毕竟是人工的美,这种人工的美,是不能与索溪峪的山比美的。"学生自读交流,此举旨在让学生顿悟:索溪峪是"野"的,作者的内心也变得——"野"了,于是笔下的文字也变——"野"了。"同样的风景,不同的人会有不同的感受""心中有什么,眼中就会有什么"。通过课末拓展式的比较阅读,成功实现了阅读主题的提升。

显然,语文课堂给学生带得走的"语文经验"不只是"言意共生",但"言意共生"一定是学生走出语文课堂时能背得走的最为本质、最为重要的语文行囊。

(胡海舟老师供稿)

名师示例二　白杨

人教版课标本五年级下册课文

白杨

车窗外是茫茫的大戈壁,没有山,没有水,也没有人烟。天和地的界限并不那么清晰,都是浑黄一体。

从哪儿看得出列车在前进呢?

那就是沿着铁路线的一行白杨树。每隔几秒钟,窗外就飞快地闪过一个高大挺秀的身影。

一位旅客正望着这些戈壁滩上的卫士出神。

"爸爸,"大孩子摇着他的腿,"你看那树多高!"

爸爸并没有从沉思中回过头来,倒是旁边的妹妹插嘴了:"不,那不是树,那是大伞。"

"哪有这么大的伞!"

"你看它多直!"妹妹分辨着。

"它是树,不是伞!"哥哥肯定地说。

小小的争论打断了爸爸的思路,他微笑着,慢慢地抚摸着孩子们的头,说:"这不是伞,是白杨树。"

哥哥还不满足:"为什么它这么直,长得这么大?"

爸爸的微笑消失了,脸色变得严肃起来。他想了一会儿,对儿子和小女儿说:"白杨树从来就这么直。哪儿需要它,它就在哪儿很快地生根发芽,长出粗壮的枝干。不管遇到风沙还是雨雪,不管遇到干旱还是洪水,它总是那么直,那么坚强,不软弱,也不动摇。"

爸爸只是向孩子们介绍白杨树吗? 不是的,他也在表白着自己的心。而这,孩子们现在还不能理解。

他们只知道爸爸在新疆工作,妈妈也在新疆工作。他们只知道爸爸这回到奶奶家来,接他们到新疆去念小学,将来再念中学。他们只知道新疆是个很远很远的地方,要坐几天火车,还要坐几天汽车。

现在呢,孩子们多了一点知识。在通向新疆的路上,有许许多多白杨树。这儿需要它们,它们就在这儿生根了。

爸爸搂着孩子,望着窗外闪过去的白杨树,又陷入了沉思。突然,他的嘴角又浮起一丝微笑,那是因为他看见火车前进方向的右面,在一棵高大的白杨树身边,几棵小树正迎着风沙成长起来。

《白杨》(两课时)教学设计(五年级)

特级教师:孙双金

教学目标

1. 有感情地朗读课文,体会边疆建设者服从需要、扎根边疆、建设边疆的志向和无私奉献的精神,从而使学生受到思想感染,陶冶高尚的情操。

2. 自学生字词,理解并体会含义深刻的句子。

3. 引导学生了解课文的写作特点,并仿写练习。

教学准备

多媒体课件。

教学重点

1. 体会爸爸借白杨表白自己心志的有关句子。

2. 在阅读品味中学习写作方法。

课时安排

两课时。

教学流程

第一课时

一、揭示课题、审题

1. 课文写了白杨的哪些特点？

2. 课题是《白杨》，全文仅仅就是写白杨吗？

二、老师范读全文

三、学生自学课文

1. 出示自学思考题，学生自学。

（1）查字典或根据上下文理解下列词语：戈壁、茫茫、清晰、浑黄一体、高大挺秀、分辩、介绍、抚摸、表白、沉思。

（2）课文主要写了什么内容？

（3）大戈壁是什么样的？白杨树是什么样的？

（4）爸爸是怎样向孩子介绍白杨树的？

（5）试给课文分段，归纳段意。

2. 老师检查自学效果。

四、学生质疑问难

五、课内练习

1. 写近义词。　介绍（　　）　抚摸（　　）　分辨（　　）

　　　　　　　高大挺秀（　　）

2. 写反义词。　清晰（　　）　动摇（　　）　软弱（　　）

　　　　　　　消失（　　）

第二课时

一、复习导入，明确目的

第一节课我们初步学习了课文，了解到课文讲的是一位旅客带自己的两个孩子到新疆去，在火车上向孩子们介绍白杨树，并借白杨表白了自己的心愿。那么这位旅客的心愿是什么呢？他是怎样借白杨表白自己心愿的呢？这是这节课学习的重点。

二、理解白杨外形特点

1. 现在假想我们也坐上了开往新疆的火车，火车把我们带到了戈壁，大戈壁是什么样的呢？齐读第一小节。

2. 出示大戈壁的挂图,教师描述：茫茫的大戈壁上,没有山,没有水,也没有人烟,只有满地的沙石。大风一起飞沙走石,遮天蔽日,一片昏黄,分不清哪里是天,哪里是地。戈壁是多么荒凉呀！

3. 齐读第3节,读后回答：在戈壁上白杨树长得怎样呢？

（高大挺秀。老师在大戈壁背景图上贴上一行高大挺秀的白杨树。）

4. 看到这棵白杨树,爸爸的神情是怎样的？兄妹俩又是怎样争论的呢？分角色朗读4～12小节。

三、理解白杨品格特征

1. 指名朗读第14小节,用黑板出示爸爸介绍白杨的三句话,然后逐句读讲。

"白杨树从来就这么直,这么高大。"

（1）"从来"是什么意思,这句话讲了白杨的什么特点？（本性正直）

（2）去掉"从来",朗读比较。

"哪儿需要它,它就很快在哪儿生根发芽,长出粗壮的枝干。"

（1）这句话写了白杨的什么特点？从哪些关键词可体会出？（生命力强。哪儿……哪儿……很快）

（2）小结：内地需要白杨,白杨就要在内地扎根；边疆需要白杨,白杨就在边疆扎根,真是哪儿需要哪儿去,不讲条件,不畏艰苦。

（3）指导感情朗读。

"不管遇到风沙还是雨雪,不管遇到干旱还是洪水,它总是那么直,那么坚强,不软弱,也不动摇。"

（1）这句话赞扬了白杨什么特点？从哪些词语可以体会到？（坚强不屈。不管……不管……总是……）

（2）教师描述：在风沙面前,白杨像城墙一样巍然屹立；在雨雪面前,白杨像青松一样挺拔高洁；在干旱面前,白杨像骆驼一样耐旱耐渴；在洪水面前,白杨像中流砥柱一样牢固坚定。这就是白杨坚强不屈的品格。

（3）指导感情朗读。

2. 教师小结,朗读体味爸爸的一番话不仅回答了儿子的问题,而且热情赞扬了白杨生命力强、坚强不屈的品格,读到这里你对白杨产生了什么感情？（崇敬）请让我们怀着崇敬的心情朗读第14小节。

四、领会爸爸的心愿

1. 爸爸只是向孩子们介绍白杨树吗？不是的,他也在表白着自己的心愿。爸爸的心愿是什么呢？请同学们默读第16小节,并联系第14小节思考,然后同桌讨论。

2. 引读讨论16小节。

（1）师读："他们只知道……"生接读"爸爸在新疆工作,妈妈也在新疆工作。"师问"他们却不知道爸爸妈妈为什么到新疆工作,你们知道吗？"

（2）师读："他们只知道……"生接："爸爸这回到奶奶家来接他们到新疆去念小学，将来再念中学。"师问："他们却不知道爸爸为什么把他们接到新疆去，你们知道吗？"

（3）师读："他们只知道…"生接读："新疆是个很远的地方要坐几天火车，还要坐几天汽车。"师问："他们却不知道新疆是个偏远艰苦的地方，你们知道爸爸为什么把孩子带到新疆去吗？"

3. 通过爸爸介绍，孩子们多了一点什么知识？ 指名读第 17 小节。

4. 过渡：爸爸介绍的这一点知识就像一粒种子播在孩子们幼小的心里，这种子能不能生根、发芽、成长呢？

5. 老师朗读第 18 小节，读后讨论。

（1）爸爸为什么又陷入沉思？

（2）他为什么又露出了微笑？

6. 老师在大白杨旁贴上两棵小白杨，请学生谈谈最后一句话的含义。

7. 指导学生有感情地朗读第 18 小节。

五、总结课文，升华中心

1. 课题是《白杨》，全文是不是仅仅写白杨？ 赞扬了爸爸什么精神？

2. 赞扬爸爸实际上就是赞美什么人？

3. 总结启发想象。是呀，多少边疆创业者，把自己的青春献给了祖国边疆建设事业，有的甚至献出宝贵的生命。新疆有许多的"白杨树"，我们这里也有"白杨树"，谁呀？（老师，辛勤的园丁）

特别是广大农村教师，他们在艰苦的环境中，像蜡烛一样默默地燃烧自己，照亮别人。除了老师像白杨，我们这里还有谁是"白杨"呢？ 知道他们是谁吗？（生：我们，我们就是小白杨。）

我相信你们这些"小白杨"在"大白杨"的关怀教育下一定会长成高大挺秀的白杨树，哪儿需要哪儿扎根。

六、布置作业

1. 造句。

（1）哪儿……哪儿……

（2）不管……不管……总是……

2. 有感情地朗读课文。

《白杨》教学课堂实录

孙双金

一、揭题导入

师：同学们好！上课前，请同学们听一音歌，让大家轻松一下，这首歌是大家比较熟悉的。

（播放《小白杨》。）

师：这首军旅歌受到人民子弟兵、解放军的热烈欢迎。一曲《小白杨》温暖了多少军人的心，一棵小白杨吸引了多少人的目光。白杨树是西北极普通的一种树，为什么有这么多的诗人、作曲家写诗去歌唱白杨、写文章去赞美白杨呢？今天我们就一起走进白杨的世界。

（师板书课题：白杨。）

师：把课题齐读一遍。

生：白杨。

师：再读一遍。

生：白杨。

师：读了这个课题，你能就此提一些问题吗？我们试着提一些问题，问问自己、问问同学、问问老师。

生：这里的白杨是长在哪儿的？

师：这里的白杨，是写的哪儿的白杨？好的，一个问题。

生：为什么要以白杨为课题呢？为什么不以别的为题？

师：为什么要以白杨为课题呢？好的，还有别的问题吗？你说。

生：为什么他要写白杨呢？

师：为什么要写白杨呢？好的。还有不同的吗？你说。

生：难道单单就写了白杨吗？

师：是呀，这篇文章仅仅写的是白杨吗？还写了谁呢？这是第二个，还有问题吗？白杨，你想了解白杨的什么？

生：白杨长得什么样呢？

二、精读感悟

师：白杨到底长得什么样呢，白杨有什么特点，值得作者写一篇文章来赞美它？好，今天我们就带着同学们的这些问题走近白杨。课文中写的白杨是哪儿的白杨呢？把课本打开，看看课文哪一段告诉我们了。找到的请举手。

师：课文哪一段告诉我们写的哪儿的白杨？你来。

生：课文第三自然段告诉我们。

生读第三自然段。

师：他找到了具体是铁路线旁的白杨。这铁路是我们南京内陆的铁路吗？具体的环境是哪儿呢？

生：是通往新疆的铁路。铁路两边是茫茫的大戈壁。

师：课文哪一段写了大戈壁呢？你把那一段读一读。

（生读第一自然段。）

师：好的，课文第一自然段，开门见山地告诉我们写的是大戈壁上的白杨树。我们一起把第一自然段读一读。

（生齐读第一自然段。）

师：大戈壁是怎样的呢？你在电影、电视上看过吗？有人到过新疆吗？用你的话来说说看，大戈壁是怎样的呢？

生：大戈壁是广袤无垠的，地上布满了沙石。

师：广袤无垠，辽阔，到处是沙石，荒凉。

生：在我的印象中，大戈壁的主体颜色就是黄色。那边干旱，地上全是裂缝。

师：干燥。到处是灰黄的颜色。风一吹，飞沙走石。

生：大戈壁荒无人烟、寸草难生。

师：寸草难生，荒无人烟。这就是西北大戈壁的情景。我们再来把第一自然段读一读。

（生齐读第一自然段。）

师：读了第一自然段，我们就知道了，课文写的是哪儿的白杨？

生齐答：戈壁。

（师板书：戈壁。）

师：是戈壁滩上的白杨。第一个问题不就解决了吗？课本中说，在戈壁滩上行车，从哪儿看得出列车在前进呢？一起来读。

（生齐读第三自然段。）

师：课文中写的白杨是什么样的？有没有具体的词语来形容？一起说。

生齐说：高大挺秀。

（师板书：高大挺秀。）

师：非常明白地告诉我们，白杨树的特点是高大挺秀。挺秀是白杨树的外形。高大挺秀是什么意思呢？谁能用自己的语言来说说呢？

生：高大挺秀的意思就是很高、很大，很挺拔也很秀丽。

师：讲得很完整，4个字的词语，每一个字都表达了一层意思。高，高大；大，讲了高度、体积；挺，挺拔；秀，秀丽。我们一起把这个词读一读。

（生齐读词语。）

师：那么哪儿写出了白杨树具体的高大挺秀呢？我请一个同学把第四至第十自然段读一读。

一生读第四至第十自然段。

一生读到第五自然段。

师：这是写高还是写直？

生齐说：高。

师：拿出笔来，把"高"圈起来。从大孩子的话中突出了树的高。第一个特点出来了，下面的特点出来没有？

生继续读，读到第六自然段。

师：第二个特点是什么？

生齐说：大。

师：大，第二个特点出来了。既高又大。

生继续读。读到第八自然段。

师：第三个特点是什么？直。高、大、直，三个特点从兄妹两人的对话中看到了。

生继续读。

生齐说：大。

师：通过兄妹俩的对话，具体知道了白杨树的高、大、直的三个特点。我们一起来分角色读一读。老师读叙述的话，男同学读哥哥的话，女同学读妹妹的话。

（师生分角色朗读。）

师：这篇课文作者明明用了一个词——高大挺秀，是写白杨的特点的。我们从兄妹的对话中读到了高、大、挺，那有没有读到秀呢？哪里写了白杨的秀呢？

　　生：第十二自然段写出了白杨树的秀。

　　师：读读看。

　　（生读第十二自然段。）

　　师：这里你看出它的什么秀呢？

　　生：它的品格。

　　师：它不是外在的秀，是什么？

　　生：内在的秀。

　　师：不是外秀，是内秀啊！文章的重点笔墨没有放在它的外秀上，而是放在它的内秀上。我们一起把这一段读一读。

　　（生齐读第十二自然段。）

　　师：作者为什么不详写白杨的外秀，而要重点写内秀呢？爸爸的话，值得我们好好品味。我们来看爸爸说的第一句话。

　　（生齐读爸爸说的第一句话。）

　　师：把"从来"去掉了读读看。

　　（生齐读。）

　　师：把"从来"放进去读读看。

　　（生齐读。）

　　师：从"从来就是那么直"，你读出了白杨树的什么特点？

　　生：我觉得白杨树从它生根发芽时就是那么直的。

　　生：我读出了白杨树一直就是直的，从来没有弯过。

　　生：我读出了白杨树小的时候就是直的。

　　师：从小就是直的，不管在什么情况下，它都是直的。写出了白杨的本性。

　　（师板书：本性正直。）

　　师：这就是它的本性，不像柳树，从来就是弯弯曲曲、婀娜多姿的。白杨树天生就是笔直的。我们把这句话再读一读，体会一下。

　　（生齐读。）

　　师：这是它的本性。第二句呢，从爸爸的话中，你读出了什么？

　　（生自由朗读爸爸说的第二句话。）

　　师：从这句话中你读出了白杨树的什么特点呢？

　　生：从这句话中我读出了白杨树的适应力很强，到哪里都能生长。

　　师：从什么地方看出它的适应能力强？

　　生：从"哪"看出来了。

　　师：具体读一读。

　　（生读句子。）

　　师：好，他读出了白杨适应能力强。你读出了什么？我喜欢听不一样的声音。

　　生：我觉得白杨树的抵抗能力很强。

师：从哪儿看出来的呀？

生：我也是从"哪"看出来的。

（生读句子。）

师：这还是能看出它的适应能力强，不叫抵抗力。你还看出什么不一样的了吗？

生：我看出了白杨树的生命力很强。

师：从哪儿看出来的？

生：我也是从"哪"看出白杨树生命力强。

师：哪儿需要它，它就在哪儿很快地生根发芽。从很快当中，你能不能看出生命力强？这句话中既写出白杨树适应力强，也写出了白杨树生命力旺盛的特点。

（师板书：生命力强）

生：我也看出白杨树的生命力强。我从"长出粗壮的枝干"看出。

师：从这儿看出生命力强，好的。我们一起把这句读一读。

（生齐读爸爸说的第二句话。）

师：你们的枝干都不够粗，也没听出生命力强。

（生再齐读。）

师：对，看出生命力强了。从第三句话，你听出了白杨的什么特点呢？

（师范读第三句话。）

生：我读出了白杨的一种宁折不屈的精神。

师：坚强的品格。这是他读出的，你读出了什么？

生：从这句话中我读出了白杨树的内在品质是坚韧的。不管是风沙还是雨雪，不管是干旱还是洪水，它都站立在那里。

师：很好。坚韧、坚强。第三句话，我们读出了白杨树坚强不屈的品格。

（师板书：坚强不屈）

（生齐读爸爸说的第三句话。）

师：是的，白杨树在风沙面前，就像城墙一样，巍然挺立；在雨雪面前，像青松一样，挺拔高洁；在干旱面前，像骆驼一样，耐干耐渴；在洪水面前，像中流砥柱一样，坚强不屈。我们带着景仰的感情，再来把这句读一读。

（生齐读爸爸说的第三句话。）

师：爸爸说的三句话，每一句话写出了白杨的一个内在特点。第一句告诉我们，白杨树本性直。第二句告诉我们白杨树适应力强，生命力强。第三句告诉我们，白杨树坚强不屈。白杨树的秀，不仅仅表现在它披着绿军装呀，更主要的是在它内在的品格。

师：第二个问题，白杨长得怎么样呢？有什么特点呢？明白了吗？

（生齐说明白了。）

师：第三个问题，这篇课文就写了白杨吗？还通过白杨写了什么？我们接下去看课文。

（师范读第十三自然段。）

师：他们知道了什么？

生齐读：爸爸在新疆工作，妈妈也在新疆工作。

师：他们还知道了什么？

生齐读：爸爸这回到奶奶家来，接他们到新疆去念小学，将来再念中学。

师：他们还知道什么？

生齐读：新疆是个很远很远的地方，要坐几天火车，还要坐几天汽车。

师：孩子们小啊，他们只知道爸爸在新疆工作，妈妈也在新疆工作。他们却不知道，爸爸妈妈为什么要到新疆去工作。你们知道吗？

生：他们的爸爸妈妈，为了建设祖国边疆，所以才会去为人民服务。

师：为了建设祖国的边疆，还有不同的补充吗？

生：那个时候，新疆是非常落后和贫穷的，所以在党中央的号召下，全国的知识青年去建设新疆，帮助新疆和谐发展。

师：你从哪儿知道的？

生：我是从《百科全书》上看到的。

师：好。多会学习呀。新疆刚解放，当时非常艰苦，条件非常差。新疆幅员辽阔，但是这么辽阔的地方，建设的人却很少。所以当时毛主席要求我们知识青年到艰苦的地方去，到边疆去。爸爸就响应党和毛主席的号召，到边疆去。孩子们不知道，我们知道，爸爸妈妈为什么要到新疆去工作。他们只知道爸爸这回到奶奶家来，接他们到新疆去念小学，将来再念中学。他们却不知道爸爸妈妈为什么要把他们接到新疆去念小学、中学。你们知道吗？为什么不让他们在内地念完中学再过去呢？内地的中学质量不是更好一点吗？

生：因为他们希望自己的孩子也能到新疆去建设新疆。

师：那么小，就在南京，就在北京念书不好吗？为什么要去新疆读中学呢？

生：因为他们希望自己的孩子能适应新疆艰苦的环境，长大以后也会为国家作出贡献。

师：从小带自己的孩子到新疆去，为了让他早日适应那里艰苦而恶劣的环境。这是爸爸的良苦用心啊。他们只知道新疆是个很远很远的地方，要坐几天火车，还要坐几天汽车。他们却不知道，新疆是那样偏远和落后。你知道新疆的环境吗？

生：我知道那里的环境非常艰苦，可能有的时候连饭都吃不饱。

师：有时候连米饭都吃不上。你还知道什么呢？课前预习了没有，有没有查找有关资料？

生：我们还可以从第一自然段看出来，那时的新疆到处都是茫茫的大戈壁。

师：到处都是茫茫的大戈壁。那些边疆建设者晚上睡觉的时候，就在地上挖一个坑，自己睡在坑里，上面用简陋的东西一盖。早晨醒来，满嘴、满脸、满眼都是沙子。就在那样恶劣的条件下去建设边疆。

师：拿起课本，我们把三个"只知道"再读一读。他们"只知道"的背后有三个不知道，我们要读出背后的不知道。

（生齐读第十四自然段。）

（师读第十五自然段。）

师：这一点知识呀，就像一颗种子一样，播在孩子们幼小的心田里。这颗种子能生根吗？能发芽吗？能长大吗？爸爸还有一丝担心啊。读课文的最后一段。

（生齐读课文最后一段。）

师：爸爸搂着孩子，他多么喜欢他的两个孩子呀。但是望着窗外的白杨树，他又陷入沉思。他在想什么呢？孩子们已经见到了白杨树吗？他还在想什么呢？他还有什么担心呢？

生：因为他担心孩子们会不适应那里的环境。

师：他们能适应吗？说得多好啊。

生：爸爸看到了这风沙中的白杨树，突然就想到了自己和这白杨树多么的相像。而他的孩子今后能像他一样成为"白杨树"吗？

师：好啊！爸爸还会想什么呢？他为什么陷入沉思了呢？

生：我觉得爸爸还会想，孩子们会不会挑剔，受不了新疆那边的艰苦生活。

师：对呀！孩子们从小在内地城市长大，一下子到了这个恶劣的环境当中，那么艰苦的环境，他们能适应吗？能像他们的父辈那样战胜困难吗？爸爸还有一些担忧。但是，突然他的嘴角又浮起了一丝微笑。为什么他的嘴角又浮起了一丝微笑呢？

生：那是因为他看见火车前进方向的右面，在一棵高大的白杨树身边，几棵小树正迎着风沙成长起来。

师：为什么看到大白杨旁的小白杨成长了，他就笑了呢？

生：我觉得他看到了这情景，他就对他的孩子有了一丝信任。

师：是信任吗？这个词用得准吗？

生：我觉得他认为这棵大白杨就是他自己，这几棵小白杨就是他的儿女。他的儿女在他的身边会苗壮成长起来。

师：讲得太好了，大白杨多么像爸爸呀，小白杨多么像他的孩子呀。那么这里的迎着风沙又是什么意思呢？

生：我觉得这里的风沙指的就是新疆艰苦的条件。

师：那迎着风沙就是……

生：迎着风沙就是忍受着新疆艰苦的条件。

师：说明他们能够……

生：说明他们能够克服困难。

师：战胜困难，苗壮成长。通过爸爸的表情我们能透视到他的内心深处。我们一起读，把爸爸的内心变化读出来，把爸爸的那种期盼也读出来。

生齐读最后一段。

师：现在我想请同学单独读一下，谁来单独读一读。集体读不能抒发感情，单独读能抒发感情。

生：爸爸搂着孩子，望着窗外闪过去的白杨树，又陷入沉思。突然，他的嘴角又浮起一丝微笑，那是因为他看见火车前进方向的右面，在一棵高大的白杨树身边，几棵小树正迎着风沙成长起来。

师：不错，最后一句话，文章的结束部分，该怎么读呢？在一棵高大的白杨树身边，几棵小树正迎着风沙成长起来。结束了，课文结束要有结束的感觉，谁再来读读最后一段，你来试试看。

生：爸爸搂着孩子，望着窗外闪过去的白杨树，又陷入沉思。突然，他的嘴角又浮起一丝微笑，那是因为他看见火车前进方向的右面，在一棵高大的白杨树身边，几棵小树正迎着风沙成长起来。

师：成长起来。结束了，该有结束的感觉，好啊，读到这里，我们来体会一下，这篇文章是仅仅写白杨树吗？通过白杨树来赞美像爸爸那样的许许多多边疆建设者们的美好心愿。那爸爸的心愿是什么呢？你能不能帮老师设计一下板书，这里写什么词呢？爸爸的心愿是什么呢？谁来帮我设计一下板书，白杨树高大挺秀，本身就是生命力强、坚强不屈，爸爸的心愿是什么呢？同桌讨论讨论。

（生讨论。）

师。好。大家讨论交流一下，爸爸的心愿是什么？你来帮孙老师设计一下板书。

生：我认为爸爸的心愿是让他的孩子和他一样建设边疆。

师：说得很好。但是,我如果把他写下来的话,让他的孩子和他一样建设边疆,这太长了,你能不能像我这样,设计几个关键词呢,写什么关键词,你说。

生：建设边疆。

师：建设边疆。这是他帮我设计的,还有不同的吗? 你帮我设计什么?

生：坚韧不拔。

师：坚韧不拔。你的呢?

生：为民服务。

师：为民服务,你的呢?

生：克服困难。

师：克服困难,你呢?

生：为民造福。

师：这篇文章中爸爸把两个孩子带到新疆去,他的心愿是什么呢,这里用什么词来表达呢? 这次把两个孩子带到新疆去,做什么呢?

生：爸爸希望他的孩子能子承父业。

师：子承父业。多好。就用这个词。(板书)

师：子承父业,扎根边疆。(板书)

三、总结拓展

师：这就是爸爸的心愿。他的心愿是世世代代扎根边疆。不仅他们自己扎根,还要他的子女们跟他一样去扎根边疆,刚才这个同学"子承父业"我认为用得非常好。这篇文章是按怎样的结构来写的呢? 先写大戈壁的荒凉景象,在这荒凉的背景中出现了高大挺秀的白杨,借爸爸的口赞扬了白杨内在的品格,然后通过白杨来表达爸爸的心愿,他希望他的孩子也像他们一样子承父业,扎根边疆。这篇文章为什么要选到课文中去呢,这篇文章到底写得好在哪里呢? 我不清楚,有那么多好文章,为什么就把这篇文章选到课文里面来呢,它到底好在哪里,你能告诉我吗?

生：因为这篇文章是一篇借物喻人的文章。

师：它是借什么物来喻什么人呢?

生：它是借白杨去赞美那些边疆的建设者。

师：说得真好。它是一篇借物,借白杨,喻人,喻边疆建设者的文章。这个写作特点是非常明显的,借物喻人,还有什么地方写得好要把它选到教材当中去呢? 同桌再讨论讨论。

师：来,发表你的高见。

生：我想是因为它没有正面地直接赞扬白杨树,而是通过爸爸和哥哥妹妹的对话来表现白杨的内在美和外在美。

师：听到没有,这是有水平的发言啊,起码是大学本科水平。没有直接写白杨怎么样,而是通过兄妹俩的对话写出来白杨的高大挺秀,通过爸爸的口介绍了白杨的内在品格,构思非常巧妙啊,这种巧妙的构思值得我们学习。还有什么地方好呢,你说。

生：我同意他的看法,但是我认为用"间接"这个词更好。

师：你怎么说,你用你的话来表达。

生：它间接地描写了白杨树的特点。

师：不是直接描写，哦，这个词用得好，这个词起码要高中水平才懂，你才是个小学生就懂了，了不起。你说。

生：我对他的话有补充，我还觉得这篇课文有两种意思，第一种意思是赞美白杨，第二种是教育我们有克服困难的精神。

师：不仅赞美白杨，还通过白杨去赞美边疆的建设者们。但边疆建设者也是非常巧妙地来表达他们的心愿的，对不对啊？好。

生：我不是很赞成他的想法，我觉得这篇课文主要是用来赞美边疆建设者的。

师：表面上看是赞美白杨，实际上赞美的是边疆建设者。这就是构思巧妙的地方。所以呀，把它选到教材里面，语言也非常凝练、干练、精练，读出来，那就好。我前面说了，写白杨的文章还有很多，你们还知道哪些吗？

生：还有一篇是茅盾的《白杨礼赞》。

师：对。中学里面有茅盾的《白杨礼赞》是写白杨的，老师选了一个片段。（出示）

师：我将这部分内容打印了出来。你代我发一发，每人发一份，我们来把发下去的自己读一读。放开声音读，自己读自己的。（生读）

师：拿出笔来，请把这一段的中心句画出来。这一段的中心句是哪一句？

师：找到没有，这一段的中心句是哪一句？你来读一下。

生：我认为这一段的中心句是："那是力争上游的一种树，笔直的干，笔直的枝。"

师：找得很准，我们一起把这句读一读。那是力争上游的一种树，笔直的干，笔直的枝。起。（生读）

师：它的干怎么笔直呢，它的枝呢，读。（生读）

师：它所有的丫枝呢？（生读）

师：它宽大的叶子呢？（生读）

师：它的皮呢？（生读）

师：这都是写了白杨的外形，哪儿写白杨的品格呢？最后两句读一读。（生读）

师：拿出笔来，在最后两句当中找一找写白杨品格的关键词。（生找）

师：白杨品格的关键词是哪两个？你找到了？

生：我觉得是倔强挺立和不折不挠。

师：非常好，白杨品格是倔强挺立，不折不挠。我们再来把最后两句读一读。（生读）

师：你能跟我说一说这一段写得好的地方吗？这一段写得好，好在哪里，你来说说看，这一段有几大特点？就欣赏这一段，它写得好在哪里？同桌讨论讨论，看好在哪里。

师：其实聪明的同学从我刚才问你的问题当中都应该能感受到这一段有几大特点。要会听课，这一段有几大特点，你说。

生：它不是像袁鹰爷爷写《白杨》一样，不是直接赞美白杨，这篇文章是开门见山地赞美白杨。

师：袁鹰写的《白杨》，刚才我们学的这篇《白杨》是间接地写白杨，这是直接写白杨，一个特点，第二个特点呢？这段写得好在哪里呢？你说。

生：我觉得它好在突出了白杨的品格。

师：它是一开始就写白杨的品格的吗？

生：它一开始先写白杨的形象。

生：它把白杨的外形写得很详细。最后点出白杨的品格，它是由外到内地写。第二个特点。还有什么特点呢？

生：这一段文章有个特点，我们在文章中很少看见用"力争上游"这个词来形容树木的。

师：它把这个树木拟人化了。这是力争上游的树，看似写树，实则写人。你认为呢？

生：我觉得这段文章的特点其实在前面已经埋下了伏笔。

师：从哪看出来的？

生：前面说到"像加过人工似的"，还有"片片向上"，这为后面的"倔强挺立""不折不挠"埋下伏笔。

师：看到了吗，写它的外形"像加过人工似的""片片向上""成为一束"，和后面的"倔强挺立""不折不挠"是呼应的。它的每一个词语不是随便写的，前后是呼应的，还有先总后分，我们先看这个总起句，"那是力争上游的树，笔直的干，笔直的枝。"是总写对不对？然后分写干怎么样，枝怎么样，叶怎么样。层次分明，这都是值得我们学习的，名篇就是名篇，值得好好品味。我们一起读一读好不好，来，体会一下，那是力争上游的一种树。（生读）

师：我不是说吗，有许多的文人墨客写文章、写诗歌、谱曲来赞美白杨，我们再来看《小白杨》的歌词。（出示）它又有什么特点呢？你们看不大清楚，我来念一念。（师读）这首《小白杨》的歌词有什么特点呢？

生：我觉得它的特点是最后两句是一样的。

师：最后两句是一样的，这叫反复，在歌曲中不断地反复体现出旋律、歌词的特点。

生：我还觉得它一直在写小白杨顽强的精神。

师：小白杨的顽强，你呢？

生：我觉得歌词读起来非常押韵。

师：歌词特点是押韵。你呢？

生：我觉得这首歌把小白杨的品质跟人的品质混为一体。

师：小白杨和人合二为一。看起来写小白杨，实际上赞美人民子弟兵、人民解放军。小白杨穿绿军装，还有谁穿绿军装？军人。表面上看是赞美小白杨，其实句句赞美的是人民解放军。这叫借物喻人。这跟我们学的《白杨》的写作手法是完全一致的。你想说什么？

生：我认为它里面用了一个比喻的手法，小白杨的叶子是绿色的，它把这个绿叶比喻为绿军装。

师：很好，非常形象。那么我们不仅学习了袁鹰的《白杨》，还学习了茅盾写的《白杨礼赞》的片段，还品味了《小白杨》的歌词。那么像白杨，写白杨树，借物喻人，学了这篇文章以后，你原来或者现在心目当中，最欣赏的植物是哪一种？你说。

生：我最欣赏的树和植物是梅花。

师：最欣赏梅花，欣赏梅花的什么呢？

生：因为梅花也像人一样，有一种不屈不挠的精神。

师：不畏严寒的品格，她最欣赏的植物是梅花。你最欣赏的是什么呢？

生：我最欣赏的是竹子，就像郑燮写的《竹石》。

师：欣赏竹子什么呢？

生：我欣赏竹子的是它长在岩石中，但仍长得非常直。

师：咬定青山不放松，是不是啊？长得那么挺拔，从不弯曲，不屈不挠。她欣赏的是竹子的品格，青翠，挺拔，不折不挠。你欣赏什么呢？

生：我欣赏松树的品格。

师： 欣赏它什么呢？

生： 我欣赏它也是在冬天的时候不管雪下得多大它也不会倒。

师： 大雪压青松，青松挺且直。要知松高洁，待到雪化时。写青松的高洁的品格，你欣赏哪一种植物呢？

生： 我最欣赏的植物是荷花，它出淤泥而不染。

师： 出淤泥而不染，荷花。下面请大家拿出笔来，仿照着《白杨礼赞》这一段写一个片段。先写你欣赏的这个植物的外形，最后用一两句赞美它内在的品格，好不好？看看同学们的文笔怎么样。

（生写）

师： 好，由于时间关系，我们就先写到这里。没写完，没关系，我请几个同学上来，把他们写的读一读，看看他们几个是怎么写的，其他人都把笔放下，他们读的时候我的要求是什么，读完我随便叫，叫到哪一个，你来评点他们，他们写的好在哪里，还需要怎么改进，读完请你评点，所以一定要专心听，我也请下面的老师帮他们评点，下面我们请三位同学。

生： 我写的水仙花。

师： 声音大一点念给大家听好不好。

生： 好。水仙花，这叶子，在寒冬中依然翠绿；这花瓣，如冬雪一般纯洁；它生长在水中，从它的名字可以听出，它是水中的仙女。在寒冷的冬天，正是水仙最为美丽的时候，它傲然挺立在水中，散发出阵阵幽香。不畏严寒的精神，值得每个人学习。我爱水仙，爱她的纯洁、善良，爱她的不畏严寒的精神。

师： 来点掌声吧。（掌声）你来评点一下。

生： 我喜欢它里面用了一些修辞手法，把水仙花比作了水中仙子。

师： 仙子。你来评价。

生： 我觉得它用的语言非常优美。

师： 什么语言优美，你举一个例子。

生： 比如说"傲然挺立"这个词。

师： 这个词用得很优美。你来评点一下。

生： 我跟他的意见一样，也觉得水仙花非常优美。

师： 她有没有按老师的要求，先写水仙的外形，然后再写水仙内在的品格。你来说说看。

生： 她是这样写的，她一开始先写了它的花瓣和叶子，后来写了它的精神。

师： 是的，基本上按老师的要求来的，不错的，短短的几分钟之内写出这样的片段，不简单，我们再给她一些掌声。（掌声）你叫什么名字？

生： 我叫安子纯。

师： 安子纯，小才女。我们来听听你的，你写的什么植物？

生： 我写的是梅花。

师： 你叫什么名字？

生： 我叫缪景昊。

师： 缪景昊。我们听听缪景昊写的文段。

生： 这是非常耐寒的一种植物。数九寒天，百花早已不见踪影，四周大雪纷飞，连穿着厚袄的人都不禁冷得发抖，而此时偶闻清香，抬头看来，是梅花，在雪中开放，姿态却丝毫不逊色于春暖之百花，一朵朵红梅星星点点分布在了枝上，供人们观赏……

师：还没有写完，是吗？我提两个问题问问你。第一个问题，你这里写数九寒天，百花早已不见踪影，四周大雪纷飞，连穿着棉袄的人都不禁冷得发抖，为什么你这里用这么多笔墨来突出天气寒冷呢？

生：因为梅花是在非常冷的季节里开放的。而这时候已经没有其他的花了，我想用来突出梅花能在很冷的季节里开放。

师：听到没有。把冬天写得那么寒冷，百花不见踪影了，唯有傲雪挺立的梅花，凸显了梅花的品格，这种写作方法叫衬托。天气写得越冷，环境越恶劣，越是能写出来梅花的品格。这个方法，值得学习，掌声献给缪景昊。（掌声）你写的什么植物？

生：我写的是仙人掌。

师：仙人掌。你叫什么名字？

生：我叫王恬静。

师：王恬静，一看这小女孩就非常恬静。真是讨喜啊，你读读看。

生：我最喜欢的植物不是艳丽的玫瑰，不是娇嫩的月季，而是浑身长满刺的仙人掌。仙人掌生长在炎热的沙漠，就在那里几乎一年都不下雨，它依然顽强地生长着，把根埋得深深的，努力地吸取星星点点的水分，它是沙漠里的骄子，给沙漠增添一丝生气；仙人掌是聪明的，为了生存下来，它把宽大的叶子转变成一根根小刺；仙人掌是无私奉献的，每当骆驼队口渴的时候，它无私奉献出自己的身体。

师：好不好，好怎么没有表现？（掌声）你说两句，她好在哪里？

生：我认为她好在选材跟别人都不一样，人们经常写的是梅花、青松这一类的植物，而她却写在沙漠中的仙人掌。

师：选材独特，你们都写的我不写，我另辟蹊径写仙人掌，这是要点独特的思维，好，你认为好在哪里？

生：我觉得她语言很好，用词也非常恰当。

师：我也欣赏你的语言，恬静啊，你看你的语言真美哟。我最喜欢的植物，不是艳丽的玫瑰，不是娇嫩的月季，而是浑身长满刺的仙人掌。不是……不是……而是……，在这玫瑰、月季的比较当中，凸显出仙人掌。还有，仙人掌是聪明的，为了生存下来，它把宽大的叶子转变成一根根小刺；仙人掌是无私的，当骆驼队干渴的时候，它把自己的身体、生命献给了骆驼。你看，她的语言是多么优美，多么工整呀。我们把掌声献给恬静。（掌声）好，我们欢送三位同学回到座位上去。

帅：真不错，学语文啊，就是要学以致用，就是要读写结合。以后让你写一个植物，写一棵树，你就会像《白杨》那样，像《白杨礼赞》那样，像《小白杨》的歌词那样，用这种方法去赞美它，赞美它的外形，赞美它的内在的品质。每学一篇文章，就练写一个片段，读写结合，一课一得，你的语文水平怎么能不高呢？好，今天的课我们就上到这儿，让我们在阎维文美妙的歌声当中结束我们《白杨》课的学习。下课。

感悟分享

《白杨》是一篇借物喻人的抒情散文，文章含蓄凝炼，寓意深刻，作者借大戈壁上的白杨来赞美在新疆扎根落户的建设者，在朴素平淡的风景画中蕴含着浓郁的诗意。这"诗意"不是别的，是作者热情歌颂的不畏艰苦创业的精神，它不仅表现在那位旅客身上，更重要的是表现在培育下一代边疆建设者的精神上。正是这浓郁的诗意，扣动着读者的心弦，使人对扎根边疆的崇高精神境界产生敬仰之情。

孙老师对明线和暗线的处理充满智慧。这篇散文有两条线索，明线写白杨，先简笔勾画白杨高大挺秀的外形，再借爸爸之口礼赞白杨坚强不屈、生命力强盛的内在品格，最后写小白杨迎着风沙茁壮成长。暗线写爸爸，先写爸爸看着戈壁滩上的白杨出神，再写爸爸严肃地向孩子介绍白杨树，最后写爸爸由陷入深思到突然露出微笑，这是人物神情变化的一条暗线，这两条线索如何处理呢？怎样才能不顾此失彼呢？孙老师选择了这种较佳方案：前半部分重点抓明线，突出白杨的形象；后半部分重点抓暗线，突出边疆创业者的形象。

孙老师对物和人的关系的处理别具一格。教学借物喻人的文章一定要处理好物和人的关系。从孙老师的教学现场中我们可以清晰地看到他遵循了先讲好物的特性后讲清人的特点的一般规律。根据文章的思路，教学时孙老师首先在学生心目中树立起白杨高大的形象，让学生感到白杨确实了不起，叫人敬佩。在此基础上他再让学生理解爸爸的心愿，树立起边疆创业者的高大形象。

语文课堂教学的崇高境界是既传授知识，发展能力，又给学生以艺术的享受。《白杨》一课教学孙老师很好地把握课堂结构、教学方法和教学语言艺术的融合。以第二课时为例，在教学结构上，导入正课后，教师出示了大幅戈壁挂图，用动情的语言描述大戈壁荒凉的景象，追求"先声夺人"的艺术效果。"文似看山不喜平"。课堂教学也忌平淡无奇，在教学白杨内在品格时，孙老师通过理解内容、体会感情、描述渲染、感情朗读四个步骤掀起教学高潮。结束时他让学生由边疆的白杨联想到身边的"白杨"，由大白杨联想自己这些"小白杨"，追求"言有尽而意无穷"的艺术境界。何处讲解，何处启发，何处朗读，何处讨论，何处留下"教学空白"，都作了精心设计。单调乏味的教学语言不能激发学生学习的热情，教学时，孙老师以他深厚的语言功底，用启发性语言循循善诱、讲解性语言有条不紊、描述性语言绘声绘色、赞扬性语言激情昂扬，教师用饱满的感情感染学生，使教师、学生、作者三者的感情发生共鸣，达到"入境""悟神"的最佳境界。

本课教学从问题入手，问题从学生中来，在学生学习中得到解决；从整体入手，层次渐进阅读感悟；从对比入手，品词品句品篇章；再从读到写，得言得法。给我们诸多惊喜的同时带来诸多的启发。

拓展阅读
名师示例《草原》

学有所得

认真学习了这两篇教学设计，从下面几个角度写下你的体会：
1. 选择这两篇教学设计中你认为最精彩的片段，请标注出来，并说说理由。

2. 对照两个名师示例中教学设计和教学实录，从中找到课堂教学中生成的内容，细细体会教者是怎样在生成处把握教学,调整设计的。可以把你的所悟所得写下来。

_____

_____

3. 请扫码阅读名师示例《草原》,对比学习蔡老师和季老师关于该课的教学思路和教学策略,从中你发现了哪些异同,梳理概括并罗列。

_____

_____

_____

实践操练

下面是苏教版教材三年级上册中的一篇课文,请完成两课时的教学设计。

西　湖

杭州素有"人间天堂"的美称。西湖,就是镶嵌在这天堂里的一颗明珠。

站在柳丝轻拂的西湖边放眼远眺,只见湖的南北西三面是层层叠叠、连绵起伏的山峦,一山绿,一山青,一山浓,一山淡,真像一幅优美的山水画。平静的湖面,犹如一面硕大的银镜。一群群白鸥掠过湖面,在阳光下一闪一闪的,好看极了。

围绕着西湖的是一圈树木织成的绿色镶边。十里明湖中,葱绿的孤山显得格外秀美典雅。孤山东边的白堤和西南的苏堤,就像两条绿色的绸带,轻柔地飘浮在碧水之上。湖心的三个小岛——小瀛洲、湖心亭、阮公墩,掩映在绿树丛中。明净的湖水晃动着绿岛和白云的倒影,仿佛仙境一般。在这如画的西湖边走一走,看一看,怎能不令人心旷神怡呢!

月光下的西湖,又是一番景象。夜幕初垂,明月东升,轻风徐来,湖水荡漾。岸边的华灯倒映在湖中,宛如无数的银蛇在游动。远处,不时飘来悠扬的琴声。人们泛舟湖上,会觉得天上人间全都溶化在月色里了。

第四章　童话、寓言教学设计

方法举隅

一、情境演绎

童话故事和寓言都是儿童喜欢阅读的作品，因为文字浅显，情节生动。也比较适合儿童进行情境的复现，我们可以在课堂教学中协助学生分小组进行童话剧的创作或改编，然后让学生进行表演。事实上，在对课文的改编和表演中，儿童因为表演欲望强烈的天性使然，会全情投入对课文的基础阅读，努力理解情节和人物之间的关系，认真揣摩语言表达的特点，为最终能够站在"舞台"上比较出色地完成课本剧的表演做好一切必须的准备学习。这样的学习是儿童自主愉悦参与的学习，是一种卷入式的学习场域的构建。

二、讲述与复述

进入教材的童话故事大多是经典，寓言当然更是。经典阅读，即使如童话般有趣，但其中深刻的哲理对于儿童来说理解起来依然是困难的。讲述是帮助儿童化解难点的有效途径。经典文学作品之所以被称为经典，是因为它具有历史性的积淀，经典往往是一个时间性的范畴。严肃的文学史家总是坚持，经典的确认需要一个漫长的反复筛选、淘洗、检验的过程。从这个角度来说，经典之所以成为经典，是因为它受到了多重标准的确认，每个时代内部都存在着不同的价值体系，每个时代又在这些不同的价值体系的冲突与碰撞中形成共识和妥协。当某一作品所包含的信息、所传达的经验具有普适性时，它成为经典的可能性就越大，这普适性来自于作品对人性深层次的挖掘，因为人性的层次越深，共性就越大；普适性又来自作品所提供的"知识"与人类生活联系的紧密程度；普适性还来自对人类生活的历时性把握，所以对于经典的阅读，显然，处于"理性睡眠期"的儿童是几乎不可能产生阅读冲动和阅读内省活动的。对于经典的阅读，儿童需要外力的帮助。这个外力来自于一种独特的介质帮助，那就是教师的讲述。语文教师用自己的人格魅力感染学生，用生命意识点燃学生的言语理想，使学生通过老师的言说，领会到言语表现与存在的言语人生的意义和价值，萌发言语表现和自我实现的生命欲求。对经典文学作品的讲述，在养育学生的言语健全人格和诗意情怀方面具有着重要的作用和强大的教育生命力。对故事的基本复述或者创造性复述，是童话教学和寓言教学的另一条重要策略，是引导儿童和文本进行深度对话的途径。我们知道,理解一个人有多难,理解一个伟大的心灵可能更难。复述,作为阅读过程中的对话,是孩子们作为自我的未完成形态,在与有意义的心灵交互(对话)中不断生成和完善的。

三、角色对话

由于童话故事和寓言故事中的人物形象让儿童有一种天然的亲切感,甚至常常能够让儿童有代入感,产生共情。童话故事与儿童有天然的亲密性。童话是对人类心灵的隐喻,是对个人心灵为挣脱恐惧、焦虑所做的挣扎的隐喻,对儿童的心灵发展非常重要。童话一般以"从前"开始,一下子将儿童引入非现实之中,为儿童开辟了一条超越现实苦恼的道路;童话以主人公的胜利结尾,又将儿童带回到现实之中,暗示儿童生活中的困难和障碍都是可以克服的,总是给儿童以希望和憧憬。更重要的是,童话以儿童喜爱的方式探讨人类生活的普遍问题,抒解萦绕儿童心际的问题,释放儿童内心的压力。儿童的心灵稚嫩又敏感,在成长过程中困惑很多、压力巨大,但因为年幼,不善表达,不能清晰描绘自己的问题和压力,所以很难主动求助于成人。童话可以通过隐喻的方式,启发、陪伴儿童应对成长中说不清的问题和压力。童话就是从儿童的所处的现实状况出发,用隐喻的方式将儿童深受其害的困扰描述出来,用暗示的方式告诉儿童该如何做。童话故事常常能帮助儿童道出他自己无法道明的困惑和压力,并为他们指明了方向,给他们成长的希望和信心。对于教学来说,这些也恰恰是教学的难点和重点,所以在教学设计中,我们可以有意识地创设儿童进入故事,和故事中角色进行对话的环节,有时候可以是儿童和故事中本来的角色进行对话,有时候是让儿童替换故事中的某个角色与其他角色进行对话,有时候又可以是儿童分组分别代入文中的角色展开相关话题的对话。一旦对话展开,学生就真正和课文的语言文字产生密不可分的关系,对故事蕴含哲理的理解就在这样的亲密对话之中达到儿童的深度。

名师示例一　总也倒不了的老屋

人教版部编本第五册课文

总也倒不了的老屋

老屋已经活了一百多岁了。它的窗户变成了黑窟窿,门板也破了洞。它很久很久没人住了。

"好了,我到了倒下的时候了!"它自言自语着,准备往旁边倒去。

"等等,老屋!"一个小小的声音在它门前响起,"再过一个晚上,行吗?今天晚上有暴风雨,我找不到一个安心睡觉的地方。"

老屋低下头,把老花的眼睛使劲往前凑:"哦,是小猫啊!好吧,我就再站一个晚上。"

第二天,天晴了。小猫从门上的破洞跳了出来:"喵喵,谢谢!"

老屋说:"再见!好了,我到了倒下的时候了!"

"等等,老屋!"一个小小的声音在它门前响起,"再过二十一天,行吗?主人想拿走我的蛋,可是我想孵小鸡。我找不到一个安心孵蛋的地方。"

老屋低头看看,墙壁吱吱呀呀地响:"哦,是老母鸡啊。好吧,我就再站二十一天。"

二十一天后,老母鸡从破窗户里走了出来,九只小鸡从门板下面叽叽叫着钻了出来:"叽叽,谢谢!"

老屋说:"再见! 好了,我到了倒下的时候了!"

"等等,老屋!"一个小极了的声音在它门前响起,不注意根本听不到,"请再站一会儿吧,我肚子好饿好饿,外面的树被砍光了,我找不到一个安心织网抓虫的地方。"

老屋低头看看,眼睛眯成一条缝:"哦,是小蜘蛛啊。好吧,我就再站一会儿。"

小蜘蛛飞快地爬进屋子,在屋檐上织了一张又大又漂亮的网。偶尔有虫子撞到网上,小蜘蛛马上爬过去把虫子吃掉。

"小蜘蛛,你吃饱了吗?"老屋问。

"没有,没有!"小蜘蛛一边忙着补网,一边回答,"老屋老屋,我给你讲个故事吧!"

老屋想,这倒很有意思。于是它就开始听小蜘蛛讲故事。

小蜘蛛的故事一直没有讲完,因此,老屋到现在还站在那儿,边晒太阳,边听小蜘蛛讲故事。

本文作者慈琪,选作课文时有改动。

《总也倒不了的老屋》(一课时)教学设计(三年级)

刘昕、陆伟伟

教学目标

1. 走进人物,体会人物内心,进而有感情地朗读、理解性地表演。
2. 初步探究三段式叙事方式的规律和奥秘,获得写作技能上的积累。
3. 详学其中一个片段的描写,比较相同和不同,获得如何才能写生动的启发。

教学准备

多媒体课件。

课时安排

一课时。

教学流程

一、激疑导入

孩子们,今天我们要读一个有意思的,温暖的童话故事——《总也倒不了的老屋》。当你第一眼看到这个题目的时候,心里会有怎样的疑问呢?

二、探寻规律

1. 带着问题读课文。

出示阅读提示:快速浏览课文,想想老屋是什么样的? 为什么总也倒不了呢?

2. 交流:课文中是怎么说的呢?

出示:

老屋已经活了一百多岁了,它的窗户变成了黑窟窿,门板也破了洞。它很久很久没人住了。它已经很老了,可是它却总也倒不了,这是为什么呢?

交流:(板贴三种动物)谁能完整地说一说?

3. 在故事中,为了帮助小朋友们记忆、讲述和传播,编故事的人常常通过情节的反复来展开故事,而反复的次数一般以"三"为最多,这就是我们常说的"三段式"。这篇课文是非常典型的三段式结构。

你还记得以前我们学过哪些三段式的故事呢?

三、学习写法

1. 结构我们已经清楚了,那怎样把故事写得有意思呢? 读读课文第一个片段讨论、研究。

阅读提示:读读课文第一个片段,想想,作者是怎样把故事写得有意思的?

① 小组四人分读四个自然段。

② 哪里特别有意思呢?

A. 对老屋的描写。出示提示。

语气词:"哦"感觉看了好久,终于看清是小猫了!

低下头,把老花的眼睛往前凑,写出了老屋的年龄特点,让人感觉很慈祥,语气和动作神情配合得很好。读,表演读。

B. 对帮助对象的描写。语言、离开时的动作。年龄的反差。

叠词:焦急,活泼。动作、神态、性格和年龄配合得非常好。画面感。指名读。男女生分角色读片段。

2. 三段式结构的故事,最大的特点就是运用反复的手法来展开故事情节。既然是反复,就会有相同和不同,出示以下提示。

阅读提示:小组内读第二个片段,和第一个片段比较一下,有哪些相同和不同?

A 相同:倒的时机 都是小小的声音 都是安心 都站在门前 ……

安排了这些相同的地方有什么好处呢? 为了故事的整体性、紧密性,读到相同的地方感觉很有意思,也方便故事的传播。

B不同:对象 时间 困难 离开方式

安排了这些不同的地方有什么好处呢? 有了变化,更生动,更有意思,也能渐渐推向故事的高潮。

同学们,你们现在掌握了三段式故事的编写技巧了吗? 根据黑板上的提纲,试着写一写吧!

四、布置作业

要使故事生动,一头一尾也很重要,同学们可以利用课文的开头,仿照课文的结尾,使自己的故事更完整。今天的作业就是把自己改编的故事写完整,写得温暖而有意思,然后讲给爸爸妈妈听听。

《总也倒不了的老屋》课堂实录
陆伟伟

一、课前谈话

师: 孩子们,咱们今天第一次见面,自我介绍一下,我姓陆,叫陆伟伟,你们可以叫我?

生: 陆老师!

师: 嗨,大家好,认识你们很高兴!我们聊会儿天吧,你们喜欢读童话啊神话吗?

生: 喜欢!

师: 那陆老师考考大家,咱们玩个游戏——看图猜故事,看哪些同学有慧眼慧心。

(出示《狼和小羊》图片一部分,学生猜故事的题目。)

师: 这是谁?

生: 是狼,这是《狼和小羊》故事。

师: 你们还记得吗,狼为了吃羊,一共找了几次碴儿?

生: 三次。一次是狼说小羊弄脏了它喝的水,一次是说小羊骂它,第三次说不是小羊就是它爸爸,反正都一样。

师: 是的,最后狼不由分说扑向了小羊。

(出示《三袋麦子》图片。)

师: 这是谁?又是什么故事呢?

生: 这是土地公公,是《三袋麦子》的故事。

师: 恭喜你,猜对了!土地公公有三袋麦子,一袋给了——

生: 小猪,结果小猪把它都吃了。

师: 是啊,它是个美食家!一袋给了——

生: 小牛,结果小牛保管得好好的。

师: 它真的是一个很好的管家!还有一袋给了——

生: 小猴。小猴种下麦子,结果收获了很多。

师: 看来,小猴是个优秀的创业者。你们也很棒!

(出示《小蝌蚪找妈妈》图片。)

师: 这幅图难度大了,谁能根据蛛丝马迹猜出是什么故事的?

生:《小蝌蚪找妈妈》。

师: 哇,你有火眼金睛啊!那小蝌蚪找了几次才找到妈妈的?

生: 三次。第一次找到鲤鱼妈妈,第二次找到了乌龟妈妈,第三次找到了青蛙妈妈。

师: 你们的眼睛太尖了,这是你们的强项。陆老师决定要换个玩法了——听情节猜故事。

在神话故事中,有一个小孩儿,他为了让老百姓过上安居乐业的生活就到人家家里去算账,先把别人的家闹得天翻地覆,接着把人家的仆人打死了,最后还把人家儿子教训了一顿。

生:是《哪吒闹海》!

师:真是难不倒你们,再来一个,看谁的耳朵尖?

在神话中,有个神通广大的人物在路上碰到一个少女,他一棍子就把人打死了;过了一会儿,一个老太太来找她的女儿,又被他一棍子打死了;后来一个老头来找老伴和女儿,还是被他打死了。这是什么故事?

生:《孙悟空三打白骨精》。

师:你们真棒,不仅有一双善于发现的眼睛,还有勤于思考的大脑。看来你们真的读了很多书哦!

二、激疑导入

师:孩子们,今天我们要读一个有意思的童话故事——《总也倒不了的老屋》。当你第一眼看到这个题目的时候,心里会有怎样的疑问呢?

生:老屋是什么样的?

生:为什么老屋总也倒不了呢?

师:同学们的手收回了很多,看来你们都有这样的疑问,我也好奇呢,那就带着问题自由读课文吧!

三、探寻规律

师:读了课文,你知道老屋是什么样的吗?课文中是怎么说的呢?

生:它老了,窗户变成了黑窟窿,门板也破了洞。

出示:

老屋已经活了一百多岁了,它的窗户变成了黑窟窿,门板也破了洞。它很久很久没人住了。

师:你还从哪里看出来它老的?

生:老屋已经一百多岁了。

师:是的,岁数很大了。你来读读。

生读这段话。

师:还有吗?

生:它很久很久没人住了。

师:是的,它确实老了,已经被人遗忘了。你来读读。

大家一起读读。

师:既然老屋已经很老了,可它却总也倒不了(指题目),这是为什么呢?

三个学生相继交流:为了小猫有一个安心睡觉的地方;为了母鸡有个安心孵小鸡的地方;为了蜘蛛有一个安心织网捉虫的地方。(板贴三种动物),所以一直到现在都没倒。

师:同学们真棒,你们解决了刚才自己提出来的问题,了解了大意,还理清了童话故事的层次。咦,读了这个故事,再联系刚才我们猜的几个故事,你们有没有什么发现呢?(出示课前谈话出示的五个故事的名字。)

生:它们都有三个情节。

师:是的,他们都有三个故事情节。编故事的人为了帮助人们记忆和传播,常常通过情节的反复

来展开故事,而反复的次数一般以"三"次最多,人们把它叫做"三段式"结构。(板书)

四、学习写法

师:三段式结构的故事,三个片段都差不多,读懂了一段,对其他的就有帮助。我想先请 4 个同学来读一读第一个片段。

四名学生分读第一个片段的四个自然段。

师:你们觉得这个片段写得怎样?

生:我觉得写得特别好,特别有意思。

师:想想,这里哪些地方写得特别有意思的?

生:老屋低下头,把老花的眼睛使劲往前凑:"哦,是小猫啊!好吧,我就再站一个晚上。"

师:你找到了对老屋的描写。(出示句子)能说说你的感受吗?

生:语气词"哦"让人感觉看了好久,终于看清是小猫了!

师:说得真好,一个语气词里就包含了这么多的东西。你来读读。

(学生读。)

师:这段话中还有哪里也写得很有意思的?

生:"低下头"说明老屋很高大,"把老花的眼睛往前凑",写出了老屋的年龄特点,让人感觉很苍老。

师:那你来读读。

(学生读。)

师:咦,孩子们,你们还有谁能读到文字的背后,说说还读出了什么?

生:我读出了老屋很善良。

生:我觉得老屋乐于助人。

师:是啊,这种善良就体现在对弱小生命的关爱。我想请一个同学来表演,那边那个铅笔盒就是小猫。谁来推荐?我还想请个同学来读提示语。

(学生上台表演。)

师:你们觉得他表演得怎样?

生:表演得真好,我的眼前仿佛出现了老屋的样子。

师:那你们想试一试吗?我们一起来读一读,想表演着读的可以站起来。

师:第一个片段中还有哪里也是有意思的呢?

生:第二天,天晴了。小猫从门上的破洞跳了出来:"喵喵,谢谢!"

师:你找到了对帮助对象的描写。说说你的感受?

生:小猫没有从门里走出来,而是从门上的破洞里跳出来很好玩儿,感觉它很活泼。

师:是的,它太调皮了,不走寻常路,你能读好这段文字吗?

学生读。

师:文字能给我们带来画面,听你读那个"跳"字,我仿佛能看到小猫跳跃时的那道弧线呢!我们一起来读读。现在你们能读好第一个片段吗?读之前哪位同学给点建议或者提醒?还剩下这里的第一、第二自然段。

生:这里的第一自然段,老屋应该读得苍老一点,无力一点,因为它年纪大了。

师:仅仅是因为年纪大才读得苍老无力吗?

生：因为人们遗忘了它，不需要它了，所以它觉得很孤独。

师：是啊，被人遗忘，不被人需要使老屋觉得孤独，站立在那里真是没意思。

生：这里的第二自然段里，这个"小小的声音"应该读得小一点，焦急一点，可怜一点。因为暴风雨要来了，而它没地方住，它希望老屋能收留它，所以这是一种请求。

师：你们提出的建议真棒，合情合理。现在，我想请男女生配合读好这个片段，男生读老屋，女生读小猫，谁来读提示语。

（学生分角色朗读。）

师：为你们的朗读点赞！咦，孩子们，那作者是怎么把这个片段写得这么有意思的呢？再读读课文第一个片段，动脑筋想一想。

生：作者抓住了故事中人物的动作、语言进行了详细描写。

师：是的，抓住人物的动作、语言写出了人物的年龄和性格特点，这样就特别有意思。

三段式最大的特点是相似，我们已经了解了第一个片段，看看第二个片段有哪些跟它完全相同的？

（板书：相同）

出示阅读提示：小组内读读第二个片段（6至9自然段），对照第一个片段看一看，将完全相同的地方画出来。

（学生读书、讨论、圈画。）

生：我们找到老屋每次都说："好了，我到了倒下的时候了！"

师：两次都是在什么时候说的？

生：都是别人不需要它的时候，它完成了使命之后。

师：是的，倒的时机是一样的。

生：每次在它要倒的时候，都有一个小小的声音在它门前响起："等等，老屋！"

师：对的，都是相对弱小的生命，都需要帮助，都处在困难中很焦急。

生：还有，小动物们都非常有礼貌，走的时候都说了"谢谢！"

师：还有吗？再读读这里的文字，你还能发现什么地方是完全相同的。

生：小动物们在求助的时候都用了"安心"这个词。

师：你们想一想，为什么要重复写安心呢？安心是什么意思？

生："安心"是指感到安全。

师：是的，"安心"是指心情非常安定。用在这里是说老屋给人怎样的感觉呢？

生：一种安全感。

生：老屋让人放松，让人舒服，给人一种家的温暖。

师：是啊，老屋能保护他们，关心他们，使他们有家可归。那么，有了这些相同的地方，我们读起来会有什么感觉呢？

生：前面有这些内容，后面又出现了，读起来感觉两个情节之间有了联系。

师：是的，正是有了这些相同，情节之间联系得更紧密了，读起来感觉有意思了，也方便了故事的讲述和传播。三段式的故事有相同的地方，肯定也有不同的地方，你能找出来吗？看谁最快找到，发现得最多！

师：有了相同的地方，肯定也会有不同之处，你能找到吗？

生：第一个片段是小猫和老屋，第二个片段是母鸡请求老屋帮助。

师：对，受助的对象不同了。（板书：对象）

生：第一次小猫请求住一个晚上，而母鸡请求的时间是二十一天。

师：需要帮助的时间不同了。（板书：时间）

生：小猫是因为暴风雨的原因，而母鸡是因为要孵小鸡才来请求帮助的。

师：遇到的困难不同。（板书：困难）

生：离开的时候，小猫是从门上的破洞跳了出来，而母鸡是从破窗户里走了出来，小鸡是从门板下面叽叽钻了出来。

师：这是它们离开方式的不同。（板书：离开方式）读了这些不同的地方你又有什么感觉呢？

生：有了这些不同的地方会引起我们的好奇，会猜测下面会发生什么。

生：有了这些不同能让人感觉人物的性格特点不一样。

师：是的，正是有了这些不同，故事才有了变化，有了推进，读起来也更有意思更能吸引人了。现在这段能读好吗？还是男生读老屋，女生读母鸡和小鸡部分，谁来读旁白？注意，把人物的特点读出来。

师：刚才，我们找了那么多的相同和不同，那你们能不能根据黑板上的提纲，先构思，然后再试着写一写呢！

出示：试一试。请你挑选一个动物替换母鸡和小鸡，并借助表格构想故事，然后进一步展开想象写一写第二个片段。

师：还有一个特别重要的哦，兼顾一下第一和第三个片段，不要和它们重复。

（学生练笔。）

（汇报，2～3人）你们觉得他编得怎样？还可以怎么改？（学生点评。）

"好了，我到了倒下的时候了！"它这样想着，便准备往旁边倒去。

"等等，老屋！"一个小小的声音在它门前响起，"再过三天，行吗？我长大了，主人要把我杀了吃掉，而我想保命，却找不到一个躲藏的地方。"

老屋低下头，把老花的眼睛使劲往前凑："哦，是小猪啊！好吧，我就再站三天。"

三天后，小猪从门缝里挤了出来："噜噜，谢谢！"

生点评：写得很生动，尤其是小猪从门缝里挤出来，感觉小猪都养胖了。不足的地方是老屋的描写，最好把提示语改成：老屋低下头，屋顶的瓦片"咔咔"地响。

师：你真是一个高明的老师。还有谁来交流？

老屋说："再见！好了，我到了倒下的时候了！"

"等等，老屋！"一个小小的声音在它门前响起，"再过一个冬天，行吗？我的伙伴们都去南方了，可是我翅膀受了伤不能再飞了，却找不到一个安心养伤的地方。"

老屋低头看看，墙壁吱吱呀呀地响："哦，是大雁啊。好吧，我就再站一个冬天。"

冬天过去了，大雁从破房顶上飞了出来："嘎嘎，谢谢！"

师：你们写得都非常精彩，看来，同学们已经掌握了三段式结构故事的规律，还学会了把故事描写得有意思的方法，你们都很棒，今天的作业是，1.把片段写完，讲给爸爸妈妈听，让他们提提建议。2.找一找读过的故事，看看有哪些故事也是三段式结构的。

感悟分享

这篇童话教学至少有以下三点是值得分享的,是可以提供借鉴的童话教学的策略和思路。

一,用挈领的问题设计来引导文体的探究。教学伊始,教师就从题目入手,激发学生去设疑,进而用学生自己的问题"为什么老屋总也倒不了呢?"这个提纲挈领性的问题来引导学生对文体进行探究。

在这个环节的设计中,教者预设了三个层次的语言表达的练习。首先,找出老屋到底有多老,体会语词的精准表达。其次,找出三只小动物,并完整地说一说老屋为什么会总也不倒,讲清原因,学习概括地表达。发现三种动物正好对应故事的三个情节。第三,扩展,通过课前谈话中出现的故事和本文进行比较,领悟到相同结构反复"三"次这种典型的三段式文体结构。从而实现对文体把握与表达训练的有机融合。

二,用集约的思路预设来体会表达的意味。深入地探究"作者是怎样把故事写得有意思的?"是个很有意思的话题。针对典型片段的阅读如在农田里耕作,只有精耕细作才能提高单位面积的产量。

在这个环节的设计中,我进行了阅读探究的思路预设。首先,明确探究的目标是:文本是"怎样把故事写得有意思的"。其次,聚焦文本故事的第一个片段,深入地讨论和研究。在探究的过程中,教师的主导作用不在于牵着学生去琐碎地分析,而是用思路去引导学生自主地咀嚼。在引导中,我鼓励学生着力两种对象的不同之处。一是对老屋的描写,从字词的描绘中感受到年龄特点,从语气、动作和神情的配合中体验到老屋的慈祥与善良。二是对帮助对象的描写。通过对语言、离开时动作的描写来感受年龄、性格及物种上的反差。第三,通过理解基础上的表演,推己及物,来体验老屋与被帮助对象对话时的情态与画面感,从而让理解更为深入,对人物动作、神态和性格及年龄的把握更为精准,将如何写得有意思潜移默化成学生的潜在能力。《语文课程标准》强调"应尊重学生在学习过程中的独特体验",既有情感的刻骨铭心,又有知识的深刻烙印。这个环节通过角色扮演和角色朗读为学生"独特体验"的达成铺设渐进的过程。

三,用比较的阅读方法来感悟匠心的精彩。如果说,前两个环节设计使童话的阅读有意思的话,那这个环节的阅读,将从意思层面上升到了意义的层面。在这个环节,教师引导学生关注表达,关注作者的谋篇布局、遣词造句,进而揣摩作者的写作意图,这是一段与作者和文本深度对话的过程。

在这个环节的设计中,教师通过比较的阅读方法,引导学生将第二个片段与第一个片段进行比较,哪些相同和哪些不同? 引导学生去品读,去辨析,去欣赏,去发现,从而进行必要的理性上升,提炼写法,体察典型语言现象的表达精妙,体悟独特表达方式背后的绵延意蕴。学生从"相同"中看到故事框架有整体性、紧密性;从对象不同、时间不同、困难不同以及离开方式不同中看到了变化、生动以及情趣。这样的故事阅读才能从有意思的情感层面提升到有意义的理性层面。

学生语言能力的习得是从活生生的语言交往中"悟"出来的,学生只有主动参与到言语的实践活动去,才能充分调动自我的生活积累和语言储备,读出语言文字背后的精彩,去发现言语表现的秘密,去品评平淡之中蕴藏的一份神奇。也正是在这样的过程中,提高了学生正确理解和运用语言文字的规范性、适切性和自觉性。本课三个教学环节的设计,就是跳出繁琐分析的窠臼,用宏约深美的课堂预设实现学生语言能力自我、有效的生长。

苏教版国标本第九册课文

伊索寓言

狐狸和葡萄

葡萄架上,垂下几串成熟的葡萄。一只狐狸看到了,馋得直流口水。他想尽了各种办法去够葡萄,但是白费劲。

狐狸感到无望了,只好转身离开。他边走边回过头来说:"这些葡萄肯定是酸的,不好吃。"

有些人无能为力,做不成事,却偏偏说时机还没有成熟。

牧童和狼

一个牧童在村边放羊。好几次他大叫:"狼来了!狼来了!"村民们闻声赶来,哪里有什么狼!牧童看到他们惊慌失措的样子,不禁哈哈大笑起来。

后来,狼真的来了。牧童吓坏了,他慌忙大叫:"狼来了!狼来了!快来帮忙啊,狼在吃羊了!"然而,他喊破喉咙,也没有人前来帮忙。

一贯说谎的人即使说了真话,也没有人会相信。

蝉和狐狸

一只蝉在大树上唱歌。狐狸想吃蝉,便设下了一个圈套。

他故意站在蝉的对面,赞叹道:"您的歌声多么美妙!您真是个天才的歌唱家!您能下来让我见识一下您那动听的歌喉吗?"

蝉察觉其中有诈,就摘下一片树叶扔下来,狐狸以为是蝉,猛地扑了过去。

蝉对狐狸说:"朋友,要是你以为我会下来,那就大错而特错了。自从看到你的粪便里掺杂着蝉的翅膀,我对你就怀有戒心了。"

一个聪明的人,总能从别人的灾难中吸取教训。

《伊索寓言》(第二课时)教学设计(五年级)

特级教师：姜树华

教学目标

1. 讲讲故事，初步感受伊索寓言简短生动、"故事＋道理"结构等文体特点。

2. 读读文本，品味伊索寓言言语精炼的表达特点。

3. 悟悟寓意，学习多角度表达寓意的阅读方式。

教学准备

多媒体课件。

课时安排

一课时。

教学流程

一、讲讲故事，感受文体

1. 读课题。

2. 讲故事。(出示：讲故事擂台)

生讲——点评与建议。

小结：伊索寓言故事的一些特点。(故事简短、结构相似、生动有趣……)

板书：有趣的(生动)。

二、读读文本，咀嚼表达

1. 我们发现了这三则寓言中的这么多的"骗"，但欺骗终究会有破绽。让我们走进文本，去寻找破绽。(出示)

> 小小提示：一个词语、一个标点……都可能在给你暗示呦！(圈圈、画画)

走进文本，寻找破绽

　　1. 各组选定一则寓言，先自主读读，想想从哪些词句中能读出人物的"欺骗"。

　　2. 在组内读读相关语句，补充彼此的发现，并相互指点朗读。

　　3. 全班交流。

2. 自主学习——组内学习。

3. 全班交流：

都从哪些地方看出"欺骗"了？来，让我们分享各组的学习成果。(随小组汇报而学)

(1)《狐狸和葡萄》。

(出示)"这些葡萄肯定是酸的，不好吃。"

① 交流，相关词句中读出的"欺骗"——指导读。

② 以第一自然段为内容,练习改写——学生例文——对比原文。

(出示)"葡萄架上……( )他想尽了各种办法去够葡萄,( )……但是白费劲。"

③ 思考伊索寓言的作者为何没加上这么多精彩的语句。(板书:精炼)

(2)《牧童和狼》。

(出示)好几次他大叫:"狼来了!狼来了!"(指读)

① 指读——揭谎——指导读。

(出示)牧童吓坏了,他慌忙大叫:"狼来了!狼来了!快来帮忙呀,狼在吃羊了!"

② 同样的"大叫",同样的"!"(红色标识),这回的感觉一样吗?

练习朗读——指名试读,同学们做评委。生评价——选最佳再展示。

③ 仔细感受,发现他朗读的变化(语气、表情、内心的变化:轻松到恐慌)。

(3)《蝉和狐狸》。

(出示)"您的歌声多么美妙!……"

① 交流从文中发现的"欺骗"之处。(指导朗读)

② 突出四个"您"字的体会:(出示)读读体会体会。(狐狸的虚伪做作)

(出示)情景练说"一天蝉与曾经上过狐狸当的乌鸦相遇了……"他们会说些什么呢?(同座练说——指说)

三、悟悟寓意,个性表述

(出示,指读)寓言就像哆啦A梦的神奇口袋……比口袋本身大上好几倍。

同学们,我们读出这三则寓言的深刻了吗?(板书:深刻的)

1. 指生说。(出示:三个寓意)

2. 其实啊,不同的人即便感想相近,也可以有不同表达。我们不妨做一次尝试。(出示)

结合文本,表述感想

1. 选一则自己最有感想的寓言,在文末写下你内心的表述。

2. 全班交流。

---

3. 生写——展示交流。

4. 听听《伊索寓言》译者的话——(出示)(录音)"《伊索寓言》之所以能有如此的生命力……能获得不同的启发和智慧。"——《伊索寓言》译者贾瑜凯。

5. 相信同学们随着自己的长大一定会明白更多!下课。

附板书:

伊		……
索		深刻
寓	精炼	
言	有趣	

《伊索寓言》课堂实录
姜树华

一、讲讲故事，感受文体

师：同学们，今天这节课，我们继续学习课文——

生：《伊索寓言》。

师：昨天啊我们一定看了学校王群老师的微讲座。题目叫——

生：《绘声绘色讲故事》。

师：回去练习讲了吗？

生：练习了。

师：我们来见识一下四（1）班同学讲故事的水平。

（指三名学生上前讲故事，生1讲《狐狸和葡萄》，生鼓掌。）

师：好，不仅仅是掌声的问题，谁来说说对他的评价。

生：我觉得施季伟表情和动作都是很好的，但是我觉得他讲到那个"这些葡萄肯定是酸的，不好吃"的时候，表情太冷淡了一点儿。

师：嗯！表情还可以再"热"一点儿，是不是这个意思啊？哎呀！既有肯定又有建议。有请第二位，希望你能够把第一位的经验用上去讲故事。（生2讲《牧童和狼》，生鼓掌。）

生：我觉得你讲得很流利。但是你的动作添加得太多了。你应该再加一些丰富动作。

生：我觉得你讲得比较流利，但是呢，我觉得你就是在背故事，不像是在讲故事。喊那个"狼来了，狼来了"，第一次喊是非常的开心，第二次喊应是带着一点哭腔的。

师：你把第二次模仿给她看一下。

生：（模仿、投入）"狼来啦！狼来啦！

师：嗯！要有这种感觉，要有讲的感觉。好，第三位同学，轮到你讲了。

（生3讲《蝉和狐狸》，生鼓掌。）

师：怎么样？我相信同学们的掌声是发自肺腑的。

生：我觉得他最后一句添加得很好。但是我要给他提个建议。就是他的动作太少了。

生：我觉得，你的语气非常到位。而且你的一些动作和自己添加的语言也添加得非常好，但是我给你提个小建议，你的面部表情可以再丰富一些。

师：很好。同学们对三位同学都进行了肯定，而且也提出了一些建议。这么短的时间就能把故事讲得这么好。思考过原因吗？除了我们讲故事的能力比较强之外，有没有发现这三个故事的一些基本特点。

生：这些寓言故事它们都是分为两部分。一部分是故事，一部分是道理。最后的这些道理总能给我们一些启示。

师：对，发现了寓言故事的结构。

生：通常人们都觉得狐狸很狡猾。所以这些故事里面都有狐狸这个狡猾的角色。

师：同学们其实已经发现了故事的一个共性。

师：第一个故事中的"骗"说的是"吃不到葡萄说葡萄酸的人"。第二三个故事有没有"骗"啊？

生：有。第一个故事是自骗自的，第二个和第三个都是骗别人的。

二、读读文本,咀嚼表达

师:只要是欺骗,它一定有破绽。接下来就做这个找破绽的事儿。

> 小小提示:一个词语、一个标点……都可能在给你暗示呦!(圈圈、画画)

- **走进文本,寻找破绽**
1. 各组选定一则寓言,先自主读读,想想从哪些词句中能读出人物的"欺骗"。
2. 在组内读读相关语句,补充彼此的发现,并相互指点朗读。
3. 全班交流。

(生自主学习。)

师:很多组都已经举手。好,我们请这一组。你们交流的是哪一组寓言?

生:我们选的是"狐狸和葡萄"这则故事。我觉得狐狸是在自欺欺人。它之前已经说了"成熟的葡萄",这说明葡萄已经甜了,而后面狐狸却说,这些葡萄是酸的,就说明它肯定是在自己欺骗自己。

师:哦?那自欺自地怎么说呢?你说说。

生:(表演读)"这些葡萄肯定是酸的,不好吃"。

师:嗯!狐狸已经生气了。还有呢?

生:我从"它边走边回过头来说"可以看出,既然狐狸说这个葡萄肯定是酸的,不好吃,但它还要回过头来看,说明它还是对这些葡萄留恋的。

师:嗯!一步三回头怎么读呢?

生:(再表演读)"这些葡萄肯定是酸的,不好吃"。

生:它之前已经馋得口水直流了,后面却说"这些葡萄肯定是酸的,不好吃"。说明它是自己欺骗自己。

师:"馋得直流口水"该怎么读?

生:(表演读)"这些葡萄肯定是酸的,不好吃"。

师:这就有感觉了!你看这就叫朗读。懂吗?很好。还有对他们补充的吗?

生:我也是这一句。我从后面的逗号看出来。这说明它不肯定,如果肯定的话它应该用感叹号。

师:他从逗号感觉到这肯定有假。如果肯定的话它该用句号或感叹号了。孩子你读。奖励你。

生:(表演读)"这些葡萄肯定是酸的,不好吃"。

师:这就是语文的感觉。都说言为心声。而今天这位狐狸先生却是——

生:口不对心。

师:这个词语第一次听说耶……(生哈哈大笑)

生:口是心非。

生:自己安慰自己。

师:那叫自欺欺人。这些词语都是很好地描写当下的狐狸的。有一位爱好写作的小朋友他嫌这篇文章暗示地还不够。就是欺骗的暗示还不够。他决定把这一段话写得更加丰富。同桌的猜猜看,感觉这些话应该说些什么内容。开始!

(同桌自主交流。)

师:他可能会写一些什么呢?

生:葡萄架上垂下几串成熟的葡萄,紫的像玛瑙,晶莹剔透。一只狐狸看到了,馋得直流口水。他想尽了办法去够葡萄。它找来一根竹竿去够葡萄。哎呀！一不小心，把葡萄婴儿肌肤般的皮戳破了。不行不行，要是把葡萄都戳破了，那我怎么吃？还是爬树吧。他紧紧地抱着树干，一下一上慢慢地往上挪。耶！快要采到葡萄了。他一伸手，可是脚下一空，摔到了地上，摔了个四脚朝天。它又想到了其他各种办法，但是，都是白费劲。

师：有补充的吗？一定要在听别人的基础之上，觉得哪些地方可以更精彩。

生：杨睿蒙，我觉得你刚刚在讲的狐狸在爬树的时候掉下来的时候可以说它疼得嗷嗷直叫。嘴里一边喊，"哎呀！好疼啊！好疼啊！"

师：早知道这样就不爬了，对不对？嗯！就是这些精彩的话语可以进去的。

生：杨睿蒙，我可以给你补充一下，葡萄架上垂下几串成熟的葡萄。它们在阳光的照射下闪烁着葡萄特有的光泽。

师：光泽，诱人。很好！你看，这些同学多好啊，为你贡献了这么多。课后就可以这么写的。想见识一下这位同学怎么写吗？

（屏幕展示，生自己读）"葡萄架上垂下几串成熟的葡萄，紫的像玛瑙，绿的像翡翠。一只狐狸看到了，馋得直流口水。他想尽了办法去够葡萄。他先助跑一段路，然后猛地跳起来，但却失败了。他又搬来一块大石头，放在脚下垫着。可还是够不着。他向葡萄扔石子，可他的瞄准水平实在太差了，一个也没有砸下来……但是白费劲。

师：感觉怎么样？

生：很可笑。最后他向葡萄扔石子，可他的瞄准水平实在太差了，一个也没有砸下来……感觉很可笑。这个写得非常好。

生：我觉得他还有一个写得好的地方，那后面还有一个省略号，说明他还试了很多的方法。

师：（大拇指。）

生：我对他有疑问。紫的像玛瑙，为什么又说绿的像翡翠？

师：你说呢？

生：是因为葡萄有紫色的也有绿色的。紫的像玛瑙说明它紫得好像要滴下紫油来了。绿的说明它绿的像翡翠一样。

师：也恰恰说明了这些葡萄非常的诱人，是不是？知道了吗？这就叫听。你会听。我们再读读。

（出示原文第一段。）

师：明眼人一看就知道，这段话其实就是课文中的。课文中的第几段？

生：第一段。

师：那来问题了。作者为什么就没有像刚才那位小朋友那样，写得那么详细呢？小组内赶紧交流一下。

（小组交流。）

生：我觉得语言故事都是比较简短精练的，都是小故事大道理。

生：我觉得写得简短一点更通俗易懂。如果写得多了写得优美了，我们又不是来读美文的，我们是要在这个里面读懂一个道理。

生：我觉得作者是想让我们有自己的想象空间。

生：我觉得作者只是想让我们把最重要的道理读出来，所以文章不需要写得太长。

师：也就是寓言最重要的在于什么啊？

生：道理。

师：所以他没有必要把故事写得那样具体，对不对？并且还给我们留下了想象的空间，何乐而不为呢？我发现了，我们四(1)班是写作的高手。

师：好，我们继续交流其他的寓言故事。好，你们组。

生："你能让我见识一下你那动人的歌喉吗？"因为蝉在树上的话狐狸照样能听到蝉的歌声，他为什么还要让蝉下来听他的歌声呢？这样子不就是多此一举吗？

生：还有"狐狸以为是蝉，猛地扑了过去"。这句话让狐狸露出了破绽。

师：你们组都已经找了好多破绽，还没有人来读一读，让我们一听就知道他在撒谎。谁来读？你们组自己建议一下。(生表演读)

生：我觉得他这儿整整用了四个"您"。只有尊敬的时候才用"您"。狐狸一般说话肯定都是用"你""他"什么什么的。而今天他为了奉承蝉，让蝉下来，所以特地用了这个"您"。

师：有一些很好的词语，但是他用得不恰当，恰恰就起到不好的效果了。奖励这位同学。你的心真的比针尖还细。你读——(生再表演读)

师：哎呀！大家有没有感觉到……什么感觉？

生：就是那种狐狸非常的虚伪，非常的狡猾。

师：动听的话语未必就是好话。是不是？以后真的要警惕。继续交流。

生：还有标点符号。这里用感叹号，比如狐狸特别崇拜蝉的话，就像我们身边的一些追星族，他们说这些话都是发自内心的感叹。

师：这样，你发自内心地读一下。

生：(表演读)您能下来让我见识一下您那动听的歌喉吗？

师：几乎哀求了，是不是这样子啊？不错。我知道，只要你用心发现还能发现好多，这就是寓言本身具有的魅力。他就是破绽。但是聪明的蝉，他今天是发现了，所以他非常冷静地对狐狸说，怎么说？谁来？

生："朋友……我就对你怀有戒心了。"

师：这是聪明的蝉。但相比之下还有一位曾经被狐狸骗走肉的是谁？

生：乌鸦。

师：哎呀！那一位就不够聪明了。事实就那么巧。有一天他们俩还真的相遇了。你们看看这两位老兄会说些什么话呢？同座的感受一下那个场面。(同座交流——两位学生表演。)

生1：那个狐狸可真讨厌，上次把我好不容易弄来的肉给骗走了。

生2：哎！我也好不到哪里去。要不是我偶然发现狐狸的粪便里掺杂着蝉的翅膀，我不也不在了嘛。

生1：你还比我聪明一些呢。我下次可要注意一点了。要是他下次再说我哪里好的话我就拍拍翅膀飞走。

师：嗯！这位乌鸦已经长大了！

师：我们来交流第二则寓言，又从哪儿发现欺骗了？

生：前面牧童好几次大叫，他只不过是扯着嗓子叫，他没有任何感情，他纯粹是想来玩。而下面又说牧童吓坏了，里面就有了他真正的想法。

师：大家有没有听出来，这位同学在对比着阅读。这就是一种有着好的方法的阅读。同样的是大叫，同样的先后都是用的感叹号，这回的感觉是不一样的。这样，请同学们自己练一练。到底这两处怎么读得会更好。（练习朗读——请三位同学比较读。）

生：我认为你们三位的感情还不够强烈，感觉第一次和第二次没有太大的区别。我感觉感情应该再丰富一点。好像自己就是牧童，看见狼在吃羊了，你应该很担心。

师：这样子，我们一起来为这个同学开个头好吗？（集体引读——生表演读。）

师：怎么样？的确不错。孩子，你能不能告诉大家，你这样一种对比的朗读为什么表现得变化会那么大？

生：其实最后那里只要感情够强烈，前面的只要带着掩饰不住的笑意，就会让别人认为是在捉弄别人。

师：他在告诉我们朗读的最高境界。就是身临——其境。

师：朗读是有技巧的，你看，不同人的理解朗读就不一样。我们都来体验一下狼来了的感觉。"这回狼真的来了，牧童吓坏了，他慌忙大叫——"

生："狼来了！狼来了！快来帮忙呀，狼在吃羊啦！"

师：几乎是哀求。这种声音一直传了两千多年。大多数听过这个故事的人再也没有犯此类的错误。

三、悟悟寓意，个性表述

师：我们学了好多，刚才学得非常好，找了许多的破绽。我们发现了寓言的秘诀。寓言之所以两千多年魅力不减，难道仅仅就是有趣？精练？哪个同学来读一段话？（屏幕展示："寓言就像哆啦A梦的神奇口袋，看起来很小，却能取出各种有趣的好东西，而这些东西的深刻道理通常要比口袋本身大上好几倍。"）

师：接下来就请同学们很快地去浏览三则寓言。看看道理在哪儿？（生浏览，交流。）

师：接下来我们看一段同样是我们学校缪小云老师的一个微讲座。一定有新的启发。

（生观看微讲座《多角度表达寓意》。）

师：有启发吗？

生：我觉得寓言读第一遍是这个道理，读第二遍可能想的是另外一个道理。读几十遍都不会厌。因为你会想到更多的道理。

师：叫百读不厌。嗯！

生：我想到了孔子的一句话，"学而不思则罔，思而不学则殆。"

师：嗯！就是要思考。

生：听了这个微讲座我更加了解了寓言。寓言本身就是有丰富的寓意让我们去了解。而且我认为，这寓言跟其他故事不同的特点是，像一般的故事结局都是美好的，但是寓言他更加能够反映人们生活中的一些状况。

师：好，接下来我们就做这个事儿，好好地去选一则你最有感想的寓言。在文末写出你内心的真实表述。

生：我写的是：狐狸的狡猾最终都无法遮挡它丑陋的心灵，只有实事求是才是做人真正道理。

生：做任何事可以多想办法，但是找借口退缩是不对的。

师：第二则呢。

生：你说了一次谎就等于在大家心目中降低了一份诚信。牧童不能把自己的快乐建立在别人的痛苦之上。说谎的人就算没人来处置他，神也会来安排对他的惩罚。

（师大拇指点赞。）

生：人不能为一时的开心失去了信誉，而信誉是无法挽回的，如果没有了信誉，就会有很严重的后果。

师：很好！我知道还有好多感慨与表达。第三则寓言——

生：狐狸一世聪明，竟败给了小小的蝉，这使我大吃一惊，但我还是更喜欢狐狸，它虽然狡猾，但狡猾地聪明。我觉得狐狸与乌鸦里面，乌鸦太愚蠢，太笨了。狐狸也要吃东西也要生存下去。我觉得那是他的聪明。

师：大家在听他的话吗？有想法吗？

生：杨睿蒙，我觉得你的这种逆向思维蛮不错的。因为我们很多人认为狐狸是狡猾，并不认为他聪明。在我听到你的发言之后，我也为之一振。我在家里的时候读这则寓言，我妈妈跟我说，一则寓言不能只站在一个善者的角度来看，也要从强者的角度来看。

师：我们注意到，这两个同学都有自己的想法。其实他们的想法是站在狐狸的角度来想的话，这是一种聪明，对不对？但是你们有没有注意到刚刚这个同学讲，不要总站在善者，那么如果总站在善者的角度看，这个狐狸还聪明吗？

生：不是聪明，是狡猾。

生：对，那就是狡猾。站在我们人和人相处的这个角度来看，这个狐狸不是聪明。

师：（对刚才发言的孩子）孩子，听懂了吗？我知道还有好多想法。事实上今天同学们的反应恰恰说明同一则寓言会有很丰富的理解。这就是寓言的一个真正的魅力。所以他让我们永远有兴趣去读他。我们来听听伊索寓言的译者说的一句话。（音频出示）"伊索寓言之所以能有如此的生命力，就在于他能使不同年龄，不同民族的读者，在阅读每一个浅显易懂的故事的同时，能获得不同的启发和智慧。"

师：相信每一个同学，随着我们岁数的增长和生活阅历的丰富，会对寓言有更深的理解。下课。

....

感悟分享

寓言是寄寓着深刻思想意义的简单故事，它集形象与抽象、故事与哲理于一体。对于这样一种文学样式的特点，著名作家严文井有过非常精当的概括：当寓言朝你走来的时候，分明是一个故事，生动活泼；而当寓言转身要走开的时候，却突然变成了一个哲理，严肃认真。我想借用严文井的思路，来评一评姜树华老师《伊索寓言》的教学。姜老师今天的课，可谓精彩纷呈，教学构思精致，资源运用精当，师生对话精妙，教学艺术精湛。我们当然要看到教学生动活泼的这一面，但这远远不够，我们还必须由感性层面进入理性层面，去琢磨姜老师这样教学的内在意蕴，去研究他的教学理念、教学主张、教学风格，也就说，看看他如何发挥组合类教材的优势，如何针对文体特征和学生的学情，如何彰显自己的教学个性。

第一，在于对组合类课文教学策略的积极探索、有效运用。

采用组合的方式编排课文，是苏教版小学语文教材的一个特色，仅五年级上册，就有《古诗二首》《成语故事》《伊索寓言》3篇课文采用了这种形式。

系统论认为，有结构的整体大于部分之和。

怎样充分发挥组合类课文的教学优势呢？姜老师和他的团队深刻认识到，组合在一起的课文本身就是一个有着内在勾连和巨大张力的系统,它们相互联系,相互支持。为此,姜老师教学时通盘考虑,整体设计,合理运用各部分内容之间的内在联系,让它们前后勾连,互为资源,互相支撑,发挥超越个体的强大的整体力量。

一上课,姜老师就充分利用寓言故事性强、学生喜欢听故事讲故事的有利条件,摆开故事擂台赛,推选3名学生上台讲三则故事,其他学生听故事、评故事、提建议。粗看,讲评故事的过程,是内化语言、积累语言、运用语言、提升语感的过程,细致推敲,姜老师是有意让这一组三则故事形成合力,强化学生的印象,深刻认识文体,感受寓言的言意特色。通过故事擂台赛,学生不仅记住、讲好了三则寓言,更对伊索寓言故事的简短、人物的有趣、行为的夸张、"故事＋道理"的结构等言意特色,有了直观具体的感受,建立了类的概念,有了规律性的认识,在今后的阅读中就能举一反三、触类旁通了。

精读环节,大部分老师采用的是各自为政、各个击破的方法,零打碎敲,琐碎分散。姜老师则针对三则寓言有机组合的编排特点,多篇串联,从整体入手,采用一线串珠法,以"骗字"为抓手,既抓住了三则寓言的内在联系,也抓住了迅速进入文本天地的绿色通道。《狐狸和葡萄》中狐狸的"骗"是骗自己,它隐藏在"馋得直流口水""想尽了各种办法"和"只好转身离开""边走边回过头来"的矛盾言行中。后两篇课文中的"骗"是骗别人,《牧童和狼》中的两处"大叫"感情迥异;《蝉和狐狸》中狐狸的虚伪在行动中暴露无遗,4个"您"的表述更是肉麻无比、虚假做作。姜老师着眼三则寓言的共性,以"骗"为突破口,聚焦关键,打通气脉,深度掘进,不仅节省了教学时间,更指示了研究性阅读的路径,启发学生抓住文本这些矛盾处、微妙处、关键处、前后联系处,反复朗读,察言会意,涵泳品味,对话交流,深刻认识、理解作者是如何用这样的语言表达思想的、这样表达的妙处,强化了学生对寓言言语特点的感受、理解、欣赏和评价的能力。如此教学,的确是提纲挈领,多快好省。

第二,在于他对言意共生这一语文教学主张的彰显、落实。

言意共生教语文,是姜老师的教学主张,也是他的教学特色。这一点,在今天的教学中得到了充分的彰显。

针对寓言的特征,姜老师从文体、文本的视角,立足文化的高度,引导学生感受寓言的言意特色,玩味寓言的言语方式,学习寓意的个性表达,将故事与哲理、工具与人文有机融合起来,言意交融,彼此支撑,彼此相长,实现了语言与精神的同构共生。

其一,姜老师着眼文体视角,指导讲评故事,感受寓言言意特色。这一点前面已经谈到,这里不再重复。

其二,他根据文本特点,引导学生揣摩语言,玩味寓言言语方式。

一是引领学生走进文本字里行间,抓住关键词句,聚焦人物动作、表情、语言、心理,通过朗读、品味、对话等方法,含英咀华,感受故事形象,玩味言语智慧,体会词句甚至标点符号的内在含义、感情色彩、表达效果。

二是别出心裁,引导学生重写课文内容,让范文表述与学生的练笔形成对比,既增加了学生语言实践的机会,锻炼了他们的文字表达能力,又让他们在对比中感知了寓言简练的表达特点,知道必须根据内容的需要和文体的要求决定表达的方式。

其三,立足文化高度,引导学生在语言实践中感悟寓言深刻的哲理。

（胡海舟老师供稿）

名师示例三　揠苗助长

苏教版国标本第六册课文

揠(yà)苗助长

宋国有个农夫,他巴望着自己田里的禾苗长得快些,就天天到田边去看。可他总觉得禾苗一点儿也没有长,心里十分焦急。

一天,他终于想到了办法,就急忙跑到田里,将禾苗一棵一棵地往上拔。他从中午一直忙到天黑,累得筋疲力尽。

回到家里,他兴致勃勃地说:"真把我累坏啦!可力气总算没有白费,咱家的禾苗棵棵都长了一大截!"

他的儿子很纳闷,第二天跑到田里一看,所有的禾苗都枯死了。

《揠苗助长》教学设计(三年级)

特级教师:刘昕

教学目标

1. 朗读课文,学会本课生字词,理解重点词语的意思。

2. 会讲寓言故事。

3. 理解这则寓言故事所蕴含的道理。

教学准备

多媒体课件。

课时安排

一课时。

教学流程

一、初读课文,读准生字,读通课文

出示课题:揠苗助长

这是一个故事的题目,因为故事讲得好,有意思,所以它也成了一个成语。谁来读准确。

揠苗助长是什么意思呢?"揠"又是什么意思呢?请同学们通过朗读课文找到答案,要求读准生字的读音,读通课文的句子。

屏显要求:1. 把生字读准确。

2. 把故事读通顺。

读得懂吗?揠苗助长这个词语是什么意思啊?对,这也就是故事的主要内容。那么揠就是(拔)的意思了。

二、通读课文,学习生字,理解词意

1. 屏显课文:

宋国有个农夫,他巴望着自己田里的禾苗长得快些,就天天到田边去看。可他总觉得禾苗一点儿也没有长,心里十分焦急。

一天,他终于想到了办法,就急忙跑到田里,将禾苗一棵一棵地往上拔。他从中午一直忙到天黑,累得筋疲力尽。

回到家里,他兴致勃勃地说:"真把我累坏啦!可力气总算没有白费,咱家的禾苗棵棵都长了一大截!"

他的儿子很纳闷,第二天跑到田里一看,所有的禾苗都枯死了。

我们刚才的有两个朗读的要求,还记得吗?(把生字读准确,把故事读通顺)

2. 屏显课文第一自然段:

宋国有个农夫,他巴望着自己田里的禾苗长得快些,就天天到田边去看。可他总觉得禾苗一点儿也没有长,心里十分焦急。

谁来读?这个人是哪国人?(宋国)读准平舌音。

一起读好这个词(焦急)。有多急?(非常非常急)

是啊,你看——

屏显:焦的象形字

（隹，鸟)+　（火，烤)

心急如火在烧,很急吧。再读这个词。读好这个短语:十分焦急。

这里还有一个词:巴望。

屏显:

宋国有个农夫,他巴望着自己田里的禾苗长得快些,就天天到田边去看。可他总觉得禾苗一点儿也没有长,心里十分焦急。(生字放在田字格里)

知道"巴望"有哪些近义词呢?

屏显:在巴望的旁边出现:盼望、希望、渴望。

你觉得这里为什么不用这些词语而要用"巴望"呢?

3. 屏显课文第二自然段:

一天,他终于想到了办法,就急忙跑到田里,将禾苗一棵一棵地往上拔。他从中午一直忙到天黑,累得筋疲力尽。(生字放在田字格里)

第二自然段谁来读?

读好这个成语:筋疲力尽。注意这个字:疲。

怎么记住这个字呢?半包围结构,里边皮外边一个病字头。

筋疲力尽什么意思呢?词意在句子里。读这句话"他从中午一直忙到天黑,累得筋疲力尽。"什么意思?(十分疲劳)

4. 屏显课文第三自然段

回到家里,他兴致勃勃地说:"真把我累坏啦!可力气总算没有白费,咱家的禾苗棵棵都长了一大截!"

读好这个词:兴致勃勃。他怎么说话的?(兴致勃勃地说)

请同学兴致勃勃地说一说——真把我累坏啦!可力气总算没有白费,咱家的禾苗棵棵都长了一大截!

不是累坏了吗?怎么还在笑?(高兴啊)

对,累得值啊,一起读——可力气总算没有白费,咱家的禾苗棵棵都长了一大截!

5. 屏显课文第四自然段

他的儿子很纳闷,第二天跑到田里一看,所有的禾苗都枯死了。

谁来读?

读好这个词:纳闷。读好闷,是一个前鼻音。你怎么记住这个字?

闷还有一个读音。

屏显:

在这段文字旁边:闷的另一个读音,并组词。

纳闷,会有什么样的表情?

三、入境读文,理解道理,学会运用

屏显全文:

宋国有个农夫,他巴望着自己田里的禾苗长得快些,就天天到田边去看。可他总觉得禾苗一点儿也没有长,心里十分焦急。

一天,他终于想到了办法,就急忙跑到田里,将禾苗一棵一棵地往上拔。他从中午一直忙到天黑,累得筋疲力尽。

回到家里,他兴致勃勃地说:"真把我累坏啦!可力气总算没有白费,咱家的禾苗棵棵都长了一大截!"

他的儿子很纳闷,第二天跑到田里一看,所有的禾苗都枯死了。

1. 给主人公起个别名,说说为什么?

故事的作者没有说他叫什么名字?我们就给他取个别名吧?取别名有讲究的。比如李白斗酒诗百篇,太会写诗了,我们叫他"诗仙",李诗仙。有个小姑娘她特别爱笑,我们叫她李爱笑,李笑笑。这个人叫个宋什么呢?

我们在四人小组里商量一下,给他起个名儿,并说说为什么?

2. 揠苗助长是个故事,故事要讲的,我们怎样把这种急给讲出来呢?

屏显：

宋国有个农夫,他巴望着自己田里的禾苗长得快些,就天天到田边去看。可他总觉得禾苗一点儿也没有长,心里十分焦急。

要观其形,听其言。就是要看他的表情、动作,听听他怎么说的。这里有没有?

屏显：

宋国有个农夫,他巴望着自己田里的禾苗长得快些,就天天到田边去看。可他总觉得禾苗一点儿也没有长,心里十分焦急。他(表情、动作)_____;他一个劲儿地说(语言)_____。

一天,他终于想到了办法,就急忙跑到田里,将禾苗一棵一棵地往上拔。只见他_____;只听他_____。他从中午一直忙到天黑,累得筋疲力尽。你看他_____,可你听_____。

小组合作选择一段来讲讲。

引读第3小节,回到家里……结果呢? 引读最后一小节。所有的禾苗都枯死了。这就是他急于求成的结果啊!

补充板书：急于求成

3. 讲故事劝他不要急。

他不拔,那禾苗是不是真的就没有长呢? 我们听听禾苗是怎么说的。

屏显：

宋国有个农夫,他巴望着自己田里的禾苗长得快些,就天天到田边去看。可他总觉得禾苗一点儿也没有长,心里十分焦急。他(表情、动作)_____;他一个劲儿地说(语言)_____。小禾苗_____。(做的卡通一点：小禾苗委屈的样子,画外音的形式)

屏显：

一天,他终于想到了办法,就急忙跑到田里,将禾苗一棵一棵地往上拔。(穿插禾苗呻吟和大喊的画外音)只见他_____;只听他_____。他从中午一直忙到天黑,累得筋疲力尽。你看他_____,可你听_____。(穿插禾苗痛苦的表情和画外音)

师生情境对话。

补充板书：不能急于求成

四、补充阅读文言文

屏显古文：

宋人有闵〔害怕〕其苗之不长而揠之者,芒芒然〔很高兴的〕归,谓〔对〕其人曰："今日病〔很疲劳〕矣! 予助苗长矣。"其子趋而〔赶过去〕往视之,苗则槁〔枯萎〕矣。

(选自《孟子·公孙丑上》)

这是很久很久以前,古人写的揠苗助长的故事,听老师来读,你能听懂吗?

屏显:

宋人/有/闵其苗之不长/而/揠之者,芒芒然/归,谓其人曰:"今日病矣! 予/助苗长矣。"其子/趋而往/视之,苗/则槁矣。

一起来读,读出他的急于求成,读出他的可笑。

揠苗助长是一则故事,是一则寓言故事(板书:寓言故事)。

同学们想一想,在我们的生活里有没有这样的农夫啊?现实生活里有没有这样的情况呢?(有)当你看到什么情况的时候,你可以用揠苗助长这则寓言故事去教育教育他们呢。现在你知道,寓言故事的特点是什么?(小故事大道理)

五、指导写字

屏显:(田字格的字和结构分布图)

宋 焦

勃 枯

疲 闷

六、布置作业

屏显:

1. 抄写生字各三遍。

2. 默写由生字组成的词一遍,自己检查订正。

3. 推荐购买并阅读:《中国古代寓言故事》(中国少年儿童出版社)。

《伊索寓言》。

《揠苗助长》课堂实录

刘昕

一、初读课文,读准生字,读通课文

师:小朋友们,今天我们一起来读一个故事。故事的题目叫——(生齐)《揠苗助长》。读得很准确。这个故事因为它讲得好,写得好,所以啊,它也成了一个成语。那么这个成语"揠苗助长"到底是什么意思呢?请同学们自己把课文打开,读一读这个故事,答案就在这个故事里,开始吧。

(生各自大声朗读课文。)

师:我们要把生字读准确,故事读通顺了。

师:好了,请坐正。知道了吗?揠苗助长是什么意思? 这个故事讲的到底是什么呢? 请你说说看。谁愿意的? 手举高一点,就请你吧。

生:揠苗助长是说一个人他想让自己的苗长得快一点,就自己把苗拔上了,他不知道这会害了苗,然后第二天苗全枯死了。

师:你讲得非常的完整。揠苗助长就是把禾苗拔上去了,这个"揠"是什么意思呀?

生：（齐）拔。

二、通读课文,学习生字,理解词意

师：对啦,你看要想知道一个词语是什么意思,我们得知道那句话是什么意思,那个故事是什么意思,词语的意思藏在句子里,藏在故事里。那字的意思藏在哪儿呐?（停顿）藏在词语里。知道"揠苗助长"是什么意思,我们就知道"揠"是什么意思啦。刚才我们提出了这样的要求（指向自读要求,引导学生齐读）,把生字读准确,把故事读通顺,愿意接受我们大家的检查吗?

生：（齐）愿意。

师：我们先看第一小节,谁愿意读给大家听的?（出示第一小节）

生读。

师：读得准确吗?

生：准确。

师：很准确。尤其是这个农夫是哪国人啊? 是宋国人。这个生字是"宋"字,它是平舌音,读得很准确。我们再看这个词,他读得也很准确,一起读——

生：（齐）焦急。

师：好,这个焦急到底有多急呢? 我们来看看这个"焦"是怎么构成的?（出示古体字）这是上面的一部分,是个"鸟",鸟在什么上面啊? 在火上面烤,想想看,它的心啊就像在火上烤一样那么焦急,它有多焦急啊? 大声地说。

生：万分焦急。

师：非常非常的焦急。我们再读这个词。

生：（齐）焦急。

师：读好这个短语——（师指向短语）

生：十分焦急。

师：语气还不够,再来一次。

生：（齐）十分焦急。

师：读好这个句子。（指向句子）

生：（齐）可他总觉得禾苗一点儿也没有长,心里十分焦急。

师：够焦急的,行,这里还有一个词,一起读一读——

生：（齐）巴望。

师：它有哪些近义词呢? 你知道吗? 那个小男孩大声地说。

生1："巴望"的近义词有"希望"。

师：不错。你说。

生2："巴望"的近义词有"盼望"。

师：对的,还有吗? 你说。

生3："巴望"的近义词还有"huái 望"。

师：还有什么?

生3："huái 望"。

师：不准确。谁来纠正? 你说。

生4："巴望"的近义词还有"渴望"。

师：是啊，那想想看，这里能不能换上这样的近义词啊？可不可以换？

生：可以。

师：好，说可以换的人举手。（师观察生举手情况）还有一部分小朋友说不可以换是吧？说不可以换的小朋友举手。（有人随众举手）这是从众心理啊，要有自己的想法。有没有人觉得不可以换的啊？举起手来，没关系。我就觉得不可以换。但是我不知道我这样说对不对哦。先看一看，让大家来评判一下啊。觉得可以换，我们就把它填进去试。第一个，宋国有个农夫，他盼望着自己田里的禾苗能够长得快些。可不可以？

生：（齐）可以。

师：通的，是吧？宋国有个农夫，他希望着自己田里的禾苗能够长得快些。似乎也通的。他渴望着自己田里的禾苗长得快些。可以不？

生：（齐）可以。

师：也可以是吧？好吧，这仗似乎你们打赢了是吧？刘老师输了。我们先存疑存在这儿行不行？留个问号，我们看故事讲完了，它到底能不能够换？行不行？继续。这一小节谁来读？小女孩你来。
（出示第2小节）

（生读第2小节。）

师：读得非常的准确。尤其是这个生字组成的词。请你带着大家读一读。

生：请跟我读"筋疲力尽"。（全班齐读"筋疲力尽"）

师：很好。这个"疲"字你有办法记它吗？小男孩——

生：这个"疲"字，他很疲劳，所以是病字头的，下面的"皮"跟它的声音是一模一样的，我就是这样记的。

师：你非常会学习。好的，这是一个半包围结构的字。记住它，它很累了，所以外面是——（生齐回答：病字头）里边儿是这个读音，是个"皮"字。"筋疲力尽"是什么意思呢？刚才刘老师教会小朋友一个办法，要想知道词的意思就要知道什么的意思？还有词的意思藏在哪儿？藏在句子里。那自己读读这句话。他从中午一直忙到天黑。累得筋疲力尽，什么意思？你说。

生：他既然累了，那他的力气就没了，然后身上的筋骨就很酸很痛了。

师：掌声呢？此处应该有掌声，是吧？是啊，"筋疲力尽"就是十分的累了，疲劳了，一点儿力气都有了。那我们把这一句话读一读吧。他从中午，齐——

生：（齐）他从中午一直忙到天黑，累得筋疲力尽。

师：真是够累的。这一小节谁来读？还有没有没发言的小孩儿？你来——（出示第3小节）

（生读第3小节。）

师：很准确。请你带着大家一起读好这个由生字组成的词。

生：请跟我读，"兴致勃勃"。（全班齐读"兴致勃勃"）

师：他回到家是兴致勃勃地说的，兴致勃勃地说是怎样地说呢？谁兴致勃勃地来说一说？最后的小姑娘，声音大一点。

（生读农夫的话。）

师：谁再兴致勃勃地说一说？这样吧，想说的一起说，好吗？兴致勃勃地说——

生：（齐）真把我累坏啦！可力气总算没有白费，咱家的禾苗棵棵都长了一大截！

师：你们真的兴致很高，脸上还在笑，不是累坏了吗？不是累坏了吗？怎么还那么开心啊？兴致还那么高哇？你说。

生：因为禾苗已经棵棵都长了一大截，觉得比以前高多了。

师：哎哟，这力气没有白费啊。是值得的，是吧？所以兴致特别高。好，这"勃"也是生字，你有办法记它吗？这个故事里的生字真多呀！怎么记它？先看看它的结构，左右结构，左边有哪些部件组成？有没有办法记它？谁愿意说的？说错了也没有关系。你讲。

生：就是把"脖子"的"脖"左边的偏旁换掉，换成力字，我是这样子记的。

师：我要给你大拇指。你们觉得呢？她的办法比我的高明多了。用的是换偏旁的方法。好的。还有一小节没向大家汇报，谁来读？（出示第4小节）你来。

（生读第4小节。）

师：带着大家读好这个生字组成的词吧。（师指向"纳闷"）

生：请跟我读"纳闷"。（全班齐读"纳闷"）

师：纳闷会是什么样子？谁来做一下，表演一下？谁把"纳闷"的样子演出来？请个小男孩吧，你来。纳闷是什么样子，大家很纳闷，来，你到前面来。

（生上台表演。）

师：是不是这个样子？

（生齐说"是"。）

师：不明白，不知道怎么回事儿？（师表演）很好。"纳闷"就是这个样儿的。这个"闷"还有一个读音哦。（生齐说"mēn"）读"mēn"的时候可组——（生组"闷热"）读"mèn"的时候组"纳闷"，读"mēn"的时候组"闷热"。刘老师很调皮啊，所以小朋友跟不上老师的节奏啊。当它读第四声的时候可以组词——（生齐组"纳闷"）当它读第一声的时候可以组词——（生齐组"闷热"）。真棒！我们把这段话一起读一读好吗？

（生齐读第4小节。）

三、入境读文，理解道理，学会运用

师：这个故事好像蛮好玩的啊，对吧？这个农夫是哪儿的人啊？

生：（齐）宋国的。

师：宋国的，我们只知道是宋国的农夫，你知不知道他叫什么名字？

生：（纷纷摇头）不知道。

师：对啊，我也不知道。但是我们给他起个名儿好不好？给他起个别名儿行不行？我们就玩玩呗。起别名儿可没这么容易啊，有学问有讲究的，比如说李白喝了一斗酒，他就写了多少诗啊！号称"斗酒诗百篇"哪。太会写诗了我们就叫他李诗仙。诗仙啊。有一个小女孩特别爱笑，我给她起个别名，猜猜看叫什么？对，叫"笑笑""乐乐"是吧。那这个人我们给他起个什么名字合适呢？大家蠢蠢欲动了，不要急啊，不要急啊。先给他弄个姓好不好？我们姑且让他姓"宋"吧，叫个宋什么呢？请小组里的四个小朋友来讨论到底起什么名字比较好，然后你要告诉大家为什么叫这个名字，要有充分的理由说服在座的听课的老师。我给他起这个名儿是有道理的，充分的理由，理由在哪里呢？理由就在故事里边儿。好，开始。

（全班小组讨论。）

师：好，答案已经出来了。给他起了个什么名儿呢？这一小组谁做代表发言？好，你做，女士优先。

生1：先是他的姓叫宋，他的第二个字是"急"，因为他特别急，然后因为他是农夫，所以最后一个字是"农"，他的名字就叫"宋急农"。

师：哈哈，怎么样啊？我们来看看听课的老师认不认可？她说叫"宋急农"。老师认可吗？认可就掌声。好，还有吗？你们给他起的什么名儿？

生2：我们给他起的叫"宋没脑"。（师追问：为什么叫这个名字呢？）因为他不知道种子是不能离开土壤的，他还这样做，所以我们就叫他"宋没脑"。

师：哦，有没有道理？老师们，有道理吗？有，好的。你说。

生3：应该叫他"宋十急"。（师追问：为什么叫他"宋十急"啊？什么"jí"啊？）"着急"的"急"，因为"十"就是十万火急。

师：哦，他太着急了，是吧。好的，还有吗？还有谁想说的？这两个小姑娘急的，你说。

生4：还有一个叫"宋着急"。（师追问：为什么叫他"宋着急"？）因为他是个急性子。（师追问：从哪儿看出来的？）禾苗没长心里就十分着急。

师：有道理。你想说什么？

生5：取"宋太急"。（师："宋太jí"，什么"jí"？太极拳的"极"吗？）着急的"急"。（师：宋太急，说说你们的理由。）他很着急嘛。

师：故事当中，找点儿依据。

生5：他十分着急。（师：他急得干嘛去啊？做了什么事啊？刚才他们说太傻了。）去把一棵棵禾苗拔上来。

师：看来大家都有了这个名字了。我们归纳一下吧，所有的名字都指向一个词语，就是这个人心太急。对呀。（板书：急）他急呀，他急得干什么啊？

生：（齐）长高。

师：老师告诉你们一个成语。（板书：急于求成）这个故事是要让我们来讲的，我们要把这个人的急于求成的心态、心情，通过我们的故事讲出来。让听故事的人觉得真的是太急了，好不好？讲故事要怎样才能讲得生动呢？要观其行，听其言，看他的动作，看看他的表情，听听他说了些什么。我们来看啊，这里有他说的话吗？

生：（齐）没有。

师：大声地说，有没有？

生：（大声地）没有。

师：这里写了他的表情、动作了吗？

生：有。

师：有一点儿是吧。注意听，这里他的动作多不多啊？（生：不多）这里边有没有辅助动作？表面上看没有，有没有他说的话？但是孩子们都说有，我知道在哪儿，藏在哪里？（生：心里。）藏在我们的心里，藏在我们的想象当中。藏在我们的眼里，藏在字里行间。对，他觉得禾苗没长，十分焦急，他会有什么样的表情，什么样的动作？他会一个劲儿地说什么呢？他后来跑到田里拔苗的时候，他有什么动作，什么表情呢？他忙得要命，忙得很累，但是他会怎么样呢？他会说什么呢？这个横线是给大家做提示的，你们不一定就按照这样的句式去说，现在开始，练讲故事。小组合作。每个人都要讲，一个小组选择其中的一段。

师：哪个小组先讲？刚才讨论的时候有哪个小组没有发言的？现在我们把优先权给他们。这个小姑娘。

　　生1： 我选择的是第一个。农夫非常焦急，他一个劲地说："禾苗一直不长，这下该怎么办啊？"

　　师： 好的，听到了没有啊？还有谁讲的？把前面的话连起来讲。宋国有个农夫——。好，你来。你讲哪一段？

　　生2： 我讲得也是第一段。宋国有个农夫，他巴望着自已田里的禾苗长得快些，就天天到田边去看。可他总觉得禾苗一点儿也没长，心里十分焦急。他一个劲儿地说："哎呀，这是什么苗啊？太抠门了。一点都不靠谱。"

　　师： 有没有人愿意帮他加上动作？说这话的时候，会有什么动作？

　　生3： 他叉着腰，使劲地跺着脚，说："你这是什么破苗啊，长呀，长呀，你给我快长呀！"

　　师： 急于求成。好的，第一段讲得很精彩。第二段！谁来讲？请你吧。

　　生4： 一天，他终于想到了办法。就急忙跑到田里，将禾苗一棵一棵地往上拔，只见他累得满头大汗，汗如雨滴。他从中午一直忙到天黑，累得筋疲力尽，你看他，表情很开心，却很累，他说——

　　师： 谁来帮她？接着讲。

　　生5： 累了一天了，可力气总没白费，禾苗长得可高了。

　　师： 是的，他虽然很累，同学们都说了，汗如雨下，但是依然是笑逐颜开，兴致勃勃，因为他说，总算没白费，长了一大截。真的是功夫没有白费吗？

　　生： （齐）不是。

　　师： 结果是什么呢？禾苗全都——（生接：枯死了。）那现在我要问问小朋友了，是不是他不把禾苗往上拔，禾苗就真的没有长呢？（生摇头：不是）禾苗也有话想说的。他怪它不长，他觉得很委屈。现在刘老师做宋太急，你们是禾苗，行不行？大家都听听禾苗想说什么？（师表演：什么禾苗啊？怎么一点都不长？天天来看，天天不长！）

　　生1： 你又不给我施肥，喝水，我怎么长啊？

　　师： 谁说的？我昨天不是刚刚给你浇了水吗？怎么还不长啊？你到底有没有长啊？

　　生1： 我还饿啊。

　　师： 那你有没有长啊？

　　生1： 我长了一点儿了呀。

　　师： 长了一点儿是吧。这个禾苗，我天天给你浇水，施肥，怎么看不到你长的？

　　生2： 现在不是我长的时候。等到了再说吧。

　　师： 哦，那就不能怪我急啦。那你觉得我急得有没有道理啊？既然没有道理，那就是要你长啊。那小禾苗有没有长？到底有没有长？

　　生2： 稍微长了一点点。

　　师： 就是它长的速度没这个人想的那么快。它其实有自己生长的过程。更激烈的争吵在后面呢。想知道吗？在拔禾苗的时候，禾苗开始愤怒了。哎呀——我要来拔了，宋太急来了。小禾苗在哪里？（拉着一个小朋友做拔的动作，说：我拔，拔，拔。）

　　生1： 你这个人好卑鄙啊！

　　师： 我怎么卑鄙了？

　　生1： 我都长了，你还拉我干嘛？

生2：我明明已经在长了，你为什么还要拔我？你拔了我就没法长了。

师：小禾苗在喊冤，很痛苦，不仅痛苦还很愤怒。哪儿还有禾苗，禾苗在哪里？

生3：你这个脑子坏了的东西，你不知道我不能离开土壤的吗？

师：我拔了会有什么后果？

生3：拔了会导致所有的禾苗全都枯死。

师：哦，我就倒大霉了，就会一无所有。是的，那就是急于求成的结果。现在我们回到开始，记得我们有一个争论的，当时看是你们赢的是吧？那"巴望"到底能不能换成"希望"，现在到底能不能换？

生：（齐）不能。

师：为什么不能呢？

生：因为换了的话，它们的意思就不同了。

师：意思是一样的，那程度一样？那盼望的程度一样吗？一起说。

全班：（齐）不一样。

四、补充阅读文言文

师：你看，经过一段时间的学习，不断地去思考，我们就会改变对问题的看法，所以学习的过程非常重要。特别是加入我们的思考。这个是古人写的《揠苗助长》的一段。听老师来读，看着里面的注释，想着我们的课文，想着刚才我们精彩的讲述，听听看，看能不能听懂。（出示文言文）宋人有闵其苗之不长而揠之者，芒芒然归，谓其人曰："今日病矣！予助苗长矣！"其子趋而往视之，苗则槁矣。听得懂吗，对照我们的课文谁能把它的意思讲出来？

生：那个宋国人害怕苗不长，然后他就一棵一棵把它拔出来，然后他就很高兴地回家了，对他家里的人说：今天的力气没有白费，幼苗长大了，长高了。之后儿子去看，苗就全枯死了。

师：很好啊，我说不要用那么多的"然后"，换了个"之后"这也可以，"之后"也不能太多，我们讲话的时候，只要稍微停顿一下，在脑子里加个逗号，就没有那个"然后"了。说一长串的话，就只能用一次两次。他讲得对不对？这个就是刚才我们学的故事。我们一起来读出这个人急于求成，把这个人悲哀的结果通过我们的朗读表现出来，行不行？要不要先练一下？

（全班齐读文言文《揠苗助长》。）

师：我们三年级的小朋友读文言文，读这么好，为什么？因为我们已经理解了那个故事了。是的，以后遇到《揠苗助长》这样古代的故事时，我们可以找来文言文，自己对照着来读一读。刘老师告诉小朋友，这个故事有它特殊的名字的，它叫什么故事啊？

生：是寓言。

师：对，它是寓言故事（板书：寓言），它是寓言故事，那我要问一问了，这个故事当中的这个人啊，农夫啊，拔禾苗，去帮它长，我们的生活当中有没有这样的宋太急呢？有没有这样的人，真的到田里去把禾苗一棵一棵的拔？有没有看到有这样的农民伯伯？（生：没有。）很显然这个故事是编的，那编出寓言故事是干什么呢？想一想，我们的现实生活当中，虽然没有真正去拔这个禾苗的农夫，有没有像这样急于求成，最后反而得到不好结果的，这样的情况呢？有没有？你说说看。

生：有一次我哥哥上电脑课，老师叫他随便打一篇文章，他就在电脑里复制了一篇文章，粘在上面，被老师发现了，臭骂了一顿。

师：哦，没有自己去写文章，急着去拿这个文章去应付老师。他就拷贝了别人的一份。结果被批评了。他的结果是被老师批评，被老师批评不是坏事，老师批评他是帮助他成长，坏的是他不听，不接受教训,他将来就没有学问,害的是自己。这就是大问题了。我们来看看这儿有几幅漫画。(出示漫画1)你看看,当你看到这样情景的时候,你想给她讲哪个寓言故事?(生齐:揠苗助长。)然后跟她说,不能揠苗助长。(出示漫画2)催熟啊,你看那只鸡想吃什么?我想吃贝壳,我想吃的是菜是草,不行,你要吃激米!想给他讲什么寓言故事?(生齐:揠苗助长。)跟他说,不能揠苗助长,不能急于求成。现在你知道寓言故事为什么要编那样的故事了吗?寓言故事有什么特点?有什么作用?

生:它的特点是能告诉人知识,它的作用也是一样的。

师:仅仅是告诉我们知识吗?你说。

生:还告诉我们道理。叫我们不要做不动脑子还害了自己的事。

师:寓言故事就是用小故事告诉我们深刻的大道理。编一个故事告诉我们,让人们对照它,对照生活,这就是寓言的重要作用。也是它深刻的意义。好,这个故事我们就讲到这儿,学得开心吧?我们来看看这一课还有六个生字呢。你看有没有规律啊?有没有发现?"宋"和"焦"都是上下结构的字,写上下结构的字我们要注意,看看它的宽窄。"宋"是上窄下宽,而"焦"呢?是上宽下窄,然后我们要注意它的重要笔画,把这个字撑起来。"宋"注意它的横、竖,包括上面的点,都是重要的笔画,让它的脊梁挺直。"焦"要看好它的四点底。这两个是左右结构的字,左右结构的字,一看宽窄,二看高矮,三看关键笔画。"勃"左宽右窄,"枯"左窄右宽,"勃"左高右矮,"枯"左边高一点点。也要注意它的关键笔画。再看"疲"和"闷"这两个字,它们都属于半包围结构,半包围结构的字写的时候也有一个规律,外面稍微松一些,里面稍微紧凑一些。同样要看关键笔画。"疲"的一竖和病字头的一点,这个"闷"的"心"的三点的位置,写的时候要认真地去看、去想。今天的作业。(出示:1.抄写生字各三遍。2.默写一遍由生字组成的词,自己检查订正。3.推荐购买并阅读《中国古代寓言故事精选》《伊索寓言》。)回家告诉爸爸妈妈,刘老师推荐读什么。这堂课就上到这儿,孩子们再见!

感悟分享

这是一节充满情趣的寓言故事课堂,同时又是一节无处不在帮助儿童建立学习策略的课堂。我们可以从以下几个板块来看。

首先,在生字词的教学板块,每一个教学细节都在提示学生用方法学习,比如,生字的字形结构,用分类的方式教会学生分析字形结构,并进行规律性的总结,这就是在帮助学生建构汉字学习的基本方法,并从汉字的构造规律突破,有溯源的意味。在词意的教学环节,更是体现了帮助儿童建构学习策略的教学定位,是一个高标准,也是精准的教学目标的定位。教师让儿童在语言环境中去理解字词的意思,只有在具体语言环境中理解,词语的意思才会灵动而深刻,在语言环境中,词语意思的理解才是一种有意味的形式。教师提供给儿童学习的是课文语言本身而非外在的工具,不断引导儿童在句子中感悟理解重点词语的意思,在段中感悟品味句子的意思,这样一种圆融统整的学习方法是基于汉语文审美特点,并且符合儿童学习规律的有效路径,课堂上学生的反应也有力证明了它的有效性。

其二,在帮助儿童理解故事梗概,提取故事主人公基本信息时,教师设置了一个非常有趣的语文活动,那就是帮助主人公起个合适的名字。这个看上去似乎离开文章的活动实则是帮助儿童打开了进入文章的切口,因为只有学生在通读课文后进行一定的思考,他才有可能起出一个符合主人公性格特点的名字,换句话说,学生如果能够给主人公起出一个符合性格特征的名字,就必须去认真阅读课文并进行一定的思考,揣度后发现人物的性格特征,以此为凭据来说服听众。这个游戏的环节非常巧妙,游戏是儿童发现真理和秘密的最佳途径之一。

第三,把课堂推向高潮的教学环节正是帮助学生突破难点,也是本课教学的重点目标,是寓言故事教学中的重点目标,那就是帮助儿童理解寓言蕴含的哲理。这对于小学中年级学生来说的确是比较难的。然而在这节课中却在一片沸腾的母语学习情绪中,巧妙而幽默,举重若轻完成了。教师设计了角色体验和情境对话于一体的语言实践活动,在课文的留白处设置了想象说话的点,通过师生替换文章角色的对话交流,通过禾苗愤怒的控诉,把儿童的思维清楚完整地外显于我们大家的面前,禾苗的控诉正是儿童对寓言故事的理解,随着禾苗越来越激动的情绪,越来越清晰的表达,儿童理解到什么程度教师能清楚地看见,并进行及时地点拨。在这个过程中,方法的渗透成为教学的隐性思路,我们看上去只是一个情境的对话过程,事实上,听课者都可以明晰教师的别具用心,这就是在教会学生理解寓言哲理的方法,提供学生思维起飞的跑道,让学生知道如何在文章的文字间隙里展开想象,补充的过程是学生思考的过程,是学生思维生长的过程。

拓展阅读

名师示例《小木偶的故事》

学有所得

认真学习了这三篇教学设计,从下面几个角度写下你的体会:

1. 你认为童话故事的教学和寓言的教学存在哪些共同点?又有怎样的区别?结合课例说一说。

_____

_____

2. 选择这三篇教学设计中你认为最精彩的片段,请标注出来,并说说理由。

_____

_____

3. 对照三个名师示例中教学设计和教学实录,从中找到课堂教学中生成的内容,细细体会教者是怎样在生成处把握教学,调整设计的。可以把你的所悟所得写下来。

_____

_____

实践操练

下面是人教版课标本教材第七册中的一篇课文,请你选择第一课时或第二课时的教学写一篇教学设计。

巨人的花园

从前,一个小村子里有座漂亮的花园。那里,春天鲜花盛开,夏天绿树成阴,秋天鲜果飘香,冬天白雪一片。村里的孩子都喜欢到那里玩。

花园的主人是个巨人,他外出旅行已有好久了。花园里常年洋溢着孩子们欢乐的笑声。

有一年秋天,巨人突然回来了。他见到孩子们在花园里玩耍,很生气:"谁允许你们到这儿来玩的!都滚出去!"

孩子们吓坏了,四处逃散。

赶走孩子以后,巨人在花园周围砌起围墙,而且竖起一块"禁止入内"的告示牌。

不久,北风呼啸,隆冬来临,刺骨的寒风吹起雪花。巨人孤独地度过了漫长的严冬。春天终于来了,村子里又开出美丽的鲜花,不时传来小鸟的欢叫。但不知为什么,巨人的花园里仍然是冬天,天天狂风大作,雪花飞舞。巨人裹着毯子,还瑟瑟发抖。他想:"今年的春天为什么这么冷,这么荒凉呀……"

一天早晨,巨人被喧闹声吵醒了。他抬头望去,一缕阳光从窗外射进来。好几个月没见过这么明媚的阳光了。巨人激动地跑到花园里,他看到花园里草翠花开,有许多孩子在欢快地游戏,他们大概是从围墙的破损处钻进来的。孩子们的欢笑使花园增添了春意。可是巨人又发脾气了:"好容易才盼来春天,你们又来胡闹。滚出去!"孩子们听到可怕的训斥,纷纷逃窜。与此同时,鲜花凋谢,树叶飘落,花园又被冰雪覆盖了。巨人不解地看看四周,突然发现桃树底下站着个小男孩。

"喂!你赶快滚出去!"巨人大声叱责。小男孩没有拔腿逃跑,却用他那会说话的眼睛凝视着巨人。不知怎么,巨人看着他的眼神,心里感到火辣辣的。这个小男孩在树下一伸手,桃树马上绽出绿芽,开出许多美丽的花朵。

"噢!是这么回事呀!"巨人终于明白,没有孩子的地方就没有春天。他不禁抱住了那个孩子:"唤来寒冬的,是我那颗任性、冷酷的心啊!要不是你提醒,春天将永远被我赶走了。谢谢你!"

小男孩在巨人宽大的脸颊上亲了一下。巨人第一次感到了温暖和愉快。于是,他立刻拆除围墙,把花园给了孩子们。

从那以后,巨人的花园又成了孩子们的乐园。孩子们站在巨人的脚下,爬上巨人的肩膀,尽情地玩耍。巨人生活在漂亮的花园和孩子们中间,感到无比的幸福。

第五章　古诗词、小古文教学设计

方法举隅

一、瘦身教学目标，往深处读

在讨论古诗词、小古文教学时，不妨先考量我们的审美意趣特征（也可说是倾向）。中国艺术审美强调，外枯而中膏，似淡而实浓，朴茂沉雄的生命，并不是从艳丽中求得，而是从瘦淡中求取。北宋书法家米芾特别爱奇石，尤爱太湖石，他用四字评太湖石，即为瘦、漏、透、皱。这正反映了中华民族独特的审美情趣，古诗词、小古文本身呈现的表达样态本就符合这样的审美标准。每一篇古诗词、小古文在表达方式和情意道德上有不同角度和不同侧面的特点，如果要在一节时间有限的小学课堂上面面俱到全部教给儿童，无论是从容量上还是从时间的允许程度上都是不可行的，更重要的是，我们以物理学中力与压强的关系原理来看，切入口越小，则越能深入，我们选择的教学目标越精准专一，儿童阅读越能走向深处。这就要求我们教师在解读古诗词、小古文时，要有通透之眼，发现每一篇教材中最大的价值，然后"取其一指"，这一指往往是教材本身的独特阅读价值，同时也是该学龄段儿童学习的难点，儿童学习的难点则是我们教学的重点。一篇小古文的教学，对于小学阶段的儿童而言，我们若能就抓住这一重点作为我们某一节课的唯一教学目标，层层递进，逐步突破，那么随着教学流程的推进，儿童学习必定能够顺水而流到达可以达到的深度，也就是我们通常所说的儿童深度。《陌上桑（节选）》是我们六年级校本教材中的一篇。呈现给学生的是汉乐府《陌上桑》的第一部分——

> 日出东南隅，照我秦氏楼。秦氏有好女，自名为罗敷。罗敷善蚕桑，采桑城南隅；青丝为笼系，桂枝为笼钩。头上倭堕髻，耳中明月珠；缃绮为下裙，紫绮为上襦。行者见罗敷，下担捋髭须；少年见罗敷，脱帽著帩头。耕者忘其犁，锄者忘其锄；来归相怨怒，但坐观罗敷。

解读这一部分，我们很容易就能捕捉到这部分表达的最大特色，那就是对人物侧面描写的绝妙，已成为古典文学作品中的经典之笔。尽管文中可与儿童分享的东西很多，但如果我们能让小学六年级的孩子在有限的课堂时间内就这一点有比较深刻的认知与感悟，那么这篇小古文教学，就已经起到了它在这个学龄段最重要的作用。所以在设定教学目标时，我是这样表述的:教学目标——诵读并背诵课文,感受对人物侧面描写的妙处。目标唯一,教学重点、难点和目标完全一致。接下来就围绕这三位一体的顶层设计,提出逐层递进的阅读要求,学生在递进式阅读要求中展开阅读活动。

一读:借助拼音读准确,借助注释读懂意思。

二读:学习小组分工合作朗读展示,说说为什么这样分工。

二读最后一个环节是全班大组分工合作诵读,教师以组长身份提出分工,一二两句教师诵读,前两大组读直接描写部分,后两大组读路人看到罗敷后的表现,让学生猜测教师分工的意图,初步了解侧面描写的概念。

三读:从哪些地方读出了罗敷之美? 学习小组内分享交流。

四读:加上我们自己的想象来读,补充括号里的内容。

> 　　日出东南隅,照我秦氏楼。秦氏有好女,自名为罗敷。　　罗敷善蚕桑,采桑城南隅;青丝为笼系,桂枝为笼钩。头上倭堕髻,耳中明月珠;缃绮为下裙,紫绮为上襦。　　行者见罗敷,下担捋髭须(心想:　　　　);少年见罗敷,脱帽著帩头(心想:　　　　)。　　耕者忘其犁,锄者忘其锄(神态:　　　　);来归相怨怒,但坐观罗敷。

五读:读读刘老师写的罗敷,再读读原文,你更欣赏哪一种写法,为什么?

> 　　日出东南隅,照我秦氏楼。秦氏有好女,自名为罗敷。　　罗敷善蚕桑,采桑城南隅;青丝为笼系,桂枝为笼钩。头上倭堕髻,耳中明月珠;缃绮为下裙,紫绮为上襦。脸若鹅卵玉;眉如弯月钩;眼明若星子;浅笑双酒窝;素手兰枝翘;腰若柳枝柔。

> 　　日出东南隅,照我秦氏楼。秦氏有好女,自名为罗敷。　　罗敷善蚕桑,采桑城南隅;青丝为笼系,桂枝为笼钩。头上倭堕髻,耳中明月珠;缃绮为下裙,紫绮为上襦。　　行者见罗敷,下担捋髭须;少年见罗敷,脱帽著帩头。　　耕者忘其犁,锄者忘其锄;来归相怨怒,但坐观罗敷。

以上的五读设计,目标清晰,逐步深入,儿童思维也随之渐行渐深,学生在该课的学习中无论是对古典文学的兴趣还是品鉴的能力都有看得见的提升,无疑得益于教学目标的准确瘦身,也可谓"一课一得"。

二、虚化词意解释,往整体悟

在古诗词、小古文教学中我们非常容易走入一个误区:过度解词析句。中学时代的文言文学习经历是我们最初接触这类文章的初始记忆,甚至是唯一记忆,为了应试目标的学习方式是耗费大量时间解词析句,这样的学习经历直接影响着我们成为教师后的教学行为。而过度解词的艰涩、机械、割裂恰恰和儿童对母语审美的诉求背道而驰,不仅是对文章本身的伤害,也是对儿童健康学习的伤害,达不到激发儿童对母语的热爱与自觉传承,反而造成对儿童对古诗词、小古文学习的畏惧与失望，与这一微型课程建设的初衷和目标南辕北辙。

我国古典文学创作和赏析的一个重要特点就是极重意境，而意境中的虚空要素在中国诗词、绘画、书法等重要的艺术领域中随处可见，也成就了独特的民族审美意趣。无论是盛唐王孟派诗歌的空花水月禅境，还是北宋词中的绵渺无际，均能以空虚衬托实景。这样的创作美学规律造就了鉴赏的独特审美路径和趣味，重整体感悟，重语境体验，重画面情境的再现……"不着一字尽得风流"创作如此，欣赏也如此。儿童学习则重在体悟，过分落实的字面解释不可能让儿童欣赏到完整和谐的母语之美，从混沌走向清晰，从整体走向部分是儿童学习的一般规律。以二年级下册《猫斗》一课教学为例。

> 黄白二猫，斗于屋上，呼呼而鸣，耸毛竖尾，四目对射，两不相下。久之，白猫稍退缩，黄猫奋起逐之，白猫走入室，不敢复出。

在教学中，我们没有按照中学学习记忆来教这篇课文，没有无趣地让孩子去解释"于"是什么意思；"耸毛竖尾"是什么意思；"两不相下"是什么意思；"久之"是什么意思；"奋起逐之"是什么意思；"走"在这里是什么意思；"复出"又是什么意思。而这些词语的确是需要理解的，只是我们换一种方式，从整体感悟入手，在熟悉课文整个情节后，引领儿童自然理解这些词语的意思。我设计了以下话题，这里呈现一个教学片断。

> 师：小朋友自己读读这个故事，你读懂了些什么呀？
>
> 生：两只猫在打架。
>
> 师：不错，故事的主人公出现了，下面大家自己站起来说说自己读懂的内容，每个人说的话是前面小朋友都没有说到的。
>
> 生：一只黄色的猫和一只白色的猫在打架。
>
> 生：它们在屋顶打架，打得很凶。
>
> 生：黄猫胜利了，白猫输了。
>
> 师：真不简单，你一言我一语的，你们把这篇小古文都读懂了，让老师惊喜！那么从哪里读出打得凶？
>
> 生：呼呼而鸣，耸毛竖尾。四目对射，两不相下。
>
> 师：请两只打得很凶的猫到前面来表演一下，让我们听听呼呼而鸣，看看耸毛竖尾、四目对射，谁也不服气的样子。
>
> 生表演。
>
> 师：精彩极了，好大的声音，好吓人的样子，好紧张的气氛。那又是从哪里读出输赢的呢？
>
> 生：久之，白猫稍退缩，黄猫奋起逐之，白猫走入室，不敢复出。
>
> 师：找得真准，把这激烈的场面说给大家听听。
>
> 生：过了一段时间，白猫稍稍向后退缩，黄毛跳起来奋力追赶向它扑去，白猫走进

屋子,再也不敢出来。

师:讲得好,让我们仿佛看到了当时的场面,不过,白猫在那样的情况下会是"走"进屋子吗?

生:是跑,是逃。

师:对!

三、开阔课堂边界,往宽处走

课堂边界有物质边界和内涵边界两个范畴。在我们一贯的意识里,语文课堂就是在相对封闭的教室进行的教学和学习活动场所,的确,在现有的教育体制和教育模式中,教室是必不可少的主体场所,在这个前提下,我们可以突破固有的物质边界,在某些具有个性的课程实施中,让课堂走向窗外。由于文言文创作的年代距今非常遥远,它的表达方式和今天的表达系统都有些隔阂,我们需要打通文字和儿童生活之间的障碍,帮助儿童更轻松愉快地走入古诗词、小古文的肌理,古诗词、小古文教学正是需要走向窗外的个性化课程,文学批评家汪政先生在回忆自己童年阅读的一篇文章中有一段诗意的表达,可以给我们很好的启发——"现在已很难说清我是什么时候渐入佳境走进唐诗的了,那是一个相当漫长而又充满无数偶然会心的过程。我不是在读的时候,而是常常在生活中的某一时刻立即感悟了它的境界。当我回到乡下祖母那里,看到麦穗初秀,牛羊将归,而我的祖父正和邻居的老汉从夕阳中回来时,我就会想起王维的《渭川田家》了……"可见,当生活经验与文学作品呈现的情境重叠时,儿童对作品学习的难点得到最大程度的突破。在我们选择的低年级阅读教材中,从民国老课本中选取了一组写花卉特点的小古文。

芦花

水滨多芦荻。秋日开花,一篇白色,西风吹来,花飞入雪。

菊

菊花盛开,清香四溢。其瓣如丝,如爪。其色或黄、或白、或赭、或红。种类繁多。性耐寒,严霜既降,百花凋零,惟菊独盛。

荷

池中种荷,夏日开花,或红或白。荷梗直立。荷叶形圆。茎横泥中,其名曰藕。藕有节,中有孔,断之有丝。

这三篇小古文在教材中的安排,我就考虑到了季节性,所以在单元进度安排上做到了应季而设,目的就是为了在自然实景中进行课堂教学:菊花展上读《菊》,荷花池边赏《荷》,芦苇岸边吹《芦花》……教师不解一字,在生活情境的亲密接触中,文字意义幻化成儿童生活的一部分,知识的吸收和内化在有意思的特殊课堂上呈现出美妙的氤氲。

开阔课堂边界不仅仅是从室内走向室外这一个维度,拓宽文体边界也是我们小古文教学中的一个重要策略。语文课堂承载的本质任务是培养儿童阅读与表达的能力,小古文教学微型课程也不例外。儿童善于用自己熟悉的话语系统进行表达，所以，在小古文教学中，文言文阅读自然是教学的主要目标，同时儿童表达能力的培养也不容忽视，但是文言文表达显然不是今天儿童学习母语的主流目标，而且由于和儿童生活话语体系有较大的区别，我们在古诗词、小古文教学中就采用了文言文阅读和现代文（语）表达交错融合的策略。以一年级下册《猫捕鱼》教学为例。"缸中有金鱼，一猫伏缸上，欲捕食之，失足坠水中，急跃起，全身皆湿。"这篇课文言简意赅，好读，也容易读懂字面意思，难点是要引领儿童感受其中的生动有趣，这就需要让儿童在语言实践中体会了。笔者在课堂教学中以文中留白处为契机，提供儿童创造性表达的机会，提出以下分享话题：伏在缸上的小猫会有怎样的表情？它对缸里的金鱼说什么？从水中跃起的小猫，抖着身上的水，自言自语些什么呢？它还会想出怎样的主意来捉住金鱼？就这些话题，儿童用自己的语言进行了兴趣盎然地讨论和表达，接着请孩子们续编这个故事。

打通学科边界，让艺术学科和小古文教学融合，形成学科融合教学是我们开阔课堂边界的第三个富有成效的策略。诗书画同源是我国民族艺术审美的又一典型特质，小古文的节奏之美、音律之美、结构之美是文学和艺术融为一体的例证之一。《毛诗序》云："情动于中而形于言，言之不足故嗟叹之，嗟叹之不足故永歌之，永歌之不足，不知手之舞之，足之蹈之也"。逻辑语言，在情感的推动作用下，会产生一种飞跃，成为音乐，成为舞蹈。童斐伯在《中乐寻源》中说："曲调之声情，常与文情相配合，其最胜妙处，名曰'务头'"，"务头"是指精彩的文字和精彩的曲调之间相互配合的关系。我们选择的小古文中有相当部分文中含有意味深长的反问句式，比如《读书》末句"人不读书，则与禽兽何异？"再如《读书有三到》中"心既到矣，眼口岂不到乎？"在最初的教学中，我们发现儿童在读这些句式的时候带着浓浓的唱腔，特别有意思，在一些有一定长度的小古文背诵的时候，孩子们也会根据自己的理解唱着背，唱着背的孩子往往是最先记住的孩子，于是我们课程研发中心就这一小课题进行了研究和实践，在和音乐老师以及艺术学术团队的专家们进行商榷，选择了其中一部分，进行了京剧说唱的教学，重音、长音、颤音落在"句眼""词眼""文眼"处，在京腔京韵中，小古文教学别具一格，且趣味无穷。古诗词的吟诵、吟唱也是同样的道理。

名师示例一　小儿垂钓

小儿垂钓
胡令能

蓬头稚子学垂纶，
侧坐莓苔草映身。
路人借问遥招手，
怕得鱼惊不应人。

《小儿垂钓》教学设计（四年级）

刘昕

教学目标

1. 诵读诗歌，理解诗句的意思。
2. 品读诗歌，体会诗歌情境，感受儿童之乐。
3. 体悟诗心，感受诗词文学创作的灵魂——观察和想象，以读促写。

教学准备

多媒体课件。

教学重、难点

体会诗歌情境，感受儿童诗的创作要素。

课时安排

一课时。

教学流程

一、师生问好交流

同学们都听说过哪些诗人？

对这些诗人有些怎样的了解呢？

二、进入课文学习

1. 说说诗人胡令能的传说。

今天老师给大家讲一个神奇的故事，据传说，唐朝时有一位诗人，名叫胡令能，隐居在一个叫作莆田的地方，小时侯因为家里穷，就帮人家修碗修锅，整天忙碌在农村的田间地头。有一天他做了一个梦，梦见一位仙人把一卷好厚好厚的书放进了他的肚子里。一觉醒来，他居然能脱口吟诗了。据说梦后的第二天胡令能就写下了这样一首诗。这首诗的题目叫什么呢？

2. 释题。

（1）板书：小儿垂钓。

写垂和钓时请学生和自己一起书空。（跟着老师一起书空是学字的一个好习惯）。

一起来读一读诗题，指读。听清老师的要求再读：谁垂钓？——读小儿垂钓，（突出小儿的朗读）；

小儿干什么？——读小儿垂钓，（突出垂钓）；把题目想象成一幅画再来读。

（2）请同学们默读这首诗，读上三遍，然后再想一想老师给出的一个问题：我们课题中的这两个词语都能从诗歌中找到和它意思相近的词，自己读读诗，找一找（屏显诗歌）。

小儿就是——稚子。

板书：稚子(用田字格)。

指导书写稚这个字(课件出示稚的书写过程)，我们还可以用稚组哪些词语呢？(稚嫩、稚气)。小儿乃稚子也，稚子即为小儿，充满气的孩子，稚嫩的孩子。

垂钓就是——垂纶，是什么意思呢？

指名回答：就是钓鱼的意思。纶是指钓鱼的线。

题目的意思大家读明白了，就是：小儿垂钓——小孩子钓鱼，一个充满稚气的小孩子钓鱼。小儿即稚子，垂钓乃垂纶，可见诗人多么有心，注意了用词不重复。这是一种非常好的写作习惯。

3. 读诗解词。

请同学们自由地读这首诗，读准读通。

请学生读，并点评。

"书读百遍其义自现"，请同学们再自由地朗读这首诗，读读想想，告诉同桌你读懂了哪些词语？

教师巡视，了解学生掌握情况。指名说。

重点指导下列词语。

(1) 蓬头

蓬头是什么意思呢？你有什么不同的理解吗？

还可以这样去理解：因古代男子成年后束发，所以蓬头就是指小孩子。现在我们还常常这样戏称年轻人为"毛头小伙子"，真的是毛头吗？不是，是说年纪不大。

古诗离我们年代久远，对于一些词语的理解往往靠我们根据文化流传和生活经验带有一些揣测地去理解，这也是解诗的一种方法。不过我们还要通过阅读文集、查找资料来准确地理解古代的一些语言。

(2) 侧坐

侧坐指的是随意地坐，很舒服很随意。不是端坐不是正襟危坐。可以补充"端坐"和正襟危坐。

侧坐怎么坐？(侧着身子坐)表演一下侧着身子坐，舒服地坐，你喜欢的坐。

怎么侧坐你觉得最舒服，请表演一下。

侧坐不是端坐、不是正襟危坐。从这随意的舒服的侧坐，你感受到什么？(惬意、随性、孩子气)

这让老师自然地联想到另一句诗：(屏显)牧童归来横牛背，短笛无腔信口吹。

读一读，读得舒服——随意——孩子气——无拘无束。再读诗句：侧坐莓苔草映身。

(3) 招手

请同学们把这"遥招手"表演出来，远远地招手，怎么做？

师读"路人借问遥招手"，学生表演。

有的同学是摆手，有的是招手。

那到底是招手呢？还是摇手呢？请你们各自说说自己这样理解的理由。

引导学生：摆手，是因为从上文中"侧坐莓苔草映身"表现，他连选择钓鱼的地点都是草丛掩映之下，怕影子惊吓了鱼，现在怎么可能让对方过来呢？

招手：怕那人得不到回答继续大声喊，所以招手让他赶快来。

4. 品趣吟诵。

同学们"路人借问遥招手"，孩子说话了吗？（没有），因为他——（指读诗句：怕得鱼惊不应人）。

可是孩子明明又说话了呀，你看他的眼睛说话了（屏显课本插图）。

他那举起的手说话了，他在说什么呢？

其实我们再读这首诗歌，会发现：坐姿在说话，甚至选择场地都会说话。

小结：是呀，要想知道一个人的心思，不一定听他说，看他的神态、表情、动作等等就能读懂他心里的话。

指导朗读全诗。

同学们读到现在，这首诗给你怎样的感受？（趣味、轻松愉快，可爱）

同学们，那就请你用一种轻松的姿态读一读。

请你晃着脑袋念一念。

伴着轻松的音乐吟一吟（配上轻松的音乐）。

用俏皮可爱的语气诵一诵——站起来拍着手儿诵；跳着皮筋诵（配上活泼的音乐）。

5. 悟读促写。

同学们读这首诗能读出一幅画，一幅（静谧）的画，静中却有（动）；吟诵这首诗可以诵成一首歌，一首简短的儿歌，是那么（活泼生动）；品味这首诗，能品出一个故事，一个简单的故事，却是那么（情节生动）。

有意思吗？的确是神来之笔呀！

它真的是神仙放进诗人腹中的吗？（当然不是）而是诗人有一双（善于观察的眼睛），所以才有（指读诗句）蓬头稚子学垂纶，这是对人物的（外貌）描写。因为一双会观察的慧眼，所以才写出了侧坐莓苔的随意和遥招手的憨态，这是对人物的动作的描写，路人借问则是语言。诗人更有一颗善于体会的心，正是有了这样一颗善于体会善于感受的心，才有了怕得鱼惊不应人的妙句，因为怕所以不应，因为不能答应，就在心里说了许多的话。

任何人解读这首诗都有自己独特的感受，假如你就是这个垂钓的小儿，你能不能用自己的语言来改写这首诗呢？请同学们四人一小组先讨论分工，一人改写一句，再把四人改写的话合起来读一读。

指名小组汇报。从不同的组中找出四个写得特别好的，读一读。

三、拓展补读

胡令能还留给我们这样一首诗。

喜韩少府见访
胡令能

忽闻梅福来相访,笑著荷衣出草堂。

儿童不惯见车马,走入芦花深处藏。

解读提示:你从诗中看到了什么?你似乎听到了什么?那是孩子们怎样的脚步?那是怎样的眼神?他们在说什么?他们在想什么?那芦花藏住了孩子的身体,却藏不住_____,藏不住_____,藏不住_____。

总结:同学们,吟诵着这些诗歌,我们会发现从古到今,诗歌也好,我们学的现代作家的散文也好,所有文学作品的诞生都源于作者有一双(善于发现的眼睛),有一颗(善于想象的智慧的心灵),所有优秀的作品教会了我们学会观察,放飞想象,再创作出属于我们自己的优秀的文章。

《小儿垂钓》课堂实录
刘昕

一、师生问好交流

师: 同学们都听说过哪些诗人?

生: 很多,李白、杜甫、孟浩然、白居易……

师: 对这些诗人有些怎样的了解呢?

生: 我知道李白,他喜欢喝酒,斗酒诗百篇。

师: 是的,所以号称诗仙。历史上的许多诗人词人都给我们留下了美好的故事或佳话。

二、进入课文学习

1. 说说诗人胡令能的传说。

师: 今天老师给大家讲一个神奇的故事。据传说,唐朝时有一位诗人,名叫胡令能,隐居在一个叫做莆田的地方,小时候因为家里穷,就帮人家修碗修锅,整天忙碌在农村的田间地头。有一天他做了一个梦,梦见一位仙人把一卷好厚好厚的书放进了他的肚子里。一觉醒来,他居然能脱口吟诗了。据说梦后的第二天胡令能就写下了这样一首诗,这首诗的题目叫什么呢?

2. 释题。

师: (板书)小儿垂钓。

师: 写垂和钓时请同学们和我一起书空。垂字的横画比较多,中间的这一横最长。钓字的里边儿是一点。

师: 一起来读一读诗题,谁垂钓?

生: 小儿垂钓(突出小儿的朗读)。

师: 小儿干什么?

生: 小儿垂钓(突出垂钓)。

师: 把题目想象成一幅画再来读好。

生: 小儿垂钓(读出韵味)。

师：今天就让我们一起来细细品读这首神仙赐予的诗作。

师：请同学们默读这首诗，读上三遍，然后再想一想老师给出的一个问题。我们课题中的这两个词语都能从诗歌中找到和它意思相近的词，自己读读诗，找一找（屏显诗歌）。

师：小儿就是——

生：稚子

板书，稚子（用田字格）。

师：（课件出示稚的书写过程），我们还可以用稚组哪些词语呢？

生：稚嫩、稚气。

师：小儿乃稚子也，稚子即为小儿，充满稚气的孩子，稚嫩的孩子。

师：垂钓就是——垂纶，就是什么意思呢？

生：就是钓鱼的意思。

师：对，纶是指钓鱼的线。

师：题目的意思大家读明白了，就是——

生：小孩子钓鱼，一个充满稚气的小孩子钓鱼。

师：小儿即稚子，垂钓乃垂纶，可见诗人多么有心，注意了用词不重复。这是一种非常好的写作习惯。

3. 读诗解词。

师：请同学们自由地读这首诗，读准读通。谁来读？

生读。

师：不错，准确流畅。谁再来读读？

师："书读百遍其义自现"，请同学们再自由地朗读这首诗，读读想想，告诉同桌你读懂了哪些词语？

教师巡视，了解学生掌握情况。

师：谁来告诉大家，你读懂了哪些词语的意思？

生：老师，我读懂了"蓬头"的意思，蓬头就是头发乱蓬蓬的。

师：有什么不同的理解吗？

生：没有。

师：老师告诉大家还可以这样去理解：因古代男子成年后束发，所以蓬头就是指小孩子。现在我们还常常这样戏称年轻人为"毛头小伙子"，真的是毛头吗？不是，是说年纪不大。

师：古诗离我们年代久远了，对于一些词语的理解往往靠我们自己根据文化流传和生活经验带有一些揣测地去理解，这也是解诗的一种方法。不过我们还要通过阅读文集、查找资料来准确地理解古代的一些语言，继承五千年的文明。谁再来汇报？

生：我知道"侧坐"的意思。侧坐指的是随意地坐，很舒服很随意。

师：是的，不是端坐不是正襟危坐。那侧坐是怎么坐呢？谁来表演一下。

生表演。

师：这么随意地歪着身子坐着，你感觉如何？

生：很惬意、很舒服。

师：嗯，这让老师自然地联想到另一句诗：（屏显）牧童归来横牛背，短笛无腔信口吹。

师：读一读，读得舒服——随意——孩子气——无拘无束。

生读：牧童归来横牛背，短笛无腔信口吹。

师：我们再读诗句——

生：侧坐莓苔草映身。

师：还有要汇报的吗？

生不回答。

师：这里"遥招手"是什么意思呢？请同学们把这"遥招手"表演出来，远远地招手，怎么做？

师读"路人借问遥招手"，学生表演。

有的同学是摆手，有的是招手。

师分别发问：你是在摆手，你的意思是——

生：我让他别过来，不要惊吓了我的鱼儿。

生：我让他别说话，不要惊吓了我的鱼儿。

师：你是在招手，似乎是叫他过来，你是想——

生：让他走过来，我在他耳边轻轻地告诉他，别惊吓了我的鱼儿。

师：那到底是招手呢？还是摇手呢？请你们各自说说自己这样理解的理由。

生：我认为是摆手，是因为从上文中"侧坐莓苔草映身"表现，他连选择钓鱼的地点都是草丛掩映之下，怕影子惊吓了鱼，现在怎么可能让对方过来呢？

生：我觉得是招手，小孩子怕那人得不到回答继续大声喊，所以招手让他赶快过来。

师：其实两种理解都有道理，你们的理解都是那么深刻，已经读到这个小孩的心坎儿里了。

4. 品趣吟诵。

师：同学们"路人借问遥招手"，孩子说话了吗？为什么？

生：没有，因为他——怕得鱼惊不应人。

师：可是孩子明明又说话了呀，你看他的眼睛说话了（屏显课本插图）。

他的眼睛始终一动不动地——

生：他的眼睛在说话呀"鱼儿呀，你快快游过来吃好吃的呀，快快让我钓上呀！"

师生大笑。

师：他那举起的手说话了，他在说什么呢？

生：你千万不要过来，不要再喊了，别吓跑了我的鱼儿。

生：嘘，别叫了，别叫了，我的鱼儿就要上钩了，你千万不要吓跑了它。

生：嗨，你别过来呀，你的影子会惊吓到我的鱼儿的。

生：哎呀，你别大喊大叫了，赶快走过来，我在你耳边悄悄告诉你。

师：其实我们再读这首诗歌，会发现，他的坐姿在说话——

生读：侧坐莓苔草映身（突出侧坐）。

师：他选择场地都会说话——我得选一个鱼儿看不到我的地方。

生读：侧坐莓苔草映身（突出草映身）。

师：是呀，要想知道一个人的心思，不一定听他说，看他的神态、表情、动作等等就能读懂他心里的话。

师：我们再一起来诵读这首诗歌，要读出你眼前的情景，读出你理解的那个孩子。

生诵读诗歌。

师：同学们读到现在,这首诗给你怎样的感受?

生：有趣。

生：轻松愉快。

生：可爱。

师：同学们,那就请你用一种轻松的姿态读一读,侧坐木椅吟诗歌。

生诵读诗歌。

师：请你晃着脑袋念一念。

生诵读诗歌。

师：伴着轻松的音乐吟一吟(配上轻松的音乐)。

生诵读诗歌。

师：用俏皮可爱的语气诵一诵(配上活泼的音乐)。

生：站起来拍着手儿诵。

生：跳着皮筋诵。

5. 悟读促写。

师：同学们读这首诗能读出一幅画,一幅(静谧)的画,静中却有(动);吟诵这首诗可以诵成一首歌,一首简短的儿歌,是那么(活泼生动);品味这首诗,能品出一个故事,一个简单的故事,却是那么(情节生动)。

师：有意思吗?

生：对。

师：的确是神来之笔呀! 它真的是神仙放进诗人腹中的吗?

生：当然不是。

生：是诗人有一双善于观察的眼睛。

师：对,所以才有(指读)蓬头稚子学垂纶,侧坐莓苔草映身这样的外貌、动作的描写。诗人更有一颗善于体会的心,正是有了这样一颗善于体会善于感受的心,才有了(生读)怕得鱼惊不应人的妙句,因为怕所以不应,因为不能答应,就在心里说了许多的话。

师：任何人解读这首诗都有自己独特的感受,假如你就是这个垂钓的小儿,你能不能用自己的语言来改写这首诗呢? 请同学们四人一小组先讨论分工,一人改写一句,再把四人改写的话合起来读一读。

指名小组汇报。从不同的组中找出四个写得特别好的,读一读。

三、拓展补读

师：胡令能还留给我们这样一首诗。

(出示)

《喜韩少府见访》
胡令能

忽闻梅福来相访,笑著荷衣出草堂。

儿童不惯见车马,走入芦花深处藏。

师：你从诗中看到了什么? 你似乎听到了什么? 那是孩子们怎样的脚步? 那是怎样的眼神? 他们在说什么? 他们在想什么?

出示：

那芦花藏住了孩子的身体，却藏不住＿＿＿＿＿，藏不住＿＿＿＿＿，藏不住＿＿＿＿＿。

师：同学们，吟诵着这些诗歌，我们会发现从古到今，诗歌也好，我们学的现代作家的散文也好，所有文学作品的诞生都源于作者有一双善于发现的眼睛，有一颗善于想象的智慧的心灵，所有优秀的作品教会了我们学会观察，放飞想象，再创作出属于我们自己的优秀的文章。课后请大家完成出示的这个小练笔作业。

感悟分享

一，设置前景，诱读。课堂教学开始，教师就给学生设置了一个非常有诱惑力的阅读前景，以诗人的传奇故事开头，引发儿童的兴趣，学生自然会抑不住自己的好奇、疑惑、向往，快乐地走向教师美丽的"诱惑"中，进入学习的效果可想而知了。而且，这样的开篇教学设计，有效地缩短了学生与古典文学之间的时空距离，亲切可感。

二，营造氛围，引读。在学生朗读前，给他们营造与朗读目标所吻合的情感氛围，当他们的情绪被默默牵引直至在教师渲染的氛围中达到饱满的状态，那么有感情地朗读将成为学生此刻需要的宣泄，完全是一种自主的自然状态，呼之欲出。营造氛围的方法很多，有音乐的渲染，有图画的暗示，更平常而又易行的是语言的营造。在这首古诗的教学中，这一点做得非常突出。比如下面的教学环节。

师：同学们，那就请你用一种轻松的姿态读一读，侧坐木椅吟诗歌。

生诵读诗歌。

师：请你晃着脑袋念一念。

生诵读诗歌。

师：伴着轻松的音乐吟一吟（配上轻松的音乐）。

生诵读诗歌。

师：用俏皮可爱的语气诵一诵（配上活泼的音乐）。

生：站起来拍着手儿诵。

生：跳着皮筋诵。

三，放飞自由，赏读。摆脱禁锢，自由驰骋是人类与生俱来的渴求。在不受束缚的安全岛中，人的思想、情感处于极度放松的状态，灵感也就在这时悄然而至。如果在课堂中，学生能够欣赏课文并充满感情地读出来，直至让教师欣赏，学生彼此欣赏，这该是引导自主朗读的最美妙的境界了。在这首古诗的教学中，教师多次提供儿童自由想象和补白的空间，给予儿童充分表达的语言实践机会。为了帮助儿童思维的生长，达到可能达到的理解深度，教师设计了有效思辨的机会，让儿童在思维冲突中，对古诗深处的情境反复品味、鉴赏，从而达到理解性诵读。

整节课的设计如行云流水，儿童思维似乎一直在古诗中往前流淌，原因就在于教师不断引领儿童进入诗歌内里，层层推进地帮助儿童无限接近诗中情趣，不断发现诗中生活化的情节，也让儿童无限接近创造性表达的美好状态。

名师示例二　如梦令

如梦令

李清照(宋)

常记溪亭日暮,沉醉不知归路。
兴尽晚回舟,误入藕花深处。
争渡,争渡,
惊起一滩鸥鹭。

《如梦令》教学设计(六年级)

特级教师：吴建英

教学目标

1. 初步认识词这种文学样式,了解词"要眇宜修"的特点。

2. 通过多重诵读、想象画面、品味语言等方式了解词之特点,感知词之音律,体悟词之意境,触摸词之精妙,体察词之情韵,提高审美情趣,培养鉴赏能力。

教学准备

多媒体课件。

课时安排

一课时。

教学流程

一、谈话引入,了解词之特点

1. 出示画面,学生根据画面吟诵古诗词。(出示《绝句》《望庐山瀑布》《清平乐·村居》)

2. 词和诗有什么不一样? 你有什么发现?

3. 词是一种非常独特的文学样式。国学大师王国维说:(出示,齐读)"词之为体,要眇宜修。"这句话是说,词就像是一个善于打扮的美人,是一种非常精致、美妙的文学。这一课,就来好好感受一下词"要眇宜修"的魅力。

4. 让我们走进宋朝著名女词人李清照的词——《如梦令》(齐读)。《如梦令》是这首词的——（词牌名）对，这首词只有词牌名，没有题目，为了区分，我们通常把第一行作为题目，记作——《如梦令(常记溪亭日暮)》。

二、多重诵读，感知词之音律

1. 打开书，自读这首词，读时注意词当中的生字和多音字。

2. （出示）指名读。

3. "兴尽晚回舟"的"兴"为什么读第四声？有一个成语(出示：乘兴而来，兴尽而返)意思是说，趁着兴致而来，兴致满足了就返回。"兴尽"就是指——兴致满足了。

4. 词的"要眇宜修"首先体现在声音的停连、快慢、长短、高低等节奏韵律的变化上。我们一起读！(师生三次合作诵读全诗)

三、想象画面，体悟词之意境

1. 这首词说的是什么呢？根据注释，先自己说说，再同桌交流。

2. （出示"王国维：'词之为体，要眇宜修。……诗之境阔，词之言长。'"）"词之言长"也是"要眇宜修"一种体现，它不是说词的篇幅长、句子长，而是说词的韵味悠长，能带给我们丰富的想象和回味。听老师读，边听边想，你的眼前仿佛出现了哪些画面？

3. 教师配乐诵读，学生想象。

★**画面1：溪亭日暮**

(1) （出示：第一、二行）看到的是一幅怎样的画面？

(2) 词人和她的朋友们在溪亭边做什么？

(3) 给这一幅画取题目。

★**画面2：藕花深处**

(1) 就在"沉醉不知归路"时，没想到误入了"藕花深处"。她又看到了怎样醉人的景象呢？

(2) （出示：第三、四行）齐读。

★**画面3：惊起鸥鹭**

(1) （出示：第五、六行）你仿佛看到了什么？听到了什么？

(2) 指名读、齐读。

(3) 也给这一幅画取个题目。

4. 总结，齐读。

四、品味语言，触摸词之精妙

1. 有人评价这首词"以寻常语绘精美图"。这些"寻常语"真的寻常吗？再读一读，回味一下，你觉得哪些字词用得不寻常？

2. 学生交流。

3. 再找找看，这首词中哪个字最能表达她的心情？李清照为何而醉呢？

4. 齐读全词。

五、知人论世，体察词之情韵

1. 古代大思想家孟子说："颂其诗，读其书，不知其人可乎？是以论其世也。"读了这首《如梦令》，你能猜一猜李清照当时生活得怎么样呢？说说理由。

2. 出示：补充李清照的生平。

3. 我们品读一首词，其实就是在品读一段独特的人生经历。（播放蔡琴的歌曲《如梦令》，之后三次反复诵读。）

4. 总结：词，真是一种精巧美好的文学，它有一种魅力，有一种触动人心的力量。好词，千百年以后，仍然会让我们为之感动、为之陶醉！

《如梦令》课堂实录
吴建英

师：听说同学们特别喜欢吟诵古诗词。这样，吴老师出示画面，你们根据画面吟诵古诗词。提个醒：吟诵时，必须把古诗词的味道吟诵出来！（出示《绝句》《望庐山瀑布》古诗画面，学生兴致盎然地吟诵。）

师：请看最后一首。（出示《清平乐·村居》画面，学生吟诵。）

师：（出示）大家看，这两首是古诗，这一首是词。我们学过的古诗很多，学的词只有这么一首。词和诗有什么不一样？你有什么发现？

生：诗每一句的字数是一样的，词的字数不一样。

师：是呀，古诗中的绝句、律诗每行诗句字数相同，词不同，长长短短、短短长长、参差错落，因此词有个别名叫"长短句"。

生：词读起来，有一种抑扬顿挫的音乐美。

师：最早的词就是配乐演唱的，它又被称为"曲词"或"曲子词"。

生：词分上阕和下阕，诗不分。

师：词有的分上阕和下阕，有的没有。

生：词有词牌名。

师：词都有词牌名，有的有题目，如《清平乐村居》；有的没有，如《如梦令》。你们还知道哪些词牌名？

生纷纷答：《水调歌头》《满江红》《忆江南》《西江月》……

师：我们了解了词的这么多特点，非常好！在中国义学中，词是一种非常独特的文学样式。国学大师王国维说，（出示，齐读）"词之为体，要眇（miǎo）宜修。"这句话是说，词就像是一个善于打扮的美人，是一种非常精致、美妙的文学。这一课，我们就来好好感受一下词"要眇宜修"的魅力。

师：好，让我们一起走进宋朝著名女词人李清照的词——《如梦令》（齐读）。《如梦令》是这首词的——（词牌名）对，这首词只有词牌名，没有题目，为了区分，我们通常把第一行作为题目，记作《如梦令（常记溪亭日暮）》。请大家打开书，自己读读这首词，读的时候要注意词当中的生字和多音字，争取把它读正确，读通顺。

（学生自由诵读。）

师：读得很专心、很投入，很好！（出示）谁来读？（生读）

师：字正腔圆，真好！这里，"藕"是个生字，"兴"是个多音字，他都读正确了。我们一起读这两行。

生："兴尽晚回舟，误入藕花深处"。

师："兴尽晚回舟"的"兴"为什么读第四声？

生：这个"兴"表示兴致、兴趣，所以读第四声。

师：你能根据字义区别多音字，是个好办法。老师这儿有一个成语，一起读——（出示乘 chéng 兴而来，兴尽而返）这个成语意思是说，趁着兴致而来，兴致满足了就返回。"兴尽"就是指……？

生：兴致满足了。

师：再读！（生齐读）

师：同学们读正确、读流利了，但缺少"要眇宜修"的味道。词的"要眇宜修"首先体现在声音的停连、快慢、长短、高低等节奏韵律的变化上。怎么读呢？来，吴老师和你们合作读！你们读一三五行，我读二四六行。（合作朗读全诗）

师：好！长长短短，有点味道了。我们再读一次，换过来，我读一三五行，你们读二四六行。（再次合作朗读全诗）

师：味道更浓了！我们连起来读，我读词牌名和作者，你们读内容，注意那个节奏，那个味道。（生齐读）

师：好！真有味儿！好一首"要眇宜修"的《如梦令》！读到这儿，你们知道这首词说的是什么呢？根据注释，先自己说说，再同桌交流交流。

生：诗人出游溪亭，一玩玩到天黑。深深地沉醉，而忘记归路。坐船返回时，却迷途进入了藕花的深处。大家争着划呀，划呀，惊起了满滩的鸥鹭。

师：很好！字面意思都理解了。但这远远不够。看，王国维还说，（出示"王国维'词之为体，要眇宜修。……诗之境阔，词之言长。'"）"词之言长"也是"要眇宜修"一种体现，它不是说词的篇幅长、句子长，而是说词的韵味悠长，能带给我们丰富的想象和回味。《如梦令》很短，只有 33 个字，这么短小的一首词究竟能带给我们怎样的想象与回味呢？请同学们听老师读，边听边想，你的眼前仿佛出现了哪些画面？（教师配乐诵读，学生想象。）

师：看到画面了吗？（出示：常记溪亭日暮，沉醉不知归路。）从这两行，你们看到的是一幅怎样的画面？不急，好好看一看，想一想。

生：词人乘着小舟来到湖的中央，向天空仰望，发现太阳已经落山了，只见云霞呈不深不浅的红色的光芒，好像披上了一件橙红色的轻纱，光照耀大地，湖面上也映着霞光，湖波荡漾……

师：是的，词人醉了！她醉在娇美的夕阳中！

生：傍晚，太阳慢慢地从西边落下去，晚霞染红了整个天空。远山、近水、亭子、树木，都被笼罩在夕阳的余辉中，一切都显得那么美丽和幽静！

师：醉在美丽的晚霞里！醉在夕阳下的山水中！醉在日落美景里！在那样的地方，那样的时候，词人和她的朋友们在溪亭边做什么？

生：喝酒、作诗。

师：古人喜欢饮酒，好朋友在一起，更是"酒逢知己千杯少"。李清照尽管是个女子，但她也爱饮酒，在她的许多词里都写到了酒。除了喝酒、作诗，想一想，她们还会干什么呢？

生：弹琴、唱歌、看景、下棋……

师：对，诗人就是有这样的雅兴、雅趣。夕阳晚霞，好友知己，酒美花香，物我两忘，词人醉了！这真是"酒不醉人——人自醉"。谁来读一读这两行？（指名读）

师：我感觉到浓浓的醉意了！咱们一起读，一起深深地醉一回。（齐读）

师：如果让你给这一幅画取个题目，你打算取什么题目？

生：溪亭日暮。（师板书）

师：好一个溪亭日暮！好一个良辰美景！难怪李清照说她此时已经——

生：沉醉不知归路了。

师：就在"沉醉不知归路"时，没想到误入了"藕花深处"。（板书：藕花深处）词人举目四望，她又看到了怎样醉人的景象呢？

生：大片大片的荷花，有的才展开两三片花瓣；有的花瓣全展开了，露出嫩黄色的小莲蓬；有的还是花骨朵，看起来饱胀得马上要破裂似的。

师：这么美，怪不得词人看得有滋有味、如痴如醉。还有谁也看到这幅画面了？

生：莲叶挨挨挤挤的，上面还有一滴滴水珠，在夕阳下，水珠五彩斑斓，更衬托出荷叶绿绿的、嫩嫩的，那么可爱。莲花绽放了，那粉红的花瓣在霞光下变得更红了。

师：真是一个色彩斑斓的藕花深处，一个清香飘逸的藕花深处，一个神秘幽静的藕花深处，让我们走进去！（出示"兴尽晚回舟，误入藕花深处"）读——刚才是"酒不醉人人自醉"，现在是"景不醉人"——

生："人自醉"了。

师：当一弯明月如水般倾洒荷花时，众人才猛然惊醒，于是——"争渡，争渡，惊起一滩鸥鹭"。读着这两行，你仿佛看到了什么？听到了什么？

生：一河滩的鸥鹭扑拉拉一下子都飞起来了，拍打着翅膀，高声鸣叫着。

师：一滩鸥鹭上青天，那场面多壮观啊！除了看到鸥鹭飞了起来，听到它们拍动翅膀的声音，鸣叫的声音，你们仿佛还看到诗人和好友们在干什么？耳边又听到了什么？

生：听到划桨声、欢笑声，溪水被船桨击起的声音，看到诗人和好友们在争着划桨。

师：你从哪些词语中听到这样的声音的？

生：从"争渡，争渡"和"惊"这些词语感觉到的。

师："惊"字除了讲惊起鸥鹭，谁也惊了？惊什么？

生：还有诗人和她的伙伴们也惊了，是一滩鸥鹭惊起了她们。

师：这真是"鸟被人惊""人被鸟惊"！此刻她们的心情如何？

生：惊喜、激动、兴奋、高兴……

师：她们叫哇，笑哇，声音那么响，把栖息着的鸥鹭一下子惊飞起来。"扑拉拉"，一滩鸥鹭飞上蓝天，那情景多么壮观啊！它带给词人一种意外的开心，意外的收获，意外的惊喜！谁来读一读这两行？

（指名读，学生读得比较平淡。）

师：这样划船能把鸥鹭惊起来吗？划得再有劲一些，你再来试试。

（学生再读，读出惊喜、快乐。）

师：读出了那份热闹、那份欢快、那份惊喜！一起读。（齐读）

师：现在也让你给这一幅画取个题目，你取什么题目？

生：一滩鸥鹭。

师：老师帮你改一下，前面用一个"惊"，惊起鸥鹭，把画面的动感就描写出来了。（板书：惊起鸥鹭）

师：词到这儿结束了，但会想象的同学顺着词的描写一定还看到了其他的画面。谁来说说，你还看到了什么？

生：一滩鸥鹭飞向蓝天，李清照和她的朋友们看得目瞪口呆，久久沉醉其中……

生：月光下，一切变得朦朦胧胧起来，李清照感觉自己就在仙境中，被荷花仙子簇拥着，翩翩起舞……

师：结尾处还给我们留下了无限的想象，（板书……）真是余味无穷啊！刚才我们边读边想象，读出了那么多美丽的画面，充分感受到了"词之言长"的特点。你们看，因为观赏"溪亭日暮"沉醉了，所以才会误入——"藕花深处"；因为误入了"藕花深处"，所以才会——"惊起鸥鹭"。这些画面，有动有（静），有声有（色），有人有（鸟），这真是一幅流动的画面！来，一起读整首词，让我们在这流动的画面中再次沉醉！（齐读）

师：这首词，仅仅用了 33 个字就写出了如此丰富精美的画面，给人以美的享受。有人评价这首词——"以寻常语绘精美图"（贴图）。你们看，词中语言看起来的确寻常，明白如话，但这些"寻常语"真的寻常吗？静下心来，再读一读，回味一下，你觉得哪些字词用得不寻常？自己想完后，可以和同桌交流探讨一下。

生：我觉得"惊"字用得不寻常，鸥鹭惊飞了，诗人由惊慌到惊喜，都跃然纸上。

生：我觉得"争渡、争渡"重叠着用，把她们焦急的心情和在荷花丛中手忙脚乱寻找归路的样子活灵活现地写了出来。

师："争渡，争渡"的重叠，本来是《如梦令》这个词牌的要求，这种句式叫短韵叠句。在这里李清照这么用，显得特别精妙自然。

生：开头写"常记"，就是"常常记起"的意思。说明这次出游给诗人留下的印象太深刻了！

师：是呀，一个"常"字，让我们看出李清照对这次游玩的记忆很深，回忆的次数很多，每次回忆起来都觉得兴致盎然。

生：我觉得"沉醉"用得妙！"沉醉"，说明不是一般的醉，而是指深深地陶醉了，看出诗人心里特别愉快，让她留恋忘返。

生："兴尽"这个词，让我们感觉到诗人和伙伴们整整一天的活动非常欢乐！

生：我觉得这个结尾挺耐人寻味的。它没有接着写后面发生的事，给我们留下了无限的想象，余味无穷。

师：同学们真会品词！你们看，一首好词，每一个字，每一个结构，都有它独特的作用。李清照留下来的词并不多，但是"无一首不精，无一字不妙"。请你们再找找看，这首词中哪个字最能表达她的心情？

生：我认为这个"醉"字最能表达她的心情了！（板书：醉）

师：哦，她的情感都浓缩在"醉"字中，那么李清照为何而醉呢？

生：我觉得她被美酒陶醉了，也被美景陶醉了！

师：李清照不但"酒醉"了，而且还"心醉"了！

生：我觉得她还因为这次游玩很开心而陶醉！

生：她被惊起的一滩鸥鹭陶醉了！

师：是呀，她陶醉在美酒中，陶醉在美景中，陶醉在美丽的意外中，陶醉在美丽的生活中，她的心都醉了！我们也被她精妙的文字深深陶醉了，真是"词不醉人——人自醉"啊！我们再读整首词。（齐读全词）

师：这首词仅 33 字，在为我们展现了一副流动的图画的同时，又曲折有致地写出了词人的心情，你们看，她以沉醉起，兴尽承，争渡转，惊喜合，真是"要眇宜修"呀！

师：古代大思想家孟子说："颂其诗，读其书，不知其人可乎？是以论其世也。"就是说，读诗也好，读词也好，一定要读人，要了解作者的生平。读了这首《如梦令》，你能猜一猜李清照当时生活得怎么样呢？说说理由。

生：我猜想李清照当时的生活无忧无虑，非常快乐！因为从词的字里行间，我们都能感觉到这种快乐！

生：我也有同感，她的生活一定非常美好、幸福。但我感到疑惑的是，我看到的资料中都说，古代的女人是大门不出的，而李清照居然能出游、喝酒，真是让人觉得不可思议！

师：你们的猜测是否正确呢？请看——（出示：补充李清照的生平）

李清照，宋代著名女词人，号易安居士，山东济南人。她的词独树一帜，登峰造极，被称为"词国女皇"。她早年生活在文化艺术氛围浓厚的家庭里，过着悠闲幸福的生活。人到中年，宋朝与金兵作战，节节败退，李清照流亡江南，丈夫也去世了。她承受着国破、家亡、夫死的悲痛，晚年生活孤苦凄凉。

师：和你们的猜测一样，早期时候的李清照一直生活在幸福美满之中，生活在她的眼睛里充满了色彩，充满了生机，充满了愉快，也充满了乐趣。我们品读一首词，其实就是在品读一段独特的人生经历。那么，李清照后期生活的转变使她的词风又产生了怎样变化呢？感兴趣的同学下课后可以继续去读她的词。最后，让我们跟随李清照再次回忆起她少女时期的那一段美好的生活……（播放蔡琴的歌曲《如梦令》）

师：这次游玩令李清照终身难忘，在幸福美满的年轻时，她会——（生齐读全词）

师：在流亡江南的中年时，她会——（生齐读全词）

师：在孤苦凄凉的晚年时，她也会——（生齐读全词）

师：今天，我们在"词国女皇"李清照的《如梦令》中沉醉了一回！词，真是一种精巧美好的文学，它有一种魅力，有一种触动人心的力量。好词，千百年以后，仍然会让我们为之感动、为之陶醉！

感悟分享

一、醉于词之一文体

在小学语文教学中，由于文体意识淡薄，教学中常出现一种奇特的现象，面对任何文体的文本都采用统一的模式来组织教学，文体的特性淹没于共性之中。文体意识，决定着阅读姿态、阅读方式，也决定着教学姿态、教学方式，它是衡量语文教学是否具有语文味的重要依据之一。因此面对不同文体的文本，除了关注那些共性的阅读规律之外，理所当然地应该将视点集中在文体本身的特点上。

《如梦令》是一首词，就应该以词的方式来教词。"在中国文学中，词是一种非常微妙的文学样式"（叶嘉莹语）。国学大师王国维在《人间词话》说："词之为体，要眇宜修。……诗之境阔，词之言长。"词精巧美好、韵味悠长，能带给读者丰富的想象和回味。如何让学生感受词之特点、词之魅力？教学中，通过吟诵古诗与词，并进行比较，让学生初步了解词在形式上的特点；通过多重诵读，让学生感知词独特的节奏感、音韵美；通过想象画面，体味词美好的意境；通过回味语言，品出词的精妙，韵味悠长。整堂课，让学生沉醉于词的魅力之中，激起他们对祖国语言、民族文学的热爱。

二、醉于词之一幅画

鲁迅先生说："意美以感心，一也；音美以感耳，二也；形美以感目，三也。"诗词是通过意境来反映生活、表达感情的。意境就是诗词中所描绘的画面和作者的思想感情交融而成的艺术境界的美，也即"诗情画意"之美。所以诵读古诗词首先要"入境"。"作者胸有境，入境始与亲。"只有"入境"，才能感悟词情,感知词美。想象画面,则是"入境"的重要途径。

《如梦令》这首词画面丰富,有声有色、有人有景、有静有动,学生易于想象。教学时,倾注浓笔艳墨,画面的想象先部分,后整体:分别想象"溪亭日暮""藕花深处""一滩鸥鹭"三个画面,再连贯、整体想象为"一幅流动的画"。

教学中把语言——画面——诵读(说话)三者连成一线,融为一体,唤醒学生所有的器官感受词:用耳倾听、用眼观赏、用嘴吟诵、用脑想象、用心感受,打开身体所有通道接收词的信息,化言为画,进入词境。学词的过程犹如人在画中游,诗情画意,乐在其中。

三、醉于词之一家言

古诗词的鉴赏多从语言入手,言为心声,情动于中而形于言。教学时,应引导学生从诗词本身的艺术特色着手品味语言、欣赏语言,从而享受经典语言的内涵和魅力,促进语言积累,获得美的熏陶,这是语文教学的应有之义。

这首《如梦令》,短短33个字,却包括了景物、叙事、抒情的描写,清新别致,情景交融,首开"以寻常语绘精美图"之先河,这是本词最突出的艺术特点。教学时,在想象精美画面之后,让学生去品味这"寻常语"的不寻常。在品读过程中,学生不仅要感悟哪个词用得不寻常,还要说出为什么不寻常。学生所列举的"常记""惊""争渡,争渡""沉醉"等字词,体现了不同程度的个性化解读。在此基础上,再进一步引导欣赏"醉"字,并说明"醉"字和整首词意的关联。这样对语言的细品慢尝,使学生进一步感悟了词的意境、情感,培养了对词的鉴赏能力。

四、醉于词之一个人

诗词教学总是和对作者的了解紧密联系,因为很多的诗词和作者的生活经历、时代背景、情趣心境有很大的关系,只有走近作者,才会为教学搭建起丰厚的文化平台,学生才能更好地理解诗词的内涵,使教学更有厚度和力度。

李清照是以写"愁"称著的女词人,而她的这首《如梦令》却写得新鲜活泼,极富乐观情趣,这是她早期生活无忧无虑、幸福美好的一个缩影。教学时,让学生猜一猜李清照当时生活的状况,并说说理由,引导学生回归整体,深入赏读。之后补充李清照的生平,让学生明白读诗词要读人,品读一首词,其实就是在品读一段独特的人生经历。最后提出问题"李清照后期生活的转变使她的词风又产生了怎样的变化呢?"让学生带着问题走出课堂,进一步引发了他们对词研读的兴趣。

名师示例三　陌上桑(节选)

陌上桑(节选)

日出东南隅,照我秦氏楼。秦氏有好女,自名为罗敷。罗敷善蚕桑,采桑城南隅;青丝为笼系,桂枝为笼钩。头上倭堕髻,耳中明月珠;缃绮为下裙,紫绮为上襦。行者见罗敷,下担捋髭须;少年见罗敷,脱帽著帩头。耕者忘其犁,锄者忘其锄;来归相怨怒,但坐观罗敷。

《陌上桑》(节选)教学设计(六年级)

特级教师：刘昕

教学目标

1. 朗读小古文。
2. 学习人物侧面描写的妙用。

教学准备

多媒体课件。

教学重点

感受传统优秀文化的魅力；学习侧面描写的妙用。

课时安排

一课时。

教学流程

一、读准读通

今天我们来读一首很有意思的古代民歌——陌上桑。这是一首汉乐府民歌。

出示关于汉乐府民歌的相关介绍。

今天，我们来读读这首流传很广的汉乐府民歌第一部分。

出示板书。

> 一读提示：
> 借助拼音读准确；
> 借助注释读懂意思。
>
> 日出东南隅，照我秦氏楼。秦氏有好女，自名为罗敷。　罗敷善蚕桑，采桑城南隅；青丝为笼系，桂枝为笼钩。头上倭堕髻，耳中明月珠；缃绮为下裙，紫绮为上襦。行者见罗敷，下担捋髭须；少年见罗敷，脱帽著帩头。　耕者忘其犁，锄者忘其锄；来归相怨怒，但坐观罗敷。

【难读字音】

隅(yú)　敷(fū)　笼系(xì)　倭(wō)　堕(duò)

髻(jì)　缃(xiāng)　绮(qǐ)　襦(rú)　捋(lǚ)

髭(zī)须　著帩(zhuó qiào)

【译文】

太阳从东南方升起，照到我们秦家的小楼。秦家有位美丽的少女，本名叫罗敷。罗敷善于养蚕采桑,(有一天在)城南边侧采桑。用青丝做篮子上的络绳,用桂树枝做篮子上的提柄。头上梳着堕马髻,耳朵上戴着宝珠做的耳环;浅黄色有花纹的丝绸做成下裙,紫色的绫子做成上身短袄。上了年纪的人看见罗敷,放下担子捋着胡子(注视她)。年轻人看见罗敷,禁不住脱帽重新整理仪容。耕地的人忘记了自己在犁地,锄地的人忘记了自己在锄地;回来后互相埋怨生气,只是因为观看罗敷。

> 二读提示:
>
> 懂了意思再朗读,通过朗读表达你的理解。
>
> 小提示:小组内读读说说,并做好朗读表演的设计。
>
> 日出东南隅,照我秦氏楼。秦氏有好女,自名为罗敷。 罗敷善蚕桑,采桑城南隅;青丝为笼系,桂枝为笼钩。头上倭堕髻,耳中明月珠;缃绮为下裙,紫绮为上襦。行者见罗敷,下担捋髭须;少年见罗敷,脱帽著帩头。 耕者忘其犁,锄者忘其锄;来归相怨怒,但坐观罗敷。

哪些小组来展示?

二、品评作品,感受侧面描写的魅力

1. 你们的精彩朗读想传达什么?(罗敷很美)

出示板书。

> 三读提示:
>
> 从哪些地方读出了罗敷之美呢? 小组内交流分享。
>
> 日出东南隅,照我秦氏楼。秦氏有好女,自名为罗敷。 罗敷善蚕桑,采桑城南隅;青丝为笼系,桂枝为笼钩。头上倭堕髻,耳中明月珠;缃绮为下裙,紫绮为上襦。行者见罗敷,下担捋髭须;少年见罗敷,脱帽著帩头。 耕者忘其犁,锄者忘其锄;来归相怨怒,但坐观罗敷。

2. 罗敷究竟有多美? 加上我们的想象来感受。

出示板书。

> 四读提示:
>
> 加上我们自己的想象来读,补充括号里的内容。
>
> 日出东南隅,照我秦氏楼。秦氏有好女,自名为罗敷。 罗敷善蚕桑,采桑城南隅;青丝为笼系,桂枝为笼钩。头上倭堕髻,耳中明月珠;缃绮为下裙,紫绮为上襦。行者见罗敷,下担捋髭须(心想:);少年见罗敷,脱帽著帩头(心想:)。 耕者忘其犁,锄者忘其锄(神态:);来归相怨怒,但坐观罗敷。
>
> 加上我们自己的想象来读。
>
> 日出东南隅,照我秦氏楼。秦氏有好女,自名为罗敷。 罗敷善蚕桑,采桑城南隅;

青丝为笼系,桂枝为笼钩。头上倭堕髻,耳中明月珠;缃绮为下裙,紫绮为上襦。 行者见罗敷,下担捋髭须(心想:);少年见罗敷,脱帽著帩头(心想:)。 耕者忘其犁,锄者忘其锄(神态:);樵者_____;渔者_____……来归相怨怒,但坐观罗敷。

3. 深度体会侧面描写之妙。

出示:古代美女图片。

你心中的罗敷是哪一个?

为什么会出现不一样的选择呢?(诗歌没有直接写,我们不知道她的脸是鹅蛋型的还是珍珠般圆润的,我们不知道她的眉毛是柳叶型的还是弯月型的。我们只知道没有人能抗拒她的美丽,这就是诗人的高妙之处,不着一个美字,却美得无与伦比,并给了读者无限的想象。)

4. 对比写法。

老师读了这段文字后,对罗敷产生了这样的想象,你看我写的罗敷。

出示:

日出东南隅,照我秦氏楼。秦氏有好女,自名为罗敷。 罗敷善蚕桑,采桑城南隅;青丝为笼系,桂枝为笼钩。头上倭堕髻,耳中明月珠;缃绮为下裙,紫绮为上襦。脸若鹅卵玉;眉如弯月钩;眼明若星子;浅笑双酒窝;素手兰枝翘;腰若柳枝柔。

我们一起来读一读。我写得怎么样?

我们再对照着读读原文,两种写法有什么不同?你更欣赏哪一种写法?为什么?

出示:

日出东南隅,照我秦氏楼。秦氏有好女,自名为罗敷。 罗敷善蚕桑,采桑城南隅;青丝为笼系,桂枝为笼钩。头上倭堕髻,耳中明月珠;缃绮为下裙,紫绮为上襦。脸若鹅卵玉;眉如弯月钩;眼明若星子;浅笑双酒窝;素手兰枝翘;腰若柳枝柔。

日出东南隅,照我秦氏楼。秦氏有好女,自名为罗敷。 罗敷善蚕桑,采桑城南隅;青丝为笼系,桂枝为笼钩。头上倭堕髻,耳中明月珠;缃绮为下裙,紫绮为上襦。行者见罗敷,下担捋髭须;少年见罗敷,脱帽著帩头。 耕者忘其犁,锄者忘其锄;来归相怨怒,但坐观罗敷。

我们再一起来读读罗敷之美,感受侧面描写之妙趣。会背诵的就背诵。

出示:

> 日出东南隅,照我秦氏楼。秦氏有好女,自名为罗敷。　罗敷善蚕桑,采桑城南隅;青丝为笼系,桂枝为笼钩。头上倭堕髻,耳中明月珠;缃绮为下裙,紫绮为上襦。行者见罗敷,下担捋髭须;少年见罗敷,脱帽著帩头。　耕者忘其犁,锄者忘其锄;来归相怨怒,但坐观罗敷。

同学们,罗敷是美丽女子的杰出代表,是美丽的符号,罗敷之美不仅在于她的外表之美,更在于她对爱情的坚贞,她的勇敢与智慧之美。我们初中还会继续学习。当然,想一睹为快的同学,请课后"百度"《陌上桑》全文。

三、补充侧面描写美人的经典成语

你还知道哪些典型的古代美女?
出示:

> 西施、王昭君、貂蝉、杨贵妃

出示:

> 西施浣纱图片;昭君出塞图片;貂蝉拜月图;贵妃醉酒图

两个成语就能把四大美女的千年之美展现到极致,知道是哪两个成语吗?
出示:

> 西施、王昭君、貂蝉、杨贵妃
> 沉鱼落雁　　闭月羞花

能不能根据典故把她们一一对应呢? 沉鱼侧面烘托的谁呢? 落雁呢?

四、仿写练笔(灵活,可在课内,课在课外)

出示板书。

> 仿写练笔
> 我们也来学着用侧面烘托的方法,来表现一位你熟悉的亲人或同学的一个典型特点。
> 比如:
> 我的小表妹可真胖啊! _____
>
> _____
>
> 某某特别逗。_____
>
> _____
>
> 某某的歌声特别动听。_____
>
> _____
>
> ……

《陌上桑》(节选)课堂实录

刘昕

一、直接切入,补充背景

师:同学们,今天刘老师和孩子们一起来欣赏一首汉乐府古诗的一部分。题目叫作——(左手朝向大屏幕作托举状。)

生:(齐读)陌上桑。

师:因为是它的一部分,我们称它为——(生答)"节选"。好,我们先来了解一下这首诗的基本信息。(转身,看向大屏幕)同学们自己看一看,用最快的速度记住最多的信息。

(师生共同看向大屏幕,目光专注。)

师:(面向学生)看懂了吗?记住了吗?

(生点头示意。)

师:好,我们一起说,它的体裁是汉乐府——(生答)民歌,属于五言——(生答)古诗。它选自哪本诗集呀?

生:(齐答)《乐府诗集》。

师:这部诗集是谁编的呢?

生:(齐答)郭茂倩。

师:对,郭茂倩是什么朝代的人呢?

生:(齐答)北宋。

二、"一读":读准字音,读懂意思

师:是的,郭茂倩编了《乐府诗集》,《陌上桑》就选自这本诗集。好,现在我们一起来读读这首诗吧。看第一次朗读的要求,借助拼音读准确,借助注释读懂意思,我们先来完成"一读"的第一项任务——借助拼音,把它读准确,开始吧。

(生拿出课文纸,进行朗读。)

师:好,(左手平放轻拍话筒示意)对不起打断一下,刘老师要求大家自己去轻轻地读一读,为什么呢?第一遍朗读,自由地去读,我们更能够把生字读准确。听清楚了吗?(生点头示意)因为我们跟着大家一起读的时候,很容易就把特别难读的字就忽略掉了,说不定会因此意识不到自己不会读的地方,听清楚了没有?开始。

(生继续朗读古诗,教师巡回指导。)

师:好,请四人学习小组的小组长举个手给我看看。

(小组长高举手臂示意。)

师:嗯,非常好,你们都是老师的助手,是同学们的好伙伴。现在请小组长带领自己小组的组员来读读这首诗。请小组长检查一下你的组员是不是都读准确了。怎么查呢?小组长可以从这首诗当中任选一句请你的组员来读;也可以请一个人读这一句,其他人读另外一句,听清楚没有?开始。

(生四人小组交流、朗读,师巡视指导。)

师:对不起打断一下,我想问一个小组长,当你的组员有读不准的地方的时候,你怎么办呢?

生1:我会对他说,叫他读准字音。

师:(鼓掌)非常好。对,小组合作就是要这样互帮互学。现在请小组的组员检查你的组长。随便挑一句,请组长读。

（生四人小组交流、朗读,师巡视指导。）

师:好,第一遍检查已经结束了,请小组长给我反馈,如果在你检查的过程当中,发现你的组员都已经会读了,就请你把手举起来。

（各组小组长举手示意。）

师:所有小组的三个成员都会读了,非常好,全部过关。谢谢,把手放下。那小组长都过关了吗?组员们举起你们的手。

（各组组员举手示意。）

师:很好,把手放下。百分之一百通过,行,刘老师非常高兴。看,这么难读的一首诗,我们通过互帮互学把它读准了。我们接着来。完成"一读"的第二个要求——借助注释,读懂意思。听清楚,学习的方式和检查的方式以及流程跟刚才一模一样,需要我重复吗?（生摇头示意）开始。

（生四人小组交流、朗读,师巡视指导。）

师:（边走向讲台边说）请大家稍微停顿一下。

（部分学生转回自己座位。）

师:没事儿,你就那样坐着。刚才刘老师在巡视的过程中随机采访了三位同学。我问了他们这样一个问题,我说,一首古文交给大家,同时也呈现了一首现代文的翻译,那我们该怎么来学呢?（手指向一生）那位同学说,他呢,每读一句,就到下面去找一句翻译,这样对照着读,他就读会了。大家认为可以吗?

生:（齐答）可以。

师:可以。我采访的第二个同学是这一组的（手伸向中间一组）,他们说,老师,我们可以这样学它——我先读下面的译文,因为译文跟我们更接近,我们就是这样说话的。然后再一句一句地对应着去找原文。可不可以?

生:（齐答）可以。

师:也是一种方法。（伸手示意）这边的同学说,学古文的时候还可以猜,自己先去读读猜猜它是什么意思,然后再到下面的译文当中去对应着看看是什么意思,看猜得对不对,或者猜不着的时候再去看看。可以吗?

生:（齐答）可以。

师:三种方法都可以,那刘老师觉得在这三种方法当中尤其以第三种方法更高明。请同学们选择适合你的方法继续完成刚才的任务。

（生四人小组继续交流、朗读,师巡视指导。）

师:怎么样?可以了是吧?检查过了吗?

生:查过了。

师:都懂了?（生点头示意）小组长,你可以保证吗?保证你们小组里的同学都读懂了古诗的意思?能保证的小组长举手。

（各组小组长举手示意。）

师:1、2、3、4⋯⋯（师数数）还有一个小组,（边说边走向学生）这个小组有什么问题?

生（小组长）:有的时候他们有的句子就是读不懂,靠自己理解不能完全读懂。

师:哦,刚才我们是全班同学一起学习,现在我们就不给你们时间学习了,好吗?我希望你们小组同学在往后的学习过程当中,继续来攻克刚才的难题。我相信,到下课的时候,你们一定会全部懂了,有信心吗?

(生点头示意。)

师:好,我们继续。读懂了意思,我们再来进行"二读"——通过朗读来表达你的理解。过会儿呢,刘老师要请各小组进行朗读的展示。既然是展示,就需要分工合作,就需要有设计。现在,就请小组长带领你的组员做好朗读的分工合作工作,待会告诉大家,你为什么这么分?听清楚了没有?开始。

(生四人小组交流、朗读,师巡视指导。)

师:好,有的小组长已经开始举手了,想要展示了是吧?

(各学习小组纷纷举手示意。)

师:行,还有两个小组。好,我来问一个,(走向一组)组长是哪位?首先要告诉大家,你们是怎么分工的。

生(组长):我们第一句是×××来读,第二句是我来读,第三句是×××来读,第四句是×××来读,最后一句一起读。句是×××来读,第四句是×××来读,最后一句一起读。

师:为什么要这样分?

生(组长):先按照各自的喜好进行选择,然后再根据他们的意见进行整理和分工。

师:这是一位采用民主集中制的组长,非常好。这样分有没有道理?有道理!有道理就请你们来展示一下。

(小组起立展示朗读。)

师:很好,有没有不一样的分法?

(其他组举手示意。)

师:好的,(边说边走向学生)你们组是怎么分的?

生:我们是第一句一起读,然后第二句是×××读,然后第三句是我读,第四句是×××读,第五句是×××读。

师:为什么这样分?

生:因为我们都认为第一句是整个分段的总起句。然后第二句话我觉得比较适合×××读,因为是"罗敷善蚕桑"。然后……

师:等一下,刘老师提醒你一下,你说得很好,当一个长句需要说下去的时候,就经常需要断句和转换,对吧?最好不要用同一个词——"然后",建议适当地换一换,好吗?继续说。

生:接着就是我读,因为这句整个是写罗敷的装饰,然后我觉得比较适合我读,我就读了这一句。

师:把那个"然后"换一换。

生:我负责读的是……

师:很好。

生:接下来就是他读,因为这句话是大家见了罗敷的样子,所以我觉得比较适合他读。最后一句我觉得要……

师:为什么你觉得那两句适合他读呢?

生:因为他读得很有感情,然后这一句正好要把感情读出来。

师:刚才那个"然后"是不用的,不需要,好吗?你讲话的时候,特别是讲长句子的时候,特别要——

生：注意。

师：对,好的,还有哪些小组想汇报的? 跟前两个小组分得不同的?

(生举手示意。)

师：(走向一组)这里有一个人数最少的小组,好的。(将话筒递向学生)

生：就是我们组是按照"开头——中间——结尾"这样一个顺序,然后开头是1、2,然后到……

师：停! 知道我为什么喊停吗?

生：说了个"然后"。

师：是。

生：到那个分号,再就是写……

师：说具体点,从哪里到哪里?

生：从"日出东南隅"到"采桑城南隅"那边。接下来罗敷的装扮是我读,因为我是个女孩子,所以我比较适合读。他读的是大家全都见到了罗敷之后做出的一些表情。这样分的话,因为我们组人数少,所以这样分比较合理。

师：噢,因为人少,所以这样分的话比较平均,比较合理,是吧? 刘老师有个小小的建议,就是这里,"罗敷善蚕桑,采桑东南隅"一句后面是什么标点符号?

生：分号。

师：那么你觉得在这里就把它切开,放在前面朗读合适吗?

生：不合适。

师：不合适吧? 往前挪好吗? (学生点头)我告诉你一个秘密,如果让我做大组长,我也会这样分,但是我分配的理由跟你不一样,那我这样分的理由是什么呢? 我们待会先读然后再猜。我知道有好多小组的同学都跃跃欲试想来展示,对不对? (学生点头)好,现在我们全班为一个大组,谁做组长? (学生指老师)带上我啊? (教师指自己)好,我也是其中的一员,好吗?

生齐：好的。

师：你们太善解人意了,我就想做组长。好,那我的分配的方式跟刚才那个小组是一样的。(教师指刚才的小组)我怎么分呢? 从"日出东南隅"一直到"自名为罗敷"我来读(教师指自己),从"罗敷善蚕桑"一直到"紫绮为上襦"请这两大组来读(教师指一、二大组),从"行者见罗敷"一直到最后请这两大组来读(教师指三、四大组),我们先来展示给听课的老师听,然后猜猜看刘老师为什么这么分。听清楚问题和要求了吗? (学生点头)好,开始。

(师生共读。)

师：真不错! 猜猜看呢,我为什么这样分组?

生：我觉得第一、二句很像一个总起,然后接下来让这边两组读是因为它描绘了那个罗敷的样子和在做的事情,然后我们……

师：罗敷的样子和她的装饰,嗯!

生：最后是我们读,因为我们……,然后……

师：然后去掉!

生：在说出自己做的事情。

师：你们听明白了吗? 他前两个理由说得都很明白,就最后一个他自己组的理由没讲清楚,是不是? 谁能够讲清楚? 他说刘老师读的第一句、第二句是个总起句,让这个人物出场,知道她叫什么名字是吧,她在什么地方,是不是? 嗯,下面他们两组读的呢(教师指一、二大组),他说就是描写描绘罗敷的样子、服装、装扮,对吧? 包括她手上的东西啊,是不是? (学生点头)好,那么这两大组读的是什么呢?(教师指三、四大组)谁来说?

生 1: 我觉得我们这两大组读的是其他人看见的罗敷,和他们看到的罗敷的反应。

师: 那种表现对吧? 那你觉得你们两大组读的这个内容是写罗敷的还是不是写罗敷的呢? 这问题很难。

生 1: 我觉得主要是写其他人的。

师: 是写其他人的,她说的对不对? 对! 是写其他人的。不错啊,写了行者,写了少年,写了耕者、锄者,都是写其他人的啊! 你有没有接着她的话再往下说的,再读读看,好像……你想到了什么?你说。

生 2: 就是可以从别人的行动和反应中来侧面烘托罗敷。

师: 他说的有没有道理? 已经想到这一层的人举手。(学生举手)很好,把手放下。你要相信,你给了他们很大的启发(教师指生 1),你自己也想明白了是吗? 刘老师是这样分的,(教师指一、二大组)你们读的那个地方是——

生齐: 正面写。

师: (教师指三、四大组)他们读的是——

生齐: 侧面写罗敷的。

师: 对啊! 你看,我们五(3)班的同学真的很会学习,也很会阅读,还很有那种感觉,刘老师要为你们点赞。非常好! 好,那你们是从哪些地方读出罗敷美的呢? 自己在小组里面再读一读,讨论讨论,说说看。

(学生四人小组讨论。)

三、"二读":想象细节、品味情境

师: 好,有的小组已经好了,谁来说说看呢? 你来说。

生: "行者见罗敷"到"但坐观罗敷"这几句体现了他们都忘记了自己要做的事情,反而去看罗敷。

师: 他们怎么了? 忘记干自己的活儿了? 为什么会忘记干活呢?

生: 因为他们看到罗敷很漂亮,被她的美吸引了。

师: 这个词用的真好。"吸引"迷住了,可以从这里读出罗敷的美。

师: 不是一点儿美啊,一个字"美"、两个字"真美"、三个字"非常美"。那从直接写的地方,能不能读出她的美呢? 也有,是吧。那就多了。你来说?

生: 我想说的是"罗敷喜蚕桑,采桑城南隅",这说出了罗敷很勤劳,会采桑。

师: 是的,在古代,采桑是一件比较辛苦的事儿。她会采桑,说明她勤劳美、心灵美、心灵手巧。好的,还有补充吗? 你来说。

生: 我想补充的是"青丝为笼系,桂枝为笼钩",这两句都体现了罗敷是一个心灵手巧的人。

师: 是的,她连劳作用的工具——那个篮子都很讲究。用黑色的丝线做什么? "青丝为笼系",用黑色的丝线系在篮子上,然后"桂枝为笼钩",也非常的讲究,是吧? 还有吗?

生: 我就是说"头上倭堕髻,耳中明月珠。缃绮为下裙,紫绮为上襦。"这句体现了她肢体、形态的美。

师: 是的。她的发型、她的服饰搭配都很美。来,请同学们选择一个括号来想一想、说一说。可以

说给小组的成员听。小组长注意,你的小组中每个成员都必须发言。听清楚了没有? 开始。

（出示:行者见罗敷,下担捋须,心想_____;

少年见罗敷,脱帽着帩头,心想_____。）

（学生小组内讨论。）

师: 好,谁来说。我们先看第一空。年长的人看见罗敷,放下担子、捋着胡须,他心里想什么?

生: 天下竟有如此美的女子。

师: 是啊。此女只应天上有,人间难得几回见。少年见罗敷,又是整理衣服、又是整理帽子的,他在心里想什么呢? 我来采访一位少年。你在想什么?

生: 罗敷这么漂亮,我一定要打扮下自己,好引起她的注意。

师: 咦,我想请问你,你今天早上出门的时候,你帽子没戴好、衣服没穿好吗?

师: 你们说,他有没有戴好、有没有穿好? 有同学在说"有"。好,请你的组员来补充。来,这位少年,你明明早上出门的时候,衣服穿得很好、帽子戴得很好,为什么见到罗敷的时候,又是整理帽子、又是整理衣服?

生: 因为这样更能引起她的注意。

师: 噢,有没有不同的想法? 对啊,我早上是穿戴的很好,可是看到罗敷的时候,我就?

生: 情不自禁。

师: 他说了,这是情不自禁的、下意识的动作,因为看到这个姑娘怎么样?

生: （齐答）太美了。

师: 是啊,太美了,耕田的人忘记耕田,锄地的人忘记锄地。想想看,他们会是什么样的神态? 什么样的表情? 什么样的动作? 你说。

生: 我觉得他们会瞠目结舌,手上的活儿都忘记做了。手上的农具都"咔哒"一声掉地上了。

师: 是的,有可能的,因为他已经呆了,忘记了身边的一切事物了。

生: 他还有可能眼睛直勾勾地盯着罗敷。

师: 这个词用得好。"直勾勾地"是什么样子?

（学生演示。）

师: 挺像的。好的,因为他已经完全被罗敷的美所吸引了。咦,同学们,还不只这些人呢! 还有砍柴的,我们称他为"樵夫",还有捕鱼的呢? 你能不能也用"耕者忘其犁,锄者忘其锄"这样的句式说说看? "樵者"什么呢? 大声一点,一起说。

生: （齐答）樵者忘其斧、渔者忘其网。

师: 嗯,有人说"渔者忘其网",有人说"渔者忘其鱼",我们也可以说"樵者忘其斧""樵者忘其柴",都可以吧? 太好了,读到这个地方,你们有种什么样的冲动? 现在特别特别想做一件什么事儿? 特别想干什么?

生: （齐答）见到罗敷。

四、巧设对比,渗透方法

师: 见到罗敷? （展示多位古代美女图片）从这些照片中,你们来说说,谁是你心目中的罗敷? 可以这样说,第一排第一个,第二排第一个这样,选好了没有? 谁来说?

生: 我觉得第一排第一个最美。为什么呢? 因为他们说,女子回头一笑是最漂亮的。

师: 回眸一笑百媚生。这是你心中的想法。好。第一排第一个已经被选了,你选哪一个呢?

生：我觉得是第二排的第三个。

师：好的，还有谁有其他想法？你说。

生：我觉得是第一排第四个。

师：好的。还有谁有其他想法？来，同学，不要不好意思。

生：我觉得是第二排第四个。

师：好的，你喜欢忧郁型的。好，你来说。

生：我觉得是最后一个。

师：你也喜欢带点忧郁的。谁还有其他想法。

生：我喜欢第一排第二个。

师：你看，我们同学选择的都不一样。为什么会出现这样的情况呢？大家想一想，我们根据什么来选的？根据诗歌是吧？可是，刘老师可能一个都不选，为什么我们大家选的都不一样呢？刘老师在读了《陌上桑》这篇汉乐府古诗以后，我也有我心中的罗敷。我把她写下来了。（出示续作）和原文一样的部分我就不读了，我把我写的读给大家听："脸若鹅卵玉，眉如弯月钩。眼明似星子，浅笑双酒窝。束手兰指翘，腰若……"哇！都不给我一点掌声吗？写得挺好的吧，挺美的吧。有人说，如果让我从那些图片中选一个，我会一个都不选。那8个都没有酒窝，可是我心中的形象是有酒窝的。同学们不要盲目地崇拜我啊，冷静地想一想，你觉得刘老师写的这个和原文相比，你更欣赏哪一种写法？为什么呢？要联系我们刚才提的问题：为什么大家选的都不一样呢？也许有人一个都不选，也许全选了。这是为什么呢？

生：我选第二种。因为第二种，既有……

师：就是原文，是吧？

生：嗯。因为第二种既有描写罗敷自己的，也有描写其他人的。通过对其他人的侧面描写，更可以体现罗敷的美。

师：还有谁想说，可能意思差不多，但是表达方式不一样。

生：侧面描写提供给我们想象的空间，让我们可以更充分地想象，看别人会做什么。

师：非常好，你同意他的观点吗？同意就把手放下来。是的，这是侧面描写的妙用，它提供给我们想象的空间更大。你看，罗敷这么美，是我们古代美女的代表之一。当然，她的美不仅表现在外表美，还表现在她的心灵美，她的智慧之美。那么在《陌上桑》的后半段，会有更精彩的介绍，想一睹为快的同学，可以回到家百度《陌上桑》全文。我们到了初中以后还会学这首诗。那你知道我国古代还有哪四大典型的美女吗？四大美女报上名来。（出示图片）

生：（齐答）西施、貂蝉、王昭君、杨贵妃。

师：知道她们的典故吗？（出示：西施浣纱、貂蝉拜月、昭君出塞、贵妃醉酒）这是与她们相关的典故。这四幅画是一位现代画家画的。在历史的经典作品当中，直接描写这四大美女的外貌细节的文字非常少。那么后辈的画家基本上都是根据什么来画的呢？有两个从侧面烘托四大美女的成语，让他们的千年之美永不败落。知道是哪两个成语吗？（学生齐答："沉鱼落雁""闭月羞花"）那鱼儿看到她太美了，忘记了游泳，烘托的是谁啊？西施。那大雁看到她太美了，忘记了飞翔，落在了马蹄之下，侧面烘托得是？王昭君之美。那月亮觉得自己无法媲美她的美，扯了一块云遮住了自己的脸，侧面烘托的是貂蝉之美。那花朵害羞地闭上花蕾，因为无法与她相比美，侧面烘托的是杨玉环之美。你看，有十个画家就会有多少个西施？十个。有一千个画家，就会有一千个昭君。有多少画家，就会有多少貂蝉和杨贵妃。但是,无论他们怎么画,都有一个共同点,那就是?

生:(齐答)美!

师:你看,这就是侧面烘托的妙用。所以,用侧面描写和正面描写相结合的手法来写是非常有意思的事情。看一下课后作业——"请用侧面烘托的方法,表现一位你熟悉的亲人"。今天这堂课我们就上到这儿。(快步走到"一读"环节未过关的小组面前)最后我想请问下这组的组长,现在你们这组的成员能不能把这首诗读好?

生:可以。

师:你们三个呢?

生:可以。

师:想展示一下吗?(学生低头)课后展示?也是可以的。你们三个都已经能完全读准确,而且能读好了,是吗?(学生点头)好,恭喜你们过关,那么这堂课我们就上到这儿,下课。

感悟分享

《义务教育语文课程标准(2011年版)》指出:学生是学习的主体。语文课程必须根据学生身心发展和语文学习的特点,爱护学生的好奇心、求知欲,鼓励学生自主阅读、自由表达,充分激发他们的问题意识和进取精神。在2016年9月份国家正式发布的《中国学生发展核心素养》总体框架中,"学会学习"被正式确立为六大核心素养之一。由此可见,引导学生学会学习,努力构建以学为中心的课堂正成为时代的必然选择。但令人遗憾的是,现实中的语文课堂,教师满堂讲、满堂问的现象依然没有得到根本改观,教为中心依然是课堂教学的主流。究竟如何引导学生学习也困扰着不少语文教师。

本课的教学中,教师能紧扣教材特点,紧密结合学情,充分依托文本语言,引导学生在层层阅读对话中体会文本动人的形象,品味传神的语言表达。课堂简而深刻,充满韵味。在转变学习方式,精心构建以学为中心的新型语文课堂,积极培育学生审美情趣。

一、紧扣文体,先学后导——感知美

学为中心的课堂首要的就是强化学生的自主意识。这是整个学习方式的核心。它的主要表现有三:自动——学生能自觉自愿地学习;自主——学生能进行独立思考,解决问题;自我实现——学生能学有收获,体验成功。这就要正确处理好学和导的关系,真正把学放在突出的位置。教师主要采用紧扣文体、先学后导的策略,引导学生自行与文本对话,读准字音,读懂意思。

古诗教学一向是小学阅读教学中的难点,文本与学生的时空距离遥远,古今语言形式迥异,但对五年级的学生来说,他们已有一定的学习古诗的基础,教师结合学情课始就大胆放手,充分相信学生。

课堂教学的导入开门见山,指句清晰,文体意识鲜明。联系背景是学诗的基本方法,教师要求学生将与诗歌有关的基本信息快速速记忆,特别强调"用最快的速度记住最多的信息",并通过引读的方式帮助学生复习巩固,培养了学生收集处理信息的能力。接下来教师组织自主学习,初读诗歌,读书要求简洁明确,且强化了小组合作学习,学生能文白对照进行学习。当学生误把自主朗读当成了齐读之时,教师及时指点:自由地去读,更能够把生字读准确。否则,很容易把难读的字忽略掉。在这里,教师先学后导的理念体现得非常透彻。通过与文本的初次相遇,学生对罗敷的美也有了初步的感知,为下面的深入体悟奠定了基础。

二、有效合作,多学少导——体悟美

课改实施以来,小组合作学习经历了曲折的历程,从争相效仿到低迷遇冷又到渐渐回归,充分说明了人们"想说爱你不容易"的复杂心态。在日常课堂中,流于形式、浅尝辄止的"假合作"依然大行其道,陷入一种"常态尴尬"。著名特级教师姜树华提出:基于核心素养生长的课堂学习变革要重视合作力的生长。其旨归就在于真正拓展学生的学习时空,提高小组合作学习的有效性,让多学少导成为现实。

这节课的有效合作可以作为范例。整节课中,教师把小组合作学习作为基本的学习方式,贯穿全课始终。多次精心组织,巧妙安排,特色显著,成效明显。第一次组织合作学习,围绕"读准"的目标,重在树立学生的合作意识,告诉学生,小组合作就是要互帮互学;第二次合作学习,围绕"读懂"的目标,重在点拨学习的方法,顺应学生个性,不强求一律;第三次合作学习,围绕"读出理解"的目标,让学生设计朗读分工并自行朗读,重在以读促悟;第四次合作学习别开生面,教师独创性地把全班看作一个大组,自任组长,师生共同学习,深化对文本的体悟;第五次合作学习围绕话题自主讨论,想象体验,展开深度学习。这些合作学习不仅充分,与传统课堂有别,而且目标明确,层层推进。

同时,教师组织的合作学习,还表现出以下的特点:(1)重视良好合作氛围的创设。教师真正确立民主、平等的观念,尊重、呵护学生。如在第一次合作学习中,教师请组长先举手,真情鼓励:"谢谢你们,你们都是老师的助手,是同学们的好伙伴。"在第三次合作学习中,教师甘愿自任组长,成为学习共同体中的一员。教师的语言贴近学生,"老师有个小小的建议""我告诉你一个小秘密""好吗"……诸如此类的语言让合作的氛围变得和谐融洽。(2)重视收集捕捉合作学习过程中的动态学情。合作学习的过程也具有很强的生成性,教师需要随时关注,给予合适的应对。这体现了教师"导"的作用。在第一次合作学习后,教师组织即时反馈,检查每个小组的自读通过情况。第二次合作学习中,教师在巡视过程中了解学生理解诗意的方法,及时反馈,引导学生选择适合自己的方法。(3)重视保障学生的参与率,让每个学生真正"动"起来。首先注意明确分工,组长和组员各司其职,做到人人有要求、人人有任务。在第一次合作学习中,教师让组长和组员进行自读互查,第三次合作学习中,学生分工朗读,在读中体悟。其次教师注意全程关注,一方面一组一组细心观察,不放弃任何一组,同时还则强调"小组的每个成员都必须发言"。(4)重视把握每次小组合作学习与互动交流的节奏,学导结合,张弛有度。以上这些举措使合作学习的有效性得到真正体现,罗敷这一人物的形象之美也在互学互帮中越来越清晰,越来越具体生动。

三、巧设话题,顺学而导——品赏美

著名特级教师魏星的一段论述说得好:"提升儿童活动的品质,教师就应以最主要的问题拉动最丰富的感悟空间。一堂课设置的问题或项目不要多,要找到最佳的'生长点',给学生充分的语言空间、情感空间和智慧空间。"这"最主要的问题"在阅读中其实表现为核心话题,它是文本研读的关键点,也是最能激发学生探究兴趣的话题,在文本体悟方面具有让学生共同参与、广泛交流的凝聚力。核心话题的设计为学生个性化的学打开了方便之门,同时也为教师灵动的导带来了机遇与挑战。

如何设计话题,顺学而导成了新时期考验教师教学智慧的重要试金石,也是以学为中心的课堂的主要标志之一。这节课的教学中,教师能努力寻找最佳契机,设置核心话题,引导学生向"青草更深处漫溯"。《陌上桑》选段最把重点放在品味鉴赏罗敷之美上,以此设计核心话题。教师的话题设计很有波澜。教师在指导学生分工朗读课文之后,先提出一个话题:猜猜老师为什么按照"开头——中间——结尾"这样分工朗读?让学生讨论理由,这掀起了课堂的一个小高潮。教师敏锐捕捉到学生在交流中句子组织重复啰唆的语病,适时纠错、及时引导。学生在充分的陈述中,思维和语言的表达能力得到了有力提升。小试牛刀之后,教师引出核心话题:你从哪些地方读出了罗敷的美呢?在小组讨论后,放手让学生交流。教师的引导主要体现在:(1)始终把准学习的航向,让学生聚焦品赏罗敷之美;(2)在学生体会不到位的地方给予点拨,如想象体验"少年见罗敷,脱帽著帩头"的情景等;(3)注重表扬激励,不时鼓励学生:"老师要为你们点赞。""这个词用的真好!"在教师的巧妙引导下,学生的学习热情被唤醒,思维活跃,呈现多向多元的特点,个性得到张扬,罗敷的美也鲜明立体地印在了学生的头脑中。

四、比较拓展,延学设导——升华美

学生的学应该是全息学习。所谓全息学习,就是"基于学生的学习,关注人的完整性、内容的全面性和学习的全程性。"(金一民语)学为中心的课堂,学生学习的内容应由课内延伸到课外,学习应指向培养"全人",即聚焦儿童完整的人格建构。针对《陌上桑》这首千百年来流传的经典名篇,在引导学生体悟的过程中,除了生长学习力,生长审美力也是恰当的选择。教师在课末进行了两度拓展,让学生加深对美的体验,升华了美的享受。第一次在展示照片让学生选择心中的罗敷时,把自己改写的描写美姑的句子与课文进行比较,第二次又出示现代画家笔下的古代四大美女图,引导学生再次比较品味,强化对侧面描写这种技法的感受。教师把文本、文学、文化巧妙糅合,让学生充分领略到经典和艺术的魅力,结尾可谓意韵深远。

这节课很好地凸显了以学为中心的理念,课堂上先学后导、多学少导、顺学而导、延学设导,大胆迈开了学的步伐,有力唱响了美的旋律,为我们展示了语文课堂美丽而独特的风景。

名师示例四　伯牙绝弦

伯牙绝①弦

伯牙善鼓②琴,钟子期善听。伯牙鼓琴,志在高山③,钟子期曰:"善哉(zāi)④,峨峨⑤兮(xī)⑥若泰山!"志在流水,钟子期曰:"善哉,洋洋⑦兮若江河!"伯牙所念,钟子期必得之。子期死,伯牙谓世再无知音,乃破琴绝弦,终身不复鼓。

> ①绝:断绝。②鼓:弹。③志在高山:心里想到高山。④哉:语气词,表示感叹。⑤峨峨:高。⑥兮:语气词,相当于"啊"。⑦洋洋:广大。

《伯牙绝弦》教学设计(六年级)

特级教师:吴建英

教学目标

1. 正确、流利、有感情地朗读课文,初步感受文言文的特点,培养学习文言文的兴趣。

2. 通过借助注释等方法理解重点词句的意思，了解课文大意。

3. 通过朗读感悟、情境体验等方式感受伯牙和钟子期之间高山流水般的知音深情。

教学准备

多媒体课件。

课时安排

一课时。

教学流程

一、谈话激趣，认识文言，揭示课题

1. 假如你的朋友从远方而来，你的心情感到如何？

2. 这让我们想起了人们常说的一句话，哪一句？

3. 像这样的语言，谁还能说一两句给大家听听？

4. 文言文又称为古文，记载了中华古国几千年灿烂的文明。中华民族的悠久文化得以传承，文言文功不可没。（板书课题，指导写"弦"，指名读题）

5. "绝"是什么意思？你是怎么知道的？

6. 借助注释或工具书，是学习古文的一个重要方法。"绝弦"是什么意思？

7. 表面的意思是"割断琴弦"，实际上是说不再弹琴了。一起读课题。

二、初读感知，了解古文，读出古韵

1. 文言文给你留下了什么感觉？

2. 学好文言文，贵在诵读。（师配乐诵读）

3. 请再读读，注意：读准字音，读通句子，尤其要读出词句内部的停顿。

4. 指名读，指导。

5. 读古文不仅要读正确、流利，还要读出古文的节奏和韵味！（齐读）

6. （分别出示：无标点课文、竖排课文、繁体字课文）指名读。

7. 竖排、繁体字是古代文化的一种表达方式。刚才我们只是体验了古人的读书方式，要真正读进去，还得用心细细地品味语言的魅力。

三、斟字酌句，吟读咀嚼，感悟知音

（一）知音相遇，心欢喜

1. 伯牙和子期之间是什么关系？你能用文中的一个词来说吗？

2. 是什么让他们成为知音的？

3. （出示：伯牙善鼓琴，钟子期善听。）注意读好两个"善"字。（指名读）

4. 从哪儿看出来伯牙善鼓琴，钟子期善听？请默读课文，找到相关语句，用横线画出来。

5. 交流。（出示：伯牙鼓琴，志在高山，钟子期曰："善哉，峨峨兮若泰山！"志在流水，钟子期曰："善哉，洋洋兮若江河！"伯牙所念，钟子期必得之。）

6. 这个"善"字在文章中出现了四次，每一次出现都是一样的解释吗？"善哉"是什么意思？

7. 用自己的话说说这几句文言文的意思。

8.（播"高山流水"片段）善听的子期,你的眼前仿佛看到了怎样的泰山,怎样的流水呢?（指名读、齐读）

9.伯牙作为音乐家,他的琴声一定不只表现了高山流水,除了峨峨泰山、洋洋江河,伯牙的琴声还会表现什么呢? 请展开你们的想象。

10.他的琴声除了峨峨泰山、洋洋江河,还有——（出示词语,齐读）

11.现在你们就是钟子期,当伯牙鼓琴志在清风,你怎么赞叹?

12.（出示:伯牙所念,钟子期必得之。）齐读。

（二）知音难觅,倍珍惜

1.（出示:《伯牙鼓琴图》。）其实,伯牙和子期的这次相遇只是偶然的,读读屏幕上的字,你会有更多的了解。

2.面对如此善听的子期,面对如此难得的知音,伯牙心情如何? 你就是伯牙,你最想说什么呢?

3.指名读、齐读。

（三）知音离世,心悲痛

1.据记载,这次相遇,伯牙、子期洒泪惜别,相约第二年的八月十六再相会。无奈世事难料,夏去秋来,当伯牙赶到楚国,子期不幸染病身亡! 伯牙知道子期的死讯后,五内崩裂,泪如泉涌,他在墓前这样哀悼子期（播放录音）。

2.伯牙绝弦,他在向世人宣告什么?

3.（出示:子期死,伯牙谓世再无知音,乃破琴绝弦,终身不复鼓。）指名读、齐读。

四、诵读全文,回味知音,推荐阅读

1.学到这儿,你对知音一定又有了新的理解和感悟,拿起笔,写下来。

2.交流。

3.配乐齐读。

4.文言文是古代的经典,展示的是古人的文化、古典的情怀,值得我们用一生的时间去阅读,去领悟,让我们也能成为古人的知音。

《伯牙绝弦》课堂实录
吴建英

一、课前谈话,认识文言,揭示课题

师:同学们,你们知道坐在后面听课的老师来自哪儿吗?

生:河南焦作。

师:是呀,老师是从河南焦作大老远地来到我们东洲小学,来听同学们的课。他们来到东小,就是我们东小的朋友,就是同学们的朋友了。有朋友从远方而来,你的心情感到如何?

生:高兴、激动……

师:有朋友从遥远的地方来,心情格外高兴,这让我们想起了人们常说的一句话,哪一句?

生：有朋自远方来,不亦乐乎?

师：真好!"有朋自远方来,不亦乐乎?"这是千古流传的古代名句。像这样的语言,谁还能说一两句给大家听听?

生：有志者,事竟成。

师：吴老师还曾经把这句名句作为座右铭呢!

生：三人行,必有我师焉。

师：这句名句大家耳熟能详。

生：近朱者赤,近墨者黑。

生：己所不欲,勿施于人。

师：同学们积累得真多!刚才大家所说的语言,我们称为文言,用这样的语言写成的文章叫做文言文(板书:文言文)。文言文又称为古文,记载了中华古国几千年灿烂的文明,中华民族的悠久文化得以传承,文言文功不可没。今天,我们就来学习一篇文言文——(板书:伯牙绝弦)。这个"弦"是"弓"字旁,右边是一个"玄",这是一个形声字。谁来读题?(指名读)

师：清晰响亮,字正腔圆。"绝"是什么意思?

生：断绝。

师：你是怎么知道的?

生：看注释。

师：借助注释或工具书,这是我们学习古文的一个重要方法。那"绝弦"是什么意思呢?

生：割断琴弦。

师：表面的意思是"割断琴弦",其实指——

生：(齐)不再弹琴了。

师：学习古文要学会变通,要把它变成了我们现在能够理解的表达方式。好,请一起读课题。

生：伯牙绝弦。

二、初读感知,了解古文,读出古韵

师：这是我们学习的第一篇文言文。课前同学们读了文章了吗?它给你留下了什么感觉?

生：感觉有点难懂、深奥。

师：和吴老师初学古文时感觉一样。

生：语言挺简练的。

师：这篇古文,给我们讲了一个故事,作者用了几句话?数数。

生：五句。

师：只用五句话,就讲了一个故事。语言的确很简练。

生：我发现有些句子是对仗的。

师：你有一双慧眼,还关注到了语言形式,真会读书!

生：我感到古文的含义挺深刻的。

师：是呀,值得我们好好去品悟。古人说,书读百遍,其义自现。要学好文言文,贵在诵读。同学们觉得读起来有点难度,这样,吴老师先来读,如何?(师配乐诵读)

师：现在请同学们也来读读,注意读准字音,读通句子,尤其要读出词句内部的停顿。(学生自由读)

师：谁来读？（指名读）

师：真是让我叹为观止，第一次就如此正确通顺，特别是两个语气词都读准了，我们一起读——（齐读）"哉""兮"。在读文言文的时候，语气词后面延长，停顿一下，一咏三叹，就有音乐美了，谁来读读这两句？（出示）

生：善哉，峨峨兮若泰山！善哉，洋洋兮若江河！

师：了不起，这样一读，古文特有的味道就出来了！一起读。（齐读）

师：除了语气词的停顿，其他词句间的停顿也得注意。老师发现，同学们在读最后一句时感到有一定难度。

（出示：子期死，伯牙/谓/世/再无知音，乃/破琴/绝弦，终身/不复鼓。）

师：谁来读？大家听他是怎么停顿的。（指名读）

师：你在用心体会停顿。这一句的"谓"是什么意思？

生：认为，觉得。

师："伯牙谓世再无知音"呢？

生：伯牙觉得世上再也没有知音了。

师：只有准确理解文言文的意思，才能读好停顿。好，现在请你做小先生带大家读好这一句。（生读）

师：同学们，读古文不仅要读正确读流利，还要读出古文的节奏和韵味！我们把这篇古文连起来读读。慢一些，注意把握。（齐读）

师：抑扬顿挫，古味十足！现在，吴老师要加大难度了。（出示无标点课文）发现了没有，跟课文有一点点不同，是什么？

生：（齐）没有标点。

师：古代的文章是没有标点的，到汉代才出现了能使文言文停顿的"句逗"。凭刚才读的印象，谁再来读读？（指名读）

师：好！充满韵味！请大家再看——（出示竖排课文）又有什么不同？

生：（齐）是竖排的。

师：怎么读？谁来试试？（指名读）

师：真厉害！古代文章，都是竖排，要从右到左读。我们越来越接近古人的读书方式了，请大家再看——（出示：繁体字课文）这次难度更大了，咱们一起读。（齐读）

师：是不是很有意思？同学们，竖排、繁体字只不过是一种古代文化的表达方式。刚才我们只是体验了古人的读书方式，要真正读进去，还得用心细细地品味语言的魅力。

三、斟字酌句，吟读咀嚼，感悟知音

（一）知音相遇，心欢喜

师：刚才读了几遍，咱们知道这个故事讲了两个人物，一个是——（齐）俞伯牙，我们叫他伯牙（板书：伯牙）；一个是——（齐）钟子期，咱们叫他子期（板书：子期）。伯牙和子期之间是什么关系？你能用文中的一个词来说吗？

生：他俩是知音。

（板书：知音）

师：是什么让他们走到了一起，成为知音的？

生：是音乐、是古琴。

（板书：琴）

师：伯牙擅长的是——（齐）弹琴，钟子期擅长的是——（齐）听琴。文中哪句话是这个意思？

生：伯牙善鼓琴，钟子期善听。（出示）

师：注意读好两个"善"字，再读！（指名读）

师：千里知音一"琴"牵，爱好相同是伯牙和子期成为知音的基础。从哪儿看出来伯牙善鼓琴，钟子期善听？请同学们默读课文，找到相关语句，勾画下来。

师：（出示）真好！有没有注意这个"善"字在文章中出现了几次？

生：四次。

师：每一次出现都是一样的解释吗？

生：前两个"善"是擅长的意思，后两个"善"是好的意思。

师：文言文中，同一个字经常表示不同的意思。"善哉"是什么意思？

生：好啊！

师："善哉"是表示赞叹，我们变通一下，除了"好啊"这一种方式，我们还可以怎么说？

生：妙啊！/高啊！/棒啊！/了不起啊！

师：谁能用自己的话说说这几句文言文的意思？先自己尝试着说说，说的别忘了借助下面的注释。（先练习再指名说）

生：伯牙弹琴时，心里想到高山，钟子期说，"好啊，我仿佛看见一座巍峨峻拔的泰山屹立在我眼前！"伯牙心里想到流水，钟子期说，"好啊，我仿佛看见了奔腾不息的江河！"俞伯牙心里想的，钟子期一定能知道他的心意。

师：你理解得非常棒！我也忍不住要对你说一声"善哉"！据记载，当年的伯牙焚一炉香，席地坐于瑶琴之前，他弹得忘情、投入。现在你们就是子期，就站在琴旁，用心来聆听伯牙的琴声吧！……（播《高山流水》片段）善听的子期，你的眼前仿佛看到了怎样的泰山，怎样的流水呢？

生：我仿佛看到了挺拔险峻、高耸入云的泰山，滔滔的江河一泻千里。

生：我仿佛看到了高不可攀的泰山，白云在山间萦绕。江河波澜壮阔，奔腾不息。

生：我仿佛看到了气势雄伟的泰山，惊涛骇浪咆哮奔腾，让人心惊胆战。

师：你看，那么多画面仅用一个"峨峨兮""洋洋兮"表达出来。古人写话就是简练。钟子期听了，是怎样赞美的？谁来读？

生：善哉，峨峨兮若泰山！善哉，洋洋兮若江河！

师：你的朗读铿锵有力、激情满怀。那是由衷的赞叹啊！

生：善哉，峨峨兮若泰山！善哉，洋洋兮若江河！

师："峨峨"读得高昂、激越，读出了气势。真是真心诚意的赞美呀！

生：善哉，峨峨兮若泰山！善哉，洋洋兮若江河！

师：我听出了那是发自肺腑的赞美哪！一个句子连用两个语气词，那是多么强烈的感受啊！我们一起赞叹！

师：听着琴声，我们仿佛看到了气势雄伟的泰山，广阔无边的江河。于是，脱口而出——

生：（齐）善哉，峨峨兮若泰山！善哉，洋洋兮若江河！

师：我们仿佛看到了高不可攀的泰山，浩瀚奔腾的大江。于是，满心赞叹——

生：（齐）善哉，峨峨兮若泰山！善哉，洋洋兮若江河！

师：我们仿佛看到了高耸入云的泰山，一泻千里的江河。于是，激情满怀——

生：（齐）善哉，峨峨兮若泰山！善哉，洋洋兮若江河！

师：同学们，我们刚才听的琴声，就是《高山流水》的片段。伯牙善鼓琴，我想，作为一个有名的音乐家，他的琴声一定不只表现了高山流水，除了峨峨泰山、洋洋江河，伯牙的琴声还会表现什么呢？或许是自然风光，或许是四季风景……请充分展开你们的想象！

生：还会表现春天繁花似锦、鸟语花香的景象。

生：春雨绵绵、诗情画意般的景象。

生：冬天雪花纷飞、白雪皑皑的景象。

生：春天杨柳依依，鸟在枝头歌唱的景象。

生：秋高气爽、落叶满地的景象。

师：是呀，作为一个善鼓琴的人，他的琴声除了峨峨泰山、洋洋江河，还有——

生：（齐读）徐徐清风、依依杨柳、袅袅炊烟、潺潺流水、潇潇春雨、皑皑白雪、蒙蒙云雾、滚滚波涛、粼粼波光、缕缕霞光。

师：现在你们就是钟子期，当伯牙鼓琴志在清风，于是你怎么赞叹？

生：（齐读）善哉，徐徐乎若清风！

师：真是一个善听的子期！（出示：伯牙鼓琴，志在_____，钟子期曰："善哉_____，兮若_____！"）请先自己练说。

生：伯牙鼓琴，志在杨柳，钟子期曰："善哉，依依兮若杨柳！"

生：伯牙鼓琴，志在流水，钟子期曰："善哉，潺潺兮若流水！"

生：伯牙鼓琴，志在春雨，钟子期曰："善哉，潇潇乎若春雨！"

生：伯牙鼓琴，志在白雪，钟子期曰："善哉，皑皑乎若白雪！"

师：是呀，不管伯牙弹什么，子期都能听懂。不管伯牙心里想到什么（板书：心），钟子期都能准确地道出他的心意。这就是——（出示）

生：（齐读）伯牙所念，钟子期必得之。

师：这就是心意相通、心有灵犀的——（生齐说）知音！

（二）知音难觅，倍珍惜

师：（出示）请大家看，这幅画就是——"伯牙鼓琴图"。图中这位入神弹琴，一身长袍的达官贵人，他就是晋国的上大夫——伯牙；这位凝神听琴，头戴斗笠，两截布衫，他就是楚国的一个打柴的樵夫——钟子期。同学们，其实伯牙和子期的这次相遇只是偶然的，读读屏幕上的字，你会有更多的了解。

（出示：伯牙是楚国著名的宫廷乐师，名满天下，被称为"琴仙"。虽听者众多，但他却始终觉得无人能真正听懂他的琴声。所以独自一人来到山间排解孤独和寂寞。中秋之夜，伯牙泊船在山崖下抚琴一曲，在山间砍柴的钟子期被其琴声所引，来到了船上。令伯牙万万没有想到的是，钟子期，一个山野村夫，竟如此懂得他的琴声……）

师：面对如此善听的子期，面对如此难得的知音，伯牙心情如何？

生：高兴不已！／兴奋！／欣喜若狂！／激动不已。

师：此时，你就是伯牙，你最想说什么呢？

生：子期，你真可谓是我的知音啊，只有你能听懂我的琴声和心声。

生：我虽然是有名的乐师，可我内心的孤独谁人知晓？今日遇见你，实乃三生有幸。

师：是呀，知音是可遇不可求。

生：子期，我所念你必定能透过琴声参透，你真是谓世知音啊。

师：你真是走入伯牙内心去了。

生：子期，我弹什么，你都能听懂。真是知我者，乃钟子期也！

师：人生得一知己足矣。孤独的伯牙呀，多少年寻寻觅觅，他的琴声，他的心声，只有，也只有钟子期能懂，伯牙十分欣慰，因为终于有了一位真正的——知音。让我们再来感受这美妙的知音境界。一起读。

生：伯牙鼓琴，志在高山，钟子期曰："善哉，峨峨兮若泰山！"志在流水，钟子期曰："善哉，洋洋兮若江河！"伯牙所念，钟子期必得之。

（三）知音离世，心悲痛

师：据记载，这次相遇，伯牙、子期洒泪惜别，相约第二年的八月十六再相会。无奈世事难料，夏去秋来，当伯牙赶到楚国，子期不幸染病身亡！伯牙知道子期的死讯后，五内崩裂，泪如泉涌，他在墓前这样哀悼子期。（出示，播放录音。）

师：此时，如果你就是伯牙，满怀希望而来，等待你的却是一块冰冷的墓碑，一抔无情的黄土，你会是什么心情？

生：悲痛欲绝/痛不欲生。

师：在悲痛欲绝中，伯牙破琴绝弦。伯牙绝弦，他在向世人宣告什么？

生：我的知音已去，我弹琴又有什么意思啊！

师：你真是伯牙的知音啊！

生：没有了知音，就没有人能真正理解我了，我又要处在孤独之中了。

师：是呀，子期一死，俞伯牙又要回到以前那无人能理解的生活中去了，那一曲《高山流水》又弹给何人听？所以，伯牙悲痛欲绝，毅然决然地"破琴绝弦"，这是何等悲壮而又感人的行为！谁来读？（出示）

生：子期死，伯牙谓世再无知音，乃破琴绝弦，终身不复鼓。

师：破琴绝弦，心随琴碎，伯牙又要回到没有知音的孤独中去了，一起读。

四、诵读全文，回味知音，推荐阅读

师：正是这震撼人心的痛，才演绎出这凄美动人的"伯牙绝弦"。"伯牙绝弦"的故事成为了中华民族交友的千古楷模，"伯牙绝弦"成了知音的代名词。同学们，学到这儿，你对知音一定又有了新的理解和感悟，拿起你的笔，写下来。

（学生自由写，之后交流。）

生：所谓知音，就是心灵相通、心心相印的朋友。

生：知己、知心，才能称之为知音。

生：知音，没有贫贱富贵之分，只要心意相通，就是知音。

生：知音就是一颗心与另一颗心的碰撞，人生得一知己足矣。

师：同学们对知音的认识更加深刻了。知音文化已成为中华传统文化的一部分。同学们，让我们再一次诵读全文，再一次体会伯牙子期的知音之情。（配乐齐读）

师：同学们，今天我们第一次品读文言文，文言文是古代的经典，展示的是古人的文化、古典的情怀。文言文，能让我们成为古人的知音，所以值得我们用一生的时间去阅读，去领悟。

感悟分享

一、营造氛围，融入古文化磁场。小学生初学文言文，常觉深奥、难懂，这是因为年代的隔膜造成的。教学中，应营造浓厚的古文学习氛围，让学生融入古文化磁场，产生阅读古文的兴趣。教学中，出示《伯牙鼓琴图》，在古色古香的图画中介绍主人公；播放《高山流水》片段，在古音古韵中想象感悟；出示无标点课文、竖排课文、竖排繁体课文让学生诵读，在诵读中了解古代文化的表达方式，体验古人的读书方式。课堂中弥漫着浓浓的古味，彰显了古文教学的魅力。

二、多样朗读，体味古文本色。清代姚鼐等人提出"因声求气"之说，"声"就是文句的音韵、节奏美，"气"就是作者所表达的精神、气势。本课教学，以"读"为主，让学生在入情入境、入脑入心的多样朗读中，体味古文的风骨、意味和精气神。

范读——字正腔圆、抑扬顿挫、节奏分明、音韵优美的教师范读是激发学生学习兴趣，感受音韵之美的"见面礼"。自读——引导学生对照注释自我阅读，运用变通的方式说说古文意思，学生的自学能力不断增强。练读——尊重学情，搭建阶梯，朗读指导力求层次清晰，有实效：一是读音；二是结合理解正确停顿；三是结合内在情感，反复诵读，初步掌握文言断句、重读的规律，把握文言的语气、语速，形成文言语感。品读——引领学生在字里行间去品读，去感悟。如品味四个"善"字，找句子品悟"伯牙善鼓琴，钟子期善听"等，学生从中深切感受到了伯牙琴技的高超，子期对伯牙琴声的喜爱。

三、角色体验，与古人"心灵相通"。古人与今人虽相隔遥远，但对生活的感悟、情感的体验却是相通的。通过角色体验，可以穿越时空，促进学生对人物心理的揣摩，对人物情感的体验，从而变阅读课文为经历生活，变旁观者为当事者，变感悟人物情感为自我流露情感，实现与古人的"心灵相通"。如在教学"知音难觅，倍珍惜""知音离世，心悲痛"环节，让学生进入角色感同身受，与伯牙同喜同悲，学生更深入地感动于"知音"情感之美，产生共鸣，情知交融，领悟到了"知音"的美好境界。

四、积累仿作，感悟语言魅力。经典的文言文作品，大多行文简洁、气韵生动、文采斐然、蕴涵深厚。教学中，引导学生发现古文语言的内在"美丽"，让学生感知"言"，积累"言"，仿照"言"，创作"言"。本文从语句表达的方式来说，最具特色之处就是"善哉，峨峨兮若泰山。善哉，洋洋兮若江河。"教学中，对语言范式进行诵读、模仿、迁移、训练，由表及里，步步深入，从而达到感悟语义、积累语言、训练语言之目的。

五、拓展资源，复苏文本文化。文言文语言精炼，琅琅上口，易于诵读。也因为精炼，阻隔了学生对文本文化的深入感悟、理解。此时，通过文化资源的拓展链接，可以复苏文本文化。本文字里行间流淌着东方的文化品质——知音文化，如何将这种文化根植于学生心中？教学中，进行了三次文化资源的拓展链接：一拓，出示《伯牙鼓琴图》，介绍子期和伯牙的穿着、身份、地位，为深入理解"知音"作铺垫；二拓，"伯牙子期相遇"的情景，引导学生深入体会知音的相遇是心灵的交融；三拓，相约再见时，伯牙得闻子期去世消息的资料，深入理解"琴断音绝"是伯牙看待知音的境界。在此基础上，学生对"知音文化"的理解就水到渠成了。

拓展阅读

名师示例《清平乐·村居》《晓出净慈寺送林子方》

学有所得

认真学习了上面古诗、词以及小古文的教学设计,从下面几个角度写下你的体会:

1. 你认为古诗词、小古文教学最重要的策略有哪些?

_____

_____

_____

2. 选择这几篇教学设计中你认为最精彩的教学环节,请标注出来,并说说理由。

_____

_____

_____

3. 对照几位名师示例中教学设计和教学实录,从中找到课堂教学中生成的内容,细细体会教者是怎样在生成处把握教学,调整设计的。可以把你的所悟所得写下来。

_____

_____

_____

实践操练

请你从下面提供的三篇教材中选择其一写一篇教学设计。

冬夜读书示子聿(适用年级:五年级)

(宋)陆游

古人学问无遗力,少壮工夫老始成。

纸上得来终觉浅,绝知此事要躬行。

猫斗(适用年级:三年级)

黄白二猫,斗于屋上,呼呼而鸣,耸毛竖尾,四目对射,两不相下。久之,白猫稍退缩,黄猫奋起逐之,白猫走入室,不敢复出。

水调歌头
（宋）苏轼

明月几时有？把酒问青天。不知天上宫阙，今夕是何年？我欲乘风归去，惟恐琼楼玉宇，高处不胜寒。起舞弄清影，何似在人间？

转朱阁，低绮户，照无眠。不应有恨、何事长向别时圆？人有悲欢离合，月有阴晴圆缺，此事古难全。但愿人长久，千里共婵娟。

第六章 说明性文体（科普小品文）的教学设计

方法举隅

有老师说，说明文太容易教，不能见教师水平；也有老师说，说明文太难教，不容易出彩。说太容易教，是因为说明文结构清晰、语言简明、一说就明，学生一下就能读懂课文，没有嚼头，难以深化、升华；说太难教，是因为说明文缺少曲折的故事、动人的意境、优美的语言，无法煽情，玩不出花样。

以上两种偏见，其实源于同一个问题——没有认识说明文的个性特征，没有发现说明文的文体气质，没有弄清说明文的教学目标。于是，大多数老师在教学事物性说明文时，主要停留于了解课文传达的主要内容，因为内容太过简单，课堂容量不足，于是千方百计拓展关于该主题更多知识：教学《恐龙》，教室成了恐龙展览室，模型、图片竞相登场，课文成了引子、摆设；教学《埃及的金字塔》，让学生搜集大量相关知识阅读分享……事理性说明文也不甘示弱，如教学《人类的老师》一课，学生不学《人类的老师》这一"文"，而主要关注"仿生学"这一概念，即课文的"内容"，大量罗列除文中以外的生态学事例，课堂成了地地道道的常识"杂货店"，说明文教学成了"常识课"，而承载常识的语言及其表达方式，则被远远抛在一边。说明文教学抛弃了自己的家园，辛勤地在别人的土地上劳作。

怎样抓住说明文的独特个性，明确说明文在提高学生语文素养上的独特功用，瞄准说明文教学的准确定位，让说明文教学真正找到属于自己的家园？我们先来了解说明文（科普小品文）教学的几个注意点。

一、说明文教学，首先要让学生读懂说明的事物或事理。其教育价值在于：训练学生的信息筛选和加工的能力。学生在说明文阅读中的突出问题：不能准确理解和把握信息（文章最重要的信息，也就是事物的特征或原理）。学生缺乏准确提取文章信息的阅读技能。因此，说明文教学，首先要让学生读懂说明的事物或事理。有些教师教读这些课文时，喜欢在文学性语言上做文章、寻找教学点，但对于说明文来说，这是第二位的事情。有些教师认为说明文，主要给学生讲清楚说明文的种类、说明的方法、说明的顺序、说明的语言就可以了，至于课文的内容，学生通过自读是可以理解的。说明文教学如果过多地关注文本内容，就容易上成常识课科学课，忽视了语文教学的本原。

我们认为,对于任何文本来说,如果不能首先读懂它的内容,不能从内容中得到求知、愉情、启思的收获,那么探讨写作方法或表达技巧就成了无源之水、无本之木,"怎样写"的问题必须以"写了什么"为基础,即所谓"皮之不存,毛将焉附?"语文课当然不是科学课、常识课,但语文课的根本任务是训练学生通过语言文字读懂那些科学知识的能力。如果学生学完一篇说明文,对其中的科学知识仍是一知半解、稀里糊涂,就算知道了说明顺序、说明方法、语言特点,又怎能代表阅读能力的提高呢? 其实,对许多说明文而言,弄清说明顺序、说明方法,并不困难。比如作者常常非常清楚地用"首先""其次"等提示语,用段首设问句的方式,点明了写作思路;"举例子""引用"等说明方法,学生也很容易辨认。真正的教学重点和难点在于:文章介绍的那些科学事理,学生真的能读明白吗? 乃至所举的例子,究竟在说明什么,学生理解了吗?

二、说明文教学,要注意提高学生阅读科技文章的兴趣,间接培养科学精神(好奇、探索、求真、严谨……)。优秀的科普文章,对于激发青少年的科学兴趣和科技爱好,历来起着重要作用。我们之所以说"间接"培养科学精神,是因为:严格意义上的科学素养的训练,还是要靠理科来完成;语文课上阅读科技文章,只能通过语言文字本身的逻辑性,来感受作者思维的科学性。新课标也体现了这种精神:"阅读科技作品,注意领会作品中所体现的科学精神和科学思想方法"。那么,我们就要思考:科学精神与科学的思想方法,指什么? 有哪些具体内涵? 一般说来,有这样几个要点:注重观察、讲究实证、求真务实、敢于创新。

三、文学性语言的品读,要为理解科学知识服务。有些老师在教说明文时,喜欢在文学性语言上做文章,我们要提醒的是:这些文学性语言的阅读,必须服务于科学知识的理解。具体到每一处文学语言,都可以联系科学知识的说明效果来分析。

说明文教学,还要注意体会自然与科技中的人文内涵。介绍科学知识或自然现象的事理说明文,同样存在人文内涵。

了解这些,我们再来看看有哪些基本的方法。

一、对比品析。在小学阶段,学生接触较多的是抒情性文体,尤其是散文、小说等,尽管教材中说明文的内容占据着一定地位,但学生接触的仍然相对较少。教师在教学中可以采用比较法,在讲解说明文的时候,与其他内容相似的文章做比较,使学生在对比阅读中自主体味说明文的特征。例如,在讲解《太阳》一文时,与巴金的《海上日出》做对比。尽管在开始的时候学生还不能言明说明文有哪些特征,不能用专业术语来描述这种文体,但他们能在阅读中通过一系列数据的罗列、打比方与比喻的对比中,形成对说明文的第一印象,并且以自己的方式感受到不同文体的特征。随后在教师的讲解中,对学生进行点拨,使学生从专业的角度了解说明文的特征及具体运用。在小学语文教学中,文体概念模糊已经成为一个困扰教学发展的问题,比较法的运用能够在讲解说明文的同时帮助学生建立文体概念。

二、发现特点。在说明文教学中,教师最终还要落实到文本特点的教学,以教材为依托,讲解说明文的特点。在讲解说明文的过程中,教师要逐渐启发学生按照文章的行文逻辑进行思考,这是从说明文本身逻辑性强、结构严谨的特点出发的,在教学过程中,教师不仅要讲,还要让学生悟。例如,在讲解说明文的过程中,我会让学生将其中运用的一些说明方法进行标记,最终由教师进行总结,例如打比方、列数字、对比等方法,都是说明文常见的手法,同时也是能够标识说明文的方法。这个过程也是学生熟悉说明文的过程,学生对说明文的特征的把握,是一个阶段性的过程,不能一蹴而就,也需要练习。同时,教师可以让学生试着用打比方、列数字、对比等说明方法来进行说话练习。例如,在教学《长城》一课时,可以让学生像文中一样运用"列数字"的方法来介绍丽水紫金大桥的"长",从而对说明文有一个更直观的认识。

三、内容入手。在说明文讲解中,教师还要从内容入手引导学生的学习,说明文都是说明某一事物的形态、原理等内容,因此,教师在教学中可以从教材内容入手,对学生进行讲解。说明文中对事物的描述中陈述多于描写,以客观的语调进行描写。也就是说,通过说明文的阅读能够让学生了解一个事物是什么,而不是别人眼中的这个事物是什么。因此,教师可以以此入手,在学习一篇文章后,让学生合上课本再用自己的语言说出这个事物是什么。在这个过程中,学生能够逐渐熟悉说明文,并且产生初步地运用说明文的理念。值得注意的是,尽管说明文以严谨、朴实为文章特点,应用性远高于文学性,但其中对文字运用、篇章结构仍然有所要求,需要在学习中注意。

四、学练结合。进入小学中段,学生已经有了一定的写作能力,开始接触简单的写作,包括看图说话、记叙文等。在学习说明文的过程中,教师可以引导学生进行自主的描述练习,可以仅仅是一个段落让学生尝试描述。在课堂中,教师可以带来一些常见的事物,让学生进行描述,再对比学生的描述情况,寻找出彩之处。尽管对于小学阶段学生这个步骤有些难度,但教师可以逐步尝试。

说明文教学是小学语文中段教学中的重要内容,也是学生学习到一定阶段后需要掌握的基本知识。在教学中以教材为本,紧扣说明文特点,采取丰富的形式让学生了解、熟悉、适应说明文,这样才能切实完成教学工作。

名师示例一 变色龙

苏教版国标本第九册课文

变色龙

一天清早,大雾弥漫,我们正和几个中非工人在紧张地采摘四季豆。

"啊呀!"小李的叫声震惊了寂静的田野。大家以为他碰上了毒蛇,急忙赶了过去。

"什么事?"

"刚才我采豆荚时,手碰到冷冰冰的东西,一看是条'怪蛇',吓了一跳。"

"在哪里?"

大家在绿叶丛中找了一阵,没见到"怪蛇",以为是小李在开玩笑。

"在这里!"小李用手一指,豆藤上真的挂着一条绿莹莹的四脚小蛇,皮肤和豆叶一模一样,很难发现。这是条身长30厘米左右、似蛇非蛇的怪物。

"变色龙! 变色龙!"中非工人一看就叫了起来。

我细细端详着:这条变色龙全身翠绿。椭圆形的头上长着三角形的嘴,两眼凸起,凶相毕露。身躯呈长筒状,隆起的背部酷似龟背,腹部两侧长着四只短脚,尾巴尖细。尽管我们大声叫喊,对着它指手画脚,它却依然一动也不动。

"变色龙如此迟钝,如何捕捉食物呢?"

"你别看它可以连续几个小时挂在枝叶上一动也不动,但它是似睡非睡地窥探着,伺机捕捉昆虫。它的每只眼睛都能单独转来转去,分别观望四面八方的东西。当它的两只眼睛同时注视着前方时,就会产生一种立体感,准确地判断自己与昆虫之间的距离,用舌头捕获食物。"中非工人朋加沙绘声绘色地向我们介绍着。

这时,一只色彩缤纷的蝴蝶飞过来,离变色龙还有相当的距离,似睡非睡的变色龙,以迅雷不及掩耳之势,"刷"地伸出它那长得惊人的舌头——舌头的长度超过它身长的一倍,刹那间,那只彩蝶已被卷入它的口中,成为美餐。我们被它吓了一跳。

"变色龙真的会变色吗?"

"真的,不信,马上试试看。"朋加沙抓起变色龙,先把它放在香蕉叶上,它的皮肤变成了香蕉叶色。接着,又把变色龙放在棕色的泥土上,我们眼看着它慢慢地从绿色变为棕色。再把它放在水泥板上,又从棕色变为浅灰色。

变色龙,果然名副其实。

朋加沙告诉我们,变色龙数量不多,难得碰到。于是我们将它放回了原始森林。

作者刘梦熊。选作课文时文字有改动。

《变色龙》(第二课时)教学设计(五年级)

特级教师:姜树华

教学目标

1. 绘声绘色介绍变色龙,了解其外形及行为特点,活用文本语言。

2. 学习用"看""问""实验"等基本观察方式进行静态、动态观察。

3. 品读变色龙的名副其实,体会从多角度说明主要特点的文本魅力。

教学准备

多媒体课件。

课时安排

一课时。

教学流程

一、绘声绘色介绍变色龙的外形,学会"看"的观察方式

1. 简述图片,学生端详——简单描述。

2. 学会观察。(出示活动一)

> **读出作者的观察顺序。**
> 1. 默读第9自然段,用"_____"标出观察到的变色龙身体部位。
> 2. 组内交流作者的观察顺序,并讨论讨论作者这样观察的智慧。
> (人人交流,注意倾听,及时补充个人想法。)

自主学习——组内交流——班级汇报。(出示第9自然段)

小结:作者静静地观察,但不是一般的看(板书),按顺序。

3. 绘声绘色地讲。

> **练习介绍**
> 同座练习介绍变色龙。
> 要求:达到"绘声绘色"的状态。

想想办法,怎么才能介绍得绘声绘色!

同座练习介绍——指名讲——评价——再指名讲。

二、绘声绘色地朗读变色龙捕食和变色,学会"问""实验"等观察方式

1. 绘声绘色地朗读变色龙捕食和变色语段。

> **练习朗读**
> 组内自由结合,选择变色龙捕食或变色中的一个内容练习**朗读**。
> 要求:达到"绘声绘色"的状态。

继续想想办法,怎么才能读得绘声绘色!

2. 展示交流。(出示第10~12自然段)

比较: 它的每只眼睛都能转来转去,观望四面八方的东西。

它的每只眼睛都能**单独**转来转去,**分别**观望四面八方的东西。

体会: 迟钝与敏捷,"似睡非睡","迅雷不及掩耳之势"。(指导朗读)

小结: 作者对变色龙捕食这一动态观察时,除用了"看"的方式,还用了——(板书)问(听)

（出示第 13～14 自然段）

关注：先……接着……再……（出示，标红）。（出示变色图）

小结：像这样亲自动手也是一种观察方式，这样的方式就叫——实验（板书）。

实验练说：（出示）"我抓起变色龙，先把它……接着，又把它……再把它……"

3. 尝试多角度观察。

> **尝试观察**
>
> 　　生活中，我们经常会见到各种动物，如狗、猫、鸡、鸭、鹅……如果再让你好好观察它们，你会用上哪些方式？

（生静思——交流）

三、品读变色龙的名副其实，学会抓主要特点观察

1. 品读变色龙的名副其实。

> **读出变色龙的名副其实。**
>
> 　　1. 默读全文，画出文中能表现变色龙名副其实的词句。
>
> 　　2. 组内交流各自的发现，读读、品品相关词句。

2. 交流展示。

"找了一阵，没见到""皮肤和豆叶一模一样，很难发现。"

"尽管我们大声叫喊……它却依然一动也不动"（它很自信，别人不会发现）

"连续几个小时……一动不动""一只色彩缤纷的蝴蝶……"（例证变色龙隐蔽得好）

3. 引申"变色龙"，学会抓主要特点观察。

生活中，我们经常用变色龙来打比方，一般用在哪类人身上？

俄国大作家契诃夫笔下也曾出现"变色龙"角色，当然他是写的人具有变色龙特点的人！可以找来读读！

（结合板书）无论是在作家笔下，还是在我们日常中提及的像变色龙一样的人，我们都抓住了变色龙的主要特点——（变色），再读课题。

《变色龙》（第二课时）课堂实录
姜树华

一、绘声绘色介绍变色龙的外形，学会"看"的观察方式

1. 简述图片。

师：同学们，这节课我们继续学习课文——

生：（齐）变色龙。

师：从你们的声音里,老师就感觉到大家有点喜欢它了。这篇课文是按照事情先后的顺序写的,先写的是——

生：发现变色龙。

师：然后是——

生：端详变色龙。

师：最后写的是——

生：(齐)放回变色龙。

师：三部分中主要写的是——

生：(齐)端详变色龙。

(课件展示"变色龙"图)

师：这,就是我们一行人好不容易发现的变色龙。我们好好地端详一下。(师生静静观察)

师：谁来简单地说说观察到的特点。

生：它的眼睛很奇特。

师：嗯,说眼睛了。

生：这条变色龙全身翠绿,椭圆形的脸上长着三角形的嘴。

师：哦,她说了全身,还说了头。

生：长着四只短短的腿。

生：它隆起的背部酷似龟背。

师：嗯。要说别人没说过的部分。

生：它的尾巴又尖又细。

生：它的尾巴这么弯,可能是因为它在树上生活,然后它要用这尾巴卷住树干。

师：他在边观察边想,有意思!

2. 学会观察。

师：作者也仔细地端详了变色龙,看看他是怎么观察的。(出示)

读出作者的观察顺序

1. 默读第九自然段,用"____"标出观察到的变色龙的身体部位。

2. 组内交流作者的观察顺序,并讨论讨论作者这样观察的智慧。

(人人交流,注意倾听,及时补充各人想法。)

(生自主学习——小组合作学习——一组讨论特写)

小组长：谁先来说说?

生1：我发现了作者写了变色龙的全身、头上、嘴、两眼、身躯。

生2：我来补充。还写了背部、腹部、短脚、尾巴。

生3：他还写出了它的嘴是三角形的,眼睛是凸起的。

生4：我发现作者是按顺序写的,先写了全身,然后再按照从头到尾的顺序。

生5：我觉得作者按从上到下的顺序。

生6：我不同意你的观点,变色龙又不像我们人这样竖着长的,应该是从头到尾的顺序。

......

师：差不多了吧？哪一组的孩子来说说？（指生）如果他汇报不完整组内可以优先补充。

生：我发现它的头是椭圆形的。

师：这是在写"头上"，直接说部位——

生：嘴、两眼、身躯、背部、腹部、短脚、尾巴。

（师分别红色标注出这些词。）

师：我在等你们组有没有补充？

生：我来补充，还写了全身。

师：跟他们组找的一样的同学请举手。（绝大多数学生举手）不完整的赶紧补充一下。

师：接下来这样，老师想跟大家配合着读。老师读变色龙的身体部位，你们读特点。

（师生配合读。）

师：发现作者这样观察的智慧了？

生：作者是先写全身，再写各个部位。

师：先全身，再部位。也就是由整体到——

生：部分。

生：写部分的时候也是有顺序的：先写头，最后写尾。

师：同学们真会读书。原来作者不是一般地看（板书：看），他是先看变色龙的全身，然后再一部分一部分地看，对不对？部分中他又是先看头，最后到——（生：尾）他看得非常讲究啊（板书：顺序），只有按照了顺序，他才能够把变色龙完整地告诉我们。

师：好的。谁来读一下，让我们闭着眼睛都能感觉到作者的观察顺序。（指生读）

师：有点顺序了。但是顺序不够突出，不够明显。谁再读一读。

（再指生读，朗读较好。）

3. 绘声绘色地讲。

师：读书就要这样读。这种生动的介绍啊，光读还不够，我们还要能够讲出来。（出示）接下来同座的练习着介绍介绍变色龙，有一个要求那就是——

练习介绍

同座练习介绍变色龙。

要求：达到"绘声绘色"的状态。

> 想想办法，怎么才能介绍得绘声绘色！

生：绘声绘色。

师：第一课的时候，我们已经学过了这个词，看看大家有没有真懂这个词。"绘声绘色"地讲，应该是一种怎样的状态啊？

生：最好要配上动作。

师：噢，这叫比划。

生：加上神情。

生：讲得要非常投入。

生：要让别人觉得是真的。

师： 真好！都听到了吗？开始练着讲。

（生练讲）

师： 哪位同学来讲？（指生）不忙，这样，其他同学要看着她讲，因为这不是一般地讲。大家会不会看，她一讲完，我看大家的反应就知道啦！

（生讲）

生： 我觉得钱艳秋的面部表情可以再丰富一点。

师： 哪一句话，给她示范一下。

生： （生边读边表演）变色龙全身翠绿可以体现变色龙它很绿。

生： （生加动作）椭圆形的脸上长着三角形的嘴，手势可以放在这里。

师： 很好，有趣！

师： （对刚才的那位学生）是不是还想来讲一下？（生点头）

（生第二遍讲，讲得很精彩！）

4. 绘声绘色地读。

师： 给她掌声。真的很不错！把这种绘声绘色的感觉加进去读，要求更高了，谁再来？

（一生读，非常投入，情不自禁地掌声。）

师： 非常好，读书就要这样读，这就叫绘声绘色。

二、绘声绘色朗读地变色龙的捕食和变色，学会"问""实验"等观察方式

师： 我们继续往下走。（出示学习要求）

练习朗读

组内自由结合，选择变色龙捕食或变色中的一个内容练习朗读。

要求：达到"绘声绘色"的状态。

（继续想想办法，怎样才能读得绘声绘色！）

（小组学习，师组间巡视，指导。）

师： 我建议大家把课文放下，这样能更好绘声绘色地讲。

师： 读你选读的部分，不一定要读完整，绘声绘色的感觉很重要。

1. 展示交流捕食部分。（出示第10～12自然段）

师： 捕食部分谁来读？内容好多，可以选你想读的一部分。（生读）

师： 怎么样？要学会听同学怎么读书。

生： （对着一学生）你读得很好，就是语速太快了，应该放慢一点。

师： 示范一下！

生： （示范读，强调"相当"一词）"这时，一只色彩缤纷的蝴蝶飞过来，离变色龙还有相当的距离。"

师： 老师觉得有他几个词读得很有感觉——

生： 那个"吓了一跳"。

生： 她的那个"刷"读得很快，体现了变色龙捕食之快。

师： 哦，你看，他就在听。

生： "刹那间"读得很短促，觉得变色龙捕食的速度很快。

师： 停，这就是我们五(5)班同学出色的地方。会倾听别人读书。真好，继续——

（指生读，读完后学生纷纷举手。）

生： 丁子琪，我觉得你应该读得再快一点。

生： 我认为还没有达到"绘声绘色"的状态。

师： 哦，还差一点表现力是吧？但是，有两个词她读得确实很好，听出来了吗？

生： 写变色龙眼睛那句中的"单独"，她读得很强调。

师： 还有一个词是——

生：（齐）"分别"。

师： 其实有没有这两个词啊，句子意思真不样。同学们都来品品看。（出示，生比较读）

生： 加了"单独"能体现出变色龙的眼睛和平常的动物不一样之处。

生： 如果把"单独"和"分别"这两个词去掉，就突出不了变色龙的神奇了。

师： 孩子，奖励你来读，读出它的神奇。（生读）

师： 有没有听得出？所有同学都像他这样读——（生齐读）

师： 好，同学们，我们注意啊，作者在观察变色龙捕食这一部分，除了用了"看"这种方式，还用了一种方式——

生： 问。

师： 嗯，真正会观察的人不仅会看，还要动脑去——（板书）

生：（齐）问。

师： 问，是一种非常好的更深入观察的办法，要学作者。

2. 展示交流变色部分。（出示第13～14自然段）

师： 哪组来介绍变色龙的变色部分？（生读）

师： 读得很明白，尤其是那个顺序读得特别清楚。听出来了吗？（边说边标记："先""接着""再"）

师： 同学们，让我们都来见识一下变色龙的"变"。

（课件展示：变色龙不同环境下的变色，生情不自禁地惊叹着！）

师： 感觉怎样？

生： 变色龙十分神奇。

生： 变色龙有和其他动物鲜明的区别。

师： 好，把感受到的神奇放进去再读。（生读）

师： 这就叫"百闻不如一见"。你看，朋加沙他亲自抓着变色龙，放置于不同环境下让我们发现了它真的会变色。

师： 同学们，其实这也是一种观察方式。知道这是一种怎样的观察方式吗？

生： 实践。

生： 实验。

生： 体验。

师： 同学们真会体会。这种亲自动手去做就是我们说的"实验"（板书）。

师： 有一位科学家是这样说的，一起读——（生齐读——再读）

（出示）"一切推理都必须从观察与实验中得来！——伽利略"

师： 让我们都来实验一番。这样，你想象一下如果让你抓变色龙，你想把它先放在哪儿？接着？然后？它的肤色在怎么变化着？

（出示）练说："我抓起变色龙，先把它……接着，又把它……再把它……"

师：想见识一下大家是怎么实验的。

生：我先把它放在窗帘上，它变成了窗帘的颜色；再把它放在纸上，它变成了白色；再把它放在黑板上，它变成了淡绿色。

师：还有谁是怎样实验的？有没有特别有趣的放法？

生：我抓起变色龙，先把它放在皮肤上，眼看它慢慢变成肉色；接着又把它放到头发上，看着它变成黑色；再把它放在裤子上，看着它变成绿色。

师：哦！你看看她很刺激的，她把变色龙放在身体的部位上面，是不是？

3. 尝试多角度观察。

师：（结合板书）我们看，本文作者不仅仅是简单地"看"，还进行了——"问"（生齐答），还进行了——"实验"（生齐答）。

师：有没有学会作者这样的观察方法？

生：学会了！

师：光说不足以证明，我们来验证一下。（出示）

> **尝试观察**
>
> 　　生活中，我们经常会见到各种动物，如狗、猫、鸡、鸭、鹅……如果再让你好好观察它们，你会用上哪些方式？

（生思考，交流。）

生：我想去摸一摸鹅的毛，看看软不软！

生：我会在狗面前放一根骨头，看看它是怎样吃骨头的！

生：我会观察鸡是怎样下蛋的！

师：都会实验了！

生：我会把骨头隔着一块玻璃放在那边，看狗会怎么急法！

师：哈哈，真考验啊！有没有其他观察方式了？

生：我还会问家长一些关于动物的问题。比如狗为什么会吃骨头？猫为什么会喵喵叫？

师：对，这些都是我们好奇的！

生：我还会问小鸡为什么会在饭后吃石子？

师：我相信我们五（5）班同学，你们下次再遇上动物，肯定会用各种方式去观察的。

三、品读变色龙的名副其实，学会抓主要特点观察

1. 品读变色龙的名副其实。

师：好，同学们，我们把目光再收到课文里来。文中除了第14自然段在用"实验"的方式让我们知道，变色龙果然——

生：名副其实（生齐答）。

师：是的。其实课文中还有好多地方写着变色龙的变色，真正会观察的同学还会观察文字。（出示）

读出变色的名副其实

1. 默读全文,画出文中能表现变色龙名副其实的词句。
2. 组内交流各自的发现,读读、品品相关词句。

师:(行间巡视指导)默读是要有一定速度的,抓住有用的去读。

(生自学——小组内交流)

2. 交流展示。

师:都发现哪些句子了,我们来交流交流!

生:第6自然段。"大家在绿叶丛中找了一阵,没见到'怪蛇',以为是小李在开玩笑。"这里的"找了一阵"说明大家找了很长时间也没有见到变色龙,说明变色龙的变色本领很强。

师:你看,她有体会了,朗读得就特别有感觉了,非常好!还有发现吗?

生:我找的第12自然段。"这时,一只色彩缤纷的蝴蝶飞过来……刹那间,那只彩蝶已被卷入它的口中,成为美餐。"蝴蝶自在地飞过来说明它并没有看见变色龙,说明变色龙变色隐蔽的本领的确很高!

师:哦!这个同学很有读书能力!你看,表面上这个句子不在写变色龙,但实际上却是在反映着变色龙的变色,这就叫真读书。很有语文水平的!还有发现吗?

生:"小李用手一指,豆藤上真的挂着一条绿莹莹的四脚小蛇,皮肤和豆叶一模一样,很难发现。"这个也是说明了变色龙的变色能力强,皮肤和豆叶一模一样。

师:(欣赏状)是的,继续发现!

生:"尽管我们大声叫喊,对着它指手画脚,它却依然一动也不动。"这句话说明了变色龙对自己的变色很有自信。它认为别人看不见它,认为自己隐藏得很好!

师:变色龙在那里掩耳盗铃呢!它之所以掩耳盗铃,主要还是——

生:变色本领强!

师:对对对!还有吗?同学们的发现越来越深刻了!

生:"你别看它可以连续几个小时挂在枝叶上一动也不动,但它是似睡非睡地窥探着,伺机捕捉昆虫。"它可以连续几个小时挂在枝叶上,别的动物不可以,完全是因为它隐藏得很好!别的动物看不见它,向它飞来,然后它就可以乘机吃掉它们!

师:所以,它能坚定地在那儿——

生:一动不动!

师:佩服我们五(5)班的同学,你们真的很会读书!这些句子表面上看起来不在写变色龙的变色,但却处处表达着——

生:变色龙的变色!

师:所以,课文的第15自然段只有一句话!我们一起来读好它——

生:(齐)"变色龙,果然名副其实。"

3. 引申"变色龙",学会抓主要特点观察。

师:其实啊,生活中我们也经常会提到"变色龙",一般是用在哪些人身上?

生:一般用在见风使舵(生读成了 tuó),比较阴险的人身上。

师:有个词你用得非常好!但是音读错了,是"见风使——舵(大多学生:duò)"!你带领大家读读这个词。(生领读"见风使舵(duò)"两遍。)

生：还可以用在立场不稳定的人身上。

生：也可以用于超市职员。

师：怎么了？超市职员是变色龙？（众笑）

师：哦，我猜得到你是要表达超市职员们善于与顾客沟通，是吗？（生点头）

师：有一个著名的作家叫契科夫，他曾经写过一篇小说，题目就叫——《变色龙》。但是老师要告诉你们，这篇小说不是写动物的，是写——人的（生齐答）。有兴趣的同学回去可以搜来读读。

师：无论是作家笔下的变色龙，还是我们心中的变色龙，其实我们都在指向着变色龙的一个主要特征，那就是——变色（生齐答，师结合黑板上的课题用"红△"标记"变色"）。

师：来，我们一起读好这题目，让所有人都清楚它的特点——

生：变色龙。

师：这节课就上到这儿，下课！

感悟分享

语文是一门实践性课程，故实践性理当是语文课堂教学中的主旋律。"经历着"学语文的文题表述显然在文法上不够准确，但笔者意在主要针对当下的语文教学步履匆匆、环节切换频频之现状，笔者常常"急"于师生在课堂中的那份"急"。本课教学中，笔者试图聚焦目标，放慢脚步，给予学生自主合作地琢磨着学语文的课堂时空，也就是努力地给学生尽可能多的"学语文"的经历。这样说来，也许就能理解笔者在文题中"经历着"这三个字的繁缛表述了！

亲身经历无疑是最有价值、最为宝贵的学习过程与资源。光听，可能是轻风过耳；光看，可能是过眼烟云，因此经历过的经验一定是最具力量的。语文教学当让学生在实践中掌握语文知识与语文技能，形成语文素养。《变色龙》一课的学习展开了学生学习的经历，让学生"做中学"，历经的是言语实践，形成的理所当然就是"语文经验"了。

一、"经历着"学观察

关于观察，"莫泊桑拜师"的故事很能说明。福楼拜让莫泊桑学会观察，不日，莫泊桑满脸懊丧，跟老师讲："我按照您的教导，看了几天马车，没看出什么特殊的东西……"福楼拜赶紧纠正："富丽堂皇的马车跟装饰简陋的马车是一样的走法吗？烈日炎炎下的马车是怎样走的？狂风暴雨中的马车是怎样走的？马车上坡时，马怎样用力？车下坡时，赶车人怎样吆喝？他的表情是什么样的……"观察，对于学生来讲并不陌生，但真正会观察者可谓凤毛麟角。归结原因，一是我们的指导大多停留于口中，以至于学生对"观察"一词过口而不入心；二是我们缺失大量的观察实践活动，观察之法得不到生根。本课教学中，为了让学生学会观察，特设置了这样的学习活动。

读出作者的观察顺序。

1. 默读第 9 自然段，用"＿＿＿"标出观察到的变色龙身体部位。

2. 组内交流作者的观察顺序，并讨论讨论作者这样观察的智慧。

（人人交流，注意倾听，及时补充个人想法。）

学生们不仅很顺利地标出了作者观察到的变色龙的身体部位，还在组内讨论了作者这样观察的智慧："由整体入手，再到部分""部分中又按前后顺序，从头到脚，这样让人一目了然""这样观察就不容易乱了""这样就能一步一步地扣住特点进行观察了"……学生对作者观察之道的真正明悟来源于学生真实的学程。用笔标出,这是阅读的过程;用手比划,这是把观察顺序印刻于心的过程;再讨论体会观察之妙,这是探究并知其所以然的过程。

更需着力谈及的是本课教学中对于学生学会观察的引领。教学中关于"观察"的学习没有止于"看"这一方式,更聚焦于"问""实验"的多种方式。这是对学生脑海中"观察局限于'看'"这一常规思维的突破,这也是《变色龙》这一文本具备的特有的教学资源。学生们对多种方式观察的收获,有一种拨开云雾之感,甚为欣喜。于是在教学中顺势而为,让学生尝试观察:"生活中,我们经常会见到各种动物,如狗、猫、鸡、鸭、鹅……如果再让你好好观察它们,你会用上哪些方式?"这是对学习新知的监测与实践,也是教学中着实的一笔。观察,显然不能纸上谈兵、坐而论道。

二、"经历着"学讲述

2011版新课标要求,阅读文本能"简单描述自己印象最深的场景、人物、细节,激发想象力和创造潜能,表达有条理。"语文教学中,复述是训练学生口头表达的一种重要手段,能使学生深入理解接触文本内容,从而内化文本,发展逻辑思维能力。《变色龙》一课的教学中,着力进行了"讲述"这一言语实践。

练习介绍。

同座练习介绍变色龙。

要求:达到"绘声绘色"的状态。

> 想想办法,怎么才能介绍得绘声绘色!

作者对变色龙的外形观察很是讲究,从整体到部分,从头部到躯干再到尾部,井然有序,条缕清晰。对每一部分又着力于特点的观察与描摹,如何将这些变成学生的语文积累,实现语文学习的增值,于是就有了"练习介绍"这一环节。教学中,学生们津津乐"述",首先围绕"'绘声绘色'地讲应该是怎样的状态"大家相互出主意。大家明白了"讲述不求语言的原封不动""讲述要带上动作的比划""讲述可以加入自己的语言""讲述还可以带上自己的想象"。在相互提醒下,同座间开始了讲的练习,言语在教室内激荡,"讲述"能力从学生品评中来,课堂成了真正的"言语场"。愚以为,通过历经讲述,学生们很快明晰了变色龙的部位特点,有效盘活内化了文本语言,从而实现了对学生能力的有效训练,也顺利抵达了新课标的所提要求。

三、"经历着"学朗读

教学中,我们常常会要求学生对某一段文字进行有感情的朗读,用意是"让学生在朗读中通过品味语言,体会作者及作品中的情感态度,学习用恰当的语气语调朗读,表现自己对作者及其作品情感态度的理解",但我们却很少会花心思让学生"练习着"读出恰当的情感,"练习着"用恰当的语调、语气、停顿、轻重来表达内心体会到的情感。所以课堂中常常见到的有感情的朗读几乎是如出一辙的"读书腔"(曹文轩语)。2011版新课标旗帜鲜明地提出"朗读要提倡自然,要摒弃矫情做作的腔调"。本课教学中,"绘声绘色"一词显然不仅仅作为文后要求的一个重要词语在进行教学,更是把"绘声绘色"一词放在了"讲"与"读"的实践层面。

练习朗读

组内自由结合,选择变色龙捕食或变色中的一个内容练习朗读。

要求:达到"绘声绘色"的状态。

> 继续想想办法,怎么才能读得绘声绘色!

这一环节是在进行"绘声绘色地讲"之后的学习活动——"绘声绘色地读"，前者为基础，后者为落脚，前者为后者作了铺垫。教学中虽没有明确提出感情朗读，实质上学生在绘声绘色的状态下，自然调动起内心的情感体验，较成功地实现了由"绘声绘色地讲"到"绘声绘色地读"的转换。无论是组内学生的相互指点，还是班级交流朗读时的相互点评与主动示范，学生在不觉间提升着朗读，读书的声音越来越自然，越来越发真实的内心。学生真实"经历了"学习朗读的过程。

四、"经历着"学品文

品读文字，是语文课的独当之任，是"向内容说再见"的具体操手，也是任何语文老师都愿意并且会着力的训练项目。但具体从哪些角度去品读文字，教学中常常又表现得"只可意会不可言传"，所以学生即便在教师的带领下品读文字，但当学生"独行"阅读时又会觉得莫名其妙，找不到抓手。本课教学中，着力进行了品读方法的学习。

读出变色龙的名副其实。

1. 默读全文，画出文中能表现变色龙名副其实的词句。
2. 组内交流各自的发现，读读、品品相关词句。

让学生在读、品、评、比较中，揣摩字词表达的准确；在咀嚼文本的字里行间对变色龙"变"这一主要特点中，揣摩作者叙述性表达之妙。品读过程中，学生渐进掌握了比较、筛选等品读语言的方式。语言之妙隐藏得有深浅，学生品读言语的能力也有深浅，于是就有了发现言语之妙的先后，这样组内互学、班级交流等教学过程也就有了张力。

名师示例二　奇妙的国际互联网

苏教版国标本第七册课文
奇妙的国际互联网

我们经常会听到人们谈论"入网""上网"的话题，你知道他们所说的"网"是怎么回事吗？

其实，这种"网"不是一般的网，而是指国际互联网。你可以想象一下，假如有一只巨型的蜘蛛，织成了一张团团包住整个地球的"大网"，那该是怎样的情景啊！国际互联网就像这张包住地球的"大网"。不过，这张"网"是通过无数条"线"把亿万台电脑连接起来的。这些"线"有的是看得见的电缆、光缆，也有的是看不见的无线电波。这些"线"上飞速流动着文字、图像、声音，它们能够在几秒钟内跨过万水千山，传到世界各地的电脑上。比如说，我们从北京的一台电脑上发一封信到悉尼，只要几秒钟，对方就能收到，这比普通的邮递不知快了多少倍。我们还可以在网上和亲朋好友通电话，电脑里不仅能传来对方的声音，还能显现他的形象。虽然对方远在天涯，却让人感觉近在咫尺。国际互联网似乎把一个庞大的地球都缩小了,我们现在生活的世界真像一个"地球村"。

国际互联网上的内容非常丰富,各种知识、各类信息无所不有。人们可以在网上读新闻、听音乐、看电影,可以和天南海北的朋友聊天、游戏;可以在家里听老师上课,或者在网上查阅资料,并向国内外专家请教;还可以在家里上班、开会;甚至可以足不出户逛"网上商场",用"电子钱包"付款,让商店把东西送到家中……

可以这样说,国际互联网和我们息息相关。有了这张"网",我们的生活更加快捷方便,丰富多彩。

《奇妙的国际互联网》(第一课时)教学设计(四年级)

特级教师:刘昕

教学目标

1. 朗读课文,学习生字词。
2. 通过阅读,了解国际互联网的奇妙特点。
3. 初步掌握介绍说明事物的基本方法。

教学准备

多媒体课件。

课时安排

一课时。

教学重点

了解互联网的特点,初步了解说明文的表达方式。

教学流程

1. 一读:初读课文,读准生字,读通课文。

同学们,这一节课,我们来学习一篇介绍国际互联网的课文。谁来读读课题。

从你的朗读中,我们就知道国际互联网很奇妙。

一起来读一读。

有什么疑问呢? 有什么期待呢?

(出示一读要求。)

一读:初读课文,读准生字,读通课文。

请同学们自由朗读课文,圈画出课文中含有生字的词语,借助生字表的提示读准确。

把课文读通顺。

（出示生字组成的词语，检查朗读。）

蜘蛛　跨过　一封信　邮递　付款

悉尼

查阅　话题

光缆　天涯　聊天　逛商场

（指名读词语。）

谁来说说怎样记住这些生字？

2. 二读：朗读课文，理清文章脉络，初步了解互联网特点。

二读：再读课文，理清脉络，理解内容。

请同学们再次朗读课文，想一想：

课文的每一自然段写了什么？

互联网有哪些特点让我们感受到它的奇妙？

（指名分自然段朗读，了解每个自然段写的内容。）

板书：巨大　快捷

内容丰富

3. 三读：朗读重点段落，读好重点词句，感知表达方法。

三读：朗读重点段落，读好重点词句，感知表达方法。

细细品读课文第二自然段，想一想：

你从课文中的哪些地方感受到互联网巨大快捷的特点？

你觉得哪些地方写得特别好？用着重号标出来，读好它！

（屏显第一自然段的内容。）

其实，这种"网"不是一般的网，而是指国际互联网。你可以想象一下，假如有一只巨型的蜘蛛，织成了一张团团包住整个地球的"大网"，那该是怎样的情景啊！国际互联网就像这张包住地球的"大网"。不过，这张"网"是通过无数条"线"把亿万台电脑连接起来的。这些"线"有的是看得见的电缆、光缆，也有的是看不见的无线电波。这些"线"上飞速流动着文字、图像、声音，它们能够在几秒钟内跨过万水千山，传到世界各地的电脑上。比如说，我们从北京的一台电脑上发一封信到悉尼，只要几秒钟，对方就能收到，这比普通的邮递不知快了多少倍。我们还可以在网上和亲朋好友通电话，电脑里不仅能传来对方的声音，还能显现他的形象。虽然对方远在天涯，却让人感觉近在咫尺。国际互联网似乎把一个庞大的地球都缩小了，我们现在生活的世界真像一个"地球村"。

（请小组长带领组员先在组内讨论交流。）

大组汇报交流：

其实，这种"网"不是一般的网，而是指国际互联网。你可以想象一下，假如有一只巨型的蜘蛛，织成了一张团团包住整个地球的"大网"，那该是怎样的情景啊！国际互联网就像这张包住地球的"大网"。

讲讲双引号在这里的作用。

这是一种打比方的写法。更形象更容易让我们理解。

不过，这张"网"是通过无数条"线"把亿万台电脑连接起来的。

列数据的方法，更准确。这样的写法还有吗？

这些"线"上飞速流动着文字、图像、声音，它们能够在几秒钟内跨过万水千山，传到世界各地的电脑上。

……

对比朗读：

> 　　其实，这种"网"不是一般的网，而是指国际互联网。你可以想象一下，假如有一只巨型的蜘蛛，织成了一张团团包住整个地球的"大网"，那该是怎样的情景啊！国际互联网就像这张包住地球的"大网"。不过，这张"网"是通过无数条"线"把亿万台电脑连接起来的。这些"线"有的是看得见的电缆、光缆，也有的是看不见的无线电波。这些"线"上飞速流动着文字、图像、声音，它们能够在几秒钟内跨过万水千山，传到世界各地的电脑上。比如说，我们从北京的一台电脑上发一封信到悉尼，只要几秒钟，对方就能收到，这比普通的邮递不知快了多少倍。我们还可以在网上和亲朋好友通电话，电脑里不仅能传来对方的声音，还能显现他的形象。虽然对方远在天涯，却让人感觉近在咫尺。国际互联网似乎把一个庞大的地球都缩小了，我们现在生活的世界真像一个"地球村"。

请大家一起读读去掉划线字的部分，是否也是连贯的。

（教师读黑色部分，学生读划线部分。）

把这些打比方、列数字、举的例子都放进去读，同学们的感受有何不同呢？

对，把事物介绍得清楚明白，还要再形象生动一些，就需要用这些表达方法。

4. 拓展入境感知。

（屏显古代离别诗句和图像）

多情自古伤离别，更难堪冷落清秋节。（柳永）

故人西辞黄鹤楼，烟花三月下扬州。

孤帆远影碧空尽，唯见长江天际流。（李白）

蜡烛有心还惜别，替人垂泪到天明。（杜牧）

行行重行行，与君生别离。

相去万余里，各在天一涯。（汉乐府民歌）

我们来做个有趣的游戏,如果可以穿越时空隧道,你带着你的智能手机、笔记本电脑,来到他们的身边,你会怎样劝说这些断肠人呢?可以用课文中的句子,也可以用上自己的话。(这里如果时间允许,让学生在小组内先说说,按照小组内的学号)

教师小结:互联网是科学进步的杰出代表之一,具有划时代的意义,标志着人类文明进入了更崭新的时代,科学引领人类不断走向更美好的未来。

尾声:国际互联网不仅网络覆盖巨大,速度快,互联网的内容——(引读课文第三自然段)。既然无所不有,那应该需要非常多的文字来表达呀,作者是怎样做到用一个长句就让我们感觉到内容丰富,无所不有的呢?他是怎么写的?下一节课,我们继续来欣赏,并学会用这些说明方法介绍一个事物。

《奇妙的国际互联网》课堂实录

刘昕

师:同学们,这一节课,我们来学习一篇介绍国际互联网的课文。谁来读读课题。

(生读课题)

师:从你的朗读中,我们就知道国际互联网很奇妙。我们一起来读一读。

(生齐读课题,突出"奇妙"。)

师:有什么疑问呢?有什么期待呢?

生:互联网究竟有多奇妙呢?我很想读读课文。

师:好,我们来自由朗读课文,探秘"奇妙"之处。

(出示一读要求)

一读:初读课文,读准生字,读通课文。

请同学们自由朗读课文,圈画出课文中含有生字的词语,借助生字表的提示读准确。

把课文读通顺。

(生自由读课文。师出示生字组成的词语,检查朗读。)

蜘蛛　跨过　一封信　邮递　付款

悉尼

查阅　话题

光缆　天涯　聊天　逛商场

师:谁来读读这些词语,并说说怎样记住词语中的这些生字。

(生汇报生字记忆方法)

师:很好,生字我们已经掌握了,现在就让我们再读课文,去发现互联网的奇妙之处吧。

(出示二读要求)

二读：再读课文，理清脉络，理解内容。

请同学们再次朗读读课文，想一想：

课文的每一自然段写了什么？

互联网有哪些特点让我们感受到它的奇妙？

师：我请四个同学分别朗读课文的四个自然段，并说说你朗读的这个自然段写了什么？用一句话概括。

生：第一自然段就是引出今天我们要学习的"互联网"。

生：第二自然段介绍了互联网很大。

师：对，互联网的覆盖面很大，还有补充吗？

生：传递信息方便、快捷。

（师板书：巨大　快捷）

生：第三自然段介绍了互联网上面内容很丰富。

（师板书：内容丰富）

生：第四自然段总结了互联网的特点。

师：现在我们先来阅读课文第二自然段，先来感受一下作者是怎样介绍互联网的巨大快捷的。

（出示三读要求）

三读：朗读重点段落，读好重点词句，感知表达方法。

细细品读课文第二自然段，想一想：

你从课文中的哪些地方感受到互联网巨大快捷的特点？

你觉得哪些地方写得特别好？用着重号标出来，读好它！

（屏显第二自然段的内容。）

其实，这种"网"不是一般的网，而是指国际互联网。你可以想象一下，假如有一只巨型的蜘蛛，织成了一张团团包住整个地球的"大网"，那该是怎样的情景啊！国际互联网就像这张包住地球的"大网"。不过，这张"网"是通过无数条"线"把亿万台电脑连接起来的。这些"线"有的是看得见的电缆、光缆，也有的是看不见的无线电波。这些"线"上飞速流动着文字、图像、声音，它们能够在几秒钟内跨过万水千山，传到世界各地的电脑上。比如说，我们从北京的一台电脑上发一封信到悉尼，只要几秒钟，对方就能收到，这比普通的邮递不知快了多少倍。我们还可以在网上和亲朋好友通电话，电脑里不仅能传来对方的声音，还能显现他的形象。虽然对方远在天涯，却让人感觉近在咫尺。国际互联网似乎把一个庞大的地球都缩小了，我们现在生活的世界真像一个"地球村"。

师：请小组长带领组员先在组内讨论交流。

师：现在哪一小组先来汇报交流：

生：其实，这种"网"不是一般的网，而是指国际互联网。你可以想象一下，假如有一只巨型的蜘蛛，织成了一张团团包住整个地球的"大网"，那该是怎样的情景啊！国际互联网就像这张包住地球的"大网"。

我从这里读出了互联网的巨大。作者把互联网比作了巨型的蜘蛛网,而且这张网能把整个地球团团包住。

师： 找得很准确,理解得也很深刻,这里的网为什么要用双引号引起来呢?

生： 因为这不是一般的网,是特指互联网。

师： 对,这是一种打比方的写法。更形象更容易让我们理解。这里的双引号表示的就是特定的称呼。

生： 不过,这张"网"是通过无数条"线"把亿万台电脑连接起来的。

我从这里读出了互联网的巨大。无数条的线把亿万台电脑连接起来的。

师： 找得也很准确,这就是用列数据的方法来介绍事物,列数据会让介绍显得更加准确。这样的写法还有吗?

生： 这些"线"上飞速流动着文字、图像、声音,它们能够在几秒钟内跨过万水千山,传到世界各地的电脑上。

生： 比如说,我们从北京的一台电脑上发一封信到悉尼,只要几秒钟,对方就能收到,这比普通的邮递不知快了多少倍。

师： 对,这里不仅仅用了列数据的方法,还是举了个例子。

师： 请大家一起读读去掉红色字的部分,是否也是连贯的。

（出示）

> 其实,这种"网"不是一般的网,而是指国际互联网。你可以想象一下,假如有一只巨型的蜘蛛,织成了一张团团包住整个地球的"大网",那该是怎样的情景啊！国际互联网就像这张包住地球的"大网"。不过,这张"网"是通过无数条"线"把亿万台电脑连接起来的。这些"线"有的是看得见的电缆、光缆,也有的是看不见的无线电波。这些"线"上飞速流动着文字、图像、声音,它们能够在几秒钟内跨过万水千山,传到世界各地的电脑上。比如说,我们从北京的一台电脑上发一封信到悉尼,只要几秒钟,对方就能收到,这比普通的邮递不知快了多少倍。我们还可以在网上和亲朋好友通电话,电脑里不仅能传来对方的声音,还能显现他的形象。虽然对方远在天涯,却让人感觉近在咫尺。国际互联网似乎把一个庞大的地球都缩小了,我们现在生活的世界真像一个"地球村"。

（生读去掉划线字的部分。）

师： 这样是否也是通顺连贯地呢?

生： 是的。

师： 那么,现在老师读黑色部分,大家读划线字部分。想一想,把这些打比方、列数字、举的例子都放进去读,同学们的感受有何不同呢?

生： 更清楚明白,而且还生动有趣。

师： 对,要把事物介绍得清楚明白,还要再形象生动一些,就需要用这些表达方法。

（屏显古代离别诗句和图像。）

多情自古伤离别,更难堪冷落清秋节。（柳永）

故人西辞黄鹤楼,烟花三月下扬州。

孤帆远影碧空尽,唯见长江天际流。（李白）

蜡烛有心还惜别,替人垂泪到天明。(杜牧)

行行重行行,与君生别离。

相去万余里,各在天一涯。(汉乐府民歌)

师:我们来做个有趣的游戏,如果可以穿越时空隧道,你带着你的智能手机、笔记本电脑,来到他们的身边,你会怎样劝说这些断肠人呢?可以用课文中的句子,也可以用上自己的话。

师:请现在学习小组内交流。

师:谁来选择一位诗人,和他进行穿越时空的对话。

生:李白先生,您不要悲伤,我帮助你和孟浩然先生成为QQ好友,你们随时可以通过手机进行童话,还可以进行视频聊天,你们可以用文字和诗,你们也可以面对面饮酒论诗。

生:是吗,能有这样美好的事情?这怎么可能呢?

生:只要拥有强大的互联网,这一切都可以实现。

······

师:互联网是科学进步的杰出代表之一,具有划时代的意义,标志着人类文明进入了更崭新的时代,科学引领人类不断走向更美好的未来。

师:国际互联网不仅网络覆盖巨大,速度快,互联网的内容——(引读课文第三自然段)。既然无所不有,那应该需要非常多的文字来表达呀,作者是怎样做到用一个长句就让我们感觉到内容丰富,无所不有的呢?他是怎么写的?下一节课,我们继续来欣赏,并学会用这些说明方法介绍一个事物。

感悟分享

《奇妙的国际互联网》是苏教版四年级上册第五单元中的一篇精读课文。全文紧扣"奇妙"用形象化的比喻来说明抽象的科学知识,语言生动活泼,意思表达得深入浅出,增强了文章的可读性。在本堂课中,刘老师不仅紧扣新课标精神,而且大胆创设情境,尊重学生们的主体地位,整堂课充满理性的美感,细致品味,语文味道悠远厚重。

一、课堂结构美

在本堂课中,教师以"朗读课文,学习生字词;通过阅读,了解国际互联网的奇妙特点;初步掌握介绍说明事物的基本方法"为三维目标,以"一读:初读课文,读准生字,读通课文;二读:朗读课文,理清文章脉络,初步了解互联网特点;三读:朗读重点段落,读好重点词句,感知表达方法"贯穿整个课堂,对课文的把握逐步加深,精心为学生设置了有梯度的问题,符合学生的心理认知特点,极大地调动了学生们的积极性。

二、品味文字美

语文的文字是有温度的,如何将冰冷的文字化为温暖的音符全凭教师的创设。教师在本堂课中,引导学生们三读之后,别出心裁地设置了一个古时候因缺少互联网而生出幽怨情绪的故事,一瞬间将学生们带入了鲜活的情境,既让学生们熟悉了课文,也让学生们充分捕捉到说明文中使用列数字、打比方等说明方法的好处,还凸显出语文的美感。说明文的表达之美就是这样通过教师的审美化教学帮助儿童发现。

在教学中,教师善于联系实际生活,帮助学生理解课文内容。奥苏贝尔提出要进行有意义的学习活动。何为有意义,只有当原有认知结构与新知识发生联系时才会有意义。教师精准地把握四年级孩子的认知水平,利用古诗配图画再现情景的方式巧妙地将本说明文与生活相联系,既训练了学生们的表达能力，又促进了学生们对说明文特点的理解。

注重训练学生的朗读能力，是教师引领学生品味文字美的又一个特点。例如，在教学目标中提出"朗读课文，学习生字词"；在一读时引导学生们初读课文，二读时引导学生们朗读课文，三读时引导学生们朗读重点段落，尤其是创设古代离别情景时让学生使用课文中的相关语句去劝说，通过精心设计的游戏环节，既培养了学生们的语感，又引导学生们走进文字本身体会情感、表现情感。

三、彰显教育美

当今社会生命教育进入历史舞台，在教育的过程中凸显对生命的关怀是时代进步的需要，是教育者胸中有爱的体现。本节课教师充分给予孩子们学习的自主性，如"自由朗读课文、谁来说说、想一想、讨论交流、同学们的感受"等一系列实践活动，充分放手让学生自读自悟，寻找问题的答案；在交流感受的过程中，教师珍视学生们的独特感受，每一个细节都表现了老师对学生们的尊重，教师从头至尾扮演引路人的角色，尊重天性，收放自如，彰显了教育者的情怀。

拓展阅读

名师示例《假如没有灰尘》

学有所得

认真学习了这两篇教学设计，从下面几个角度写下你的体会：

1. 学习以上两篇名师设计的科普类（说明性）课文的教学思路和教学策略，说说这类文体教学的基本特质有哪些，梳理概括并罗列。

_____

_____

_____

2. 选择这两篇教学设计中你认为最精彩的片段，请标注出来，并说说理由。

_____

_____

_____

3. 对照两个名师示例中教学设计和教学实录，从中找到课堂教学中生成的内容，细细体会教师是怎样在生成处把握教学、调整设计的。可以把你的所悟所得写下来。

_____

_____

下面是苏教版教材三年级上册中的一篇课文,请完成本课的教学设计。

石 头 书

一天,川川和磊磊在山上玩,看见一个勘探队员正趴在一块大石头上,聚精会神地看着什么。

川川好奇地问:"叔叔,您在看什么呀?"

"我在读书呢。"叔叔笑着说。

"书? 哪里有书哇?"他俩看了看面前这块光秃秃的石头,感到很奇怪。

"石头就是书。你们看,这石头一层一层的,不就像一册厚厚的书吗?"

川川不禁笑了起来,说:"这书上有字吗?"

"有哇,你们来看:这是雨点留下的脚印,叫雨痕;这是波浪留下的足迹,叫波痕;还有那些小不点儿,黄的,黑的,红的,闪光的,透明的……叫矿物。这些都是石头书上的字。"

磊磊问:"这书上有画吗?"

叔叔说:"有。这是树叶,这是贝壳,那块石头上还有一条小鱼,这些都是化石。"

"化石? 化石能说明什么呢?"川川和磊磊一起问。

"它告诉我们,在很久很久以前,这里曾是一片密林,地上有花有草,还有许多昆虫。后来,这里变成了大海。又过了很多很多年,地壳慢慢上升,这里又变成了高山,就是我们现在看到的这座山。"

"看懂了这些又有什么用呢?"川川特别爱刨根问底。

"用处可大了。这本书会告诉我们,哪座山下埋着煤炭,哪块地下藏着矿石……"

川川和磊磊高兴地说:"石头书里的学问还真不少呢。"

方法举隅

　　语文综合实践活动是课程改革以来一直提倡的一种以儿童自主体验为主要路径的语文活动化学习方式。综合实践活动在国家教材中也有部分安排，一般安排在单元学习园地中，但也只是提供一些话题或者思路，如何组织学习活动，活动中安排哪些板块、内容，怎样组合推进则由教师或学校教科研部门研究探索并落实在课堂。更多的语文综合实践活动是以地方课程、学校课程和教师课程的存在方式来表现的。主题阅读课程则是课改以来，几乎所有的语文教师都在有意无意进行开发和实践的拓展阅读形式，是帮助儿童提高阅读质量，丰富阅读积累的常态教学活动，当然切入口和组合各有不同，非常丰富。这里提供南通市虹桥第二小学课程研发中心研发的语文综合实践活动课程之语文游戏课，和南通市李吉林情境教育实验学校研发的情境审美意象主题阅读课程。以这两个课程的课堂教学为例，了解语文综合实践活动和主题阅读的基本教学样态。

　　一、小学语文游戏化教学的内涵

　　小学语文游戏化教学是我国课程改革中引入并运用的一种教学理念。游戏是儿童的爱好，是小学生主动参与的活动，能够为儿童的发展提供新的教育方式。游戏化教学主要是指一种教学手段，根据学生的心理，将游戏的趣味性、参与性等特点与实际课堂教学相结合，使小学生能在游戏中展开对语文愉快的学习，从而实现教学目标。对小学生而言，轻松的学习环境及感兴趣的内容是学习语文的最好方式。要从学生的角度出发，改革传统的教育模式，让教学适应学生学习的需要，以鼓励快乐学习为主，提倡自主、合作及快乐的学习方式，使学生的身心得到全面发展。

　　小学生是一群爱玩爱动的群体，要充分意识到小学生的特点，在教学中不断寻找适应小学生需要的教学方式。目前，很多小学教育方法依然采用传统的教育方式，以传授语文基础知识为主。教学中忽略了小学生的年龄和接受能力，语文教学变得枯燥无味，难以激发学生的学习兴趣。小学语文教育要紧跟时代步伐，不能采用枯燥的教学模式，如着重对基础知识的讲解，将课堂的大多数时间都花在生词、生字的讲解上。这种教学模式只会让学生失去学习语文的兴趣，逐渐产生抵触心理。小学生的心理特征呈现明显的无意性、随意性，情感处于较为低级阶段,对于情绪的控制能力较差。因此,需要教师的正确引导。一些教师虽然在课堂上采用了游戏教学的模式,但只是将游戏作为吸引学生注意的工具,并没有达到教育的目的。

二、游戏教学的基本策略

在小学教育阶段,语言和文字是小学语文学习的主要内容,在小学语文的基本理念中,九年义务阶段的语文课程必须要面向所有的学生,学生需要具备基本的语文素养,丰富语言知识,培养情感,拓展思维。教师在这方面扮演着引导者的角色。而角色扮演也属于游戏的一种,教师要根据自己的教学经验来模拟真实场景,给每一个学生安排恰当的角色,让学生明白在什么环境中应当使用什么语言,引导学生将生活经验活用到游戏中,从而运用到其他生活环境中。游戏教学能够帮助学生提高社会的适应能力,在对学生进行语言训练时,运用到生活场景,如"让座"活动,引导学生进行乘车实践游戏,可加深学生的印象,大幅度提高学习效果,不仅陶冶了情操,还学到了生活常识,在学习中收获语文知识和生活常识。游戏教学可提高学生的注意力。小学生有注意力不集中、容易开小差的特点,每节课的注意力只能维持一段时间,而游戏可以很好地吸引学生的注意力,培养学生专心做事。教师可以在教学中进行简单的比赛设置,如朗诵、写字,等等,对于表现突出的学生,可以颁发小奖品,让学生明白努力就会有收获的道理。语文教学中的很多游戏是需要大家合作完成的,这对加强集体凝聚力很有帮助,比如词语接龙,可以凝聚所有人的力量来思考问题,培养团结协作精神。在游戏中让学生认识更多的生字,在互帮互助中增进同学之间的友谊,共同进步,让学生了解到自己是处在一个集体中的,能帮助学生培养团队意识,增强集体荣誉感。

小学语文教学中的识字教学,是继拼音教学之后,进一步开展的教学,识字教学可以说是小学阶段的语文学科教学中的一个重点,也是教学中的难点之一。小学阶段的语文课程,尤其是3~6年级的语文课程,肩负着大量字词识记的重任,其知识性内容比重非常大,具有较强的知识性。对小学生而言,单纯地去识字,会让他们觉得枯燥无味,最终导致的结果就是学生的记忆、运用效果一般,教师不好教,学生也学不好。针对这种情况,在实际教学中,语文教师要结合小学生爱玩的心理特点,积极主动地把游戏融入识字教学中,充分发挥游戏的趣味性,借此来调动学生的学习积极性,增强他们学习语文知识的热情,让每一位学生都能够在轻松愉快的活动中掌握规律,再利用这些规律识字,有助于提高他们的识字效率。例如,可以开展猜字谜游戏,结合汉字本身的结构特点等,指导学生进行猜字谜游戏,让学生把握字形的结构,巧妙记忆,提高记忆效率。

写作始终贯穿到语文的整个教学系列当中。学生在写作的时候,由于积累的素材少,视野比较狭窄,导致很多小学生在具体习作中,认为没有内容可以写。借助游戏教学的方式开展作文教学,鼓励学生在游戏中敢于并且乐于写作,则显得非常重要。比如,可以以《我最喜欢的运动》为题,为了丰富学生们的写作资源,语文教师可以事先组织学生开展跳绳、拔河、打羽毛球等的游戏活动,让学生都能参与到活动中来,注意培养学生的观察能力,通过参与,有助于他们写出真实的感受,而且还有助于他们思考如何把这一过程写得更生动形象。作文教学游戏化,既能提高他们的观察思考能力,也能激发他们的写作热情,值得我们提倡。

因此,教师要不断地突破自我,焕发"童心",在儿童的起跑线上寻求科学、活泼的游戏"花样",促进作文教学质量的不断提升。游戏是小学生都喜欢的,符合小学生的心理特点和认知规律,对教学具有很强的推动作用和积极作用。因此,在小学语文教学中,开展游戏教学,娱乐课堂教学氛围,既改变了传统教学模式中枯燥无味的现象,同时也注重了以学生为主体、为中心的教学理念,为学生创造出更多自由的空间,促使他们更加轻松、愉快地去学习。此外,把游戏教学的最大价值发挥出来,借此来丰富语文课堂的教学资源,让小学生都能在愉悦的氛围中自主发现,在充满趣味的课堂上自由探索。

冲动是小学生的性格特征之一,小学生的思维模式处于较为散漫的阶段,因此,要通过一种方式来凝聚学生的集中力,竞赛游戏是最有效的激发学生学习动机的方法之一,学习动机越强烈,就越能表现出对学习的兴趣。教师可以利用学生冲动型强、好胜心强的心理特点,通过竞赛来引起学生的学习兴趣,激发学生的好奇心。小学语文常用的竞争比赛如识字王、对口令、词语接龙等,通过"玩"的方式来激发学生的学习兴趣,最大限度地发挥他们的潜能。

不同时间段的游戏在教学活动中能起到不一样的效果。刚上课时运用游戏,可以帮助把学生涣散的注意力集中起来,让学生在愉悦的状态下吸收新知识,在这个时间段的游戏重点要有吸引力,能够为整节课的学习打下基础,提高其学习效率。课堂中进行游戏教学,主要是通过游戏让学生真正掌握学习知识,但是,由于小学生对知识的理解、接受程度较低,很难理解文章的含义,需要通过游戏深刻理解课文内容。下课前进行游戏教学,可以有效减少学生在整节课产生的疲惫感,让学生在保持充沛精力中结束这节课,并产生意犹未尽的感觉,为下节课的教学打下基础。

三、审美意象主题阅读的内涵

作为小学语文国家课程的适当补充和校本实践,汉语文审美意象主题教学是一个具有语文学科特质赋予德育使命的微型课程。在这个课程中,汉语文意象特指中国传统文化中的典型意象。意象应该是融入了诗人主观情感的客观物象,也可以说它是一种诗人借助客观物象表达出来的主观情感,意象是诗人进行诗歌创作的终结,但是它又是我们读者进行诗歌解读的开端,意象可能是诗人心与物的感应,是诗人的一种深度直觉,是诗人感悟会心的一种产物,意象是诗人心中的一幅画,这幅画是诗人用心灵凝视图景的深刻情景。意象是什么,是一根大重量的羽毛,因为它承载着很多东西;为什么说它是羽毛,它又很飘逸,很轻盈,所以是一根大重量的羽毛。意象是我们中华民族古诗词中的灵魂,是长久以来精华的文化图式、文化符号,是民族的文化瑰宝。

汉语文审美意象主题阅读教学是通过和学生共同阅读相关文本,感受并理解某一意象所承载的特殊情感或人类品质的象征意义,从而唤起我们对民族文化的共同记忆并传承下去。儿童,是汉语文审美意象主题教学首先要关注的。对于不同学段的儿童,教学的阶段目标是不一样的。大学,注重的是人文情怀;中学是让开始理性思考的学生明白意象中所含的意蕴;小学高段向中学接近,小学低中段则必须以儿童视野展开教学。小学生是处于感性特别活跃、理性相对薄弱的儿童,因此汉语文审美意象主题教学(下文都简称为意象教学)不宜挖掘过深，不宜以文人情怀和传统语言美学为经纬，而应该以儿童视角、儿童思考为依据来突出意象中的童话意蕴。教学要有童话眼光。比如以"月"的意象教学为例。首先在教材的选择上，低段和高段就各有侧重。低段以短小的儿歌和童话故事为读本，高段则可以经典的小散文、古诗词为读本。在教学路径的选择上，低段以"望月"入境，高段以"赏月"入境。

四、审美意象主题阅读的基本策略

汉语文审美意象主题教学无论从文本内容还是文本形式来看，都是符合审美规定性的母语教育。从另一个角度来讲，母语教育已然是教育的范畴，那么意象教学就必须更符合教育学的规定，对于意象主题教学而言就存在着选择和改造的问题。所谓选择，就是大浪淘沙、去伪存真，即使同一个民族的共同文化品格，在不同的历史时期也有所不同，其根本走向是随着历史的进步，人类的认识也在进步。所以，要引领今天的儿童进行传统意义上的意象阅读，我们提供的阅读文本必须经过认真的选择和适度改造，诸如"旷女闺怨""倚红偎翠"的主题，今天的我们就一定要进行历史过滤和时代解读，"一股脑儿灌""原汁原味教"是万万要不得的，也是不适合小学阶段儿童的。

汉语文审美意象主题教学的阅读篇目是以进入中国文学史的诸多篇目为主要内容，这对于儿童来说有一定的难度，况且对意象的理解是从形象到一般规律的认知，更侧重于抽象逻辑思维，这本身与儿童"处于理性睡眠期"是相矛盾的，要解决这样的一对矛盾，我们还是要从适合儿童的学习方式入手寻找出路。情境演绎恰恰是一条最为合适的通道。儿童在我们为之营造的语言情境中，主动承担起其中的形象角色，这样承担与其说是主动承担角色，还不如理解为儿童的身份置换，这样的身份置换直接导致儿童情感和身心融入到作品之中，以最亲切的方式和作品形象相处直至融合。以其心感其心，以其情通其情。而演绎是儿童游戏的重要方式，如同儿童在进行童话阅读时很自然地产生角色呼唤和想象性替代是一样的道理。

由于汉语文审美意象主题教学所选择的文本几乎是以古诗词为主，所以我们在选择儿童学习的路径时，必须考虑到古诗词的学习在过去和现在仍然保有的最有利于内化的一种方式。著名文学批评家汪政先生在谈论今天小学语文教学时，曾有这样的表达：在教我们的孩子学习我们自己的文字、自己民族的语言时，我们首先考虑的可能还不是教育技术的问题，我们首先关注的也未必应该是教学策略方法的角度，我们可能更多地是要关注我们的母语，也就是汉语言本身的特点和规律，尊重语言内在的节律和心跳，我们才有可能去判断哪一种教学方法是好的。中华民族的历史上出了那么多文豪、诗人，他们在童年接受的语言学习也无非就是反复地诵读涵咏，就是这样看上去很单一的学习方式却孕育了中华民族文学繁荣的时代和进入世界文学史的大家。这些是真的值得我们今天的语文老师认真思考的问题。

汉语文之所以非常适合儿童诵读，是因为它自身的音律与节奏美非常适合儿童，朗朗上口，与儿童善歌舞，喜游戏的心理特点相吻合。诗歌的音律与节奏最大的价值就在于音乐性。音乐是一种非常浓厚的审美艺术。在历史上诗与乐有很久远的渊源，在起源时它们与舞蹈就形成了三位一体的文化传统和文化特征。声音、姿态、意义三者互相应和，互相阐明，三者都离不开节奏,这就成为它们的共同命脉。文化渐进,三种艺术分立,音乐专取声音为媒介,趋重和谐;舞蹈专取肢体形式为媒介,趋重姿态;诗歌专取语言为媒介,趋重意义。三者虽然分立,节奏依然是它们共同的要素,所以,它们的关系依然是藕断丝连,诗歌与乐的关系尤其密切,诗可以歌,歌常伴乐。若论性质,在诸艺术中,诗与乐也最相近。它们都是时间艺术,与图画只借空间见形象不同,节奏在时间绵延中最容易见出,所以在其他艺术中便不如在诗与乐中重要。诗与乐所用的媒介有一部分是相同的,音乐用声音,诗歌用语言,而声音则是语言的一个重要成分。声音在音乐中借助节奏与音律的和谐而显示其功效,在诗歌中也是如此。诗与乐的基本类似点在于它们都是用声音,但音乐只用声音,而诗歌所用的声音是语言的声音,语言的声音就伴有了意义。它们的共同命脉则是节奏。

名师示例一 成语大比拼

"成语大比拼"教学设计

特级教师:董一红

何 磊

教学目标

1. 巩固已学的成语,扩大词汇积累,提高学生对成语的理解能力和运用能力。

2. 让学生感受合作竞争的热烈、紧张与欢乐,培养健康向上的积极情感和团结协作的精神。

教学准备

1. 布置学生搜集各类型的成语。

2. 准备成语卡片、大拇指和奖品。

3. 把学生分成四个队,选好队长。

课时安排

一课时。

教学流程

一、课前热身——成语接龙

出示:欢聚一堂、堂堂正正、正大光明、明目张胆、胆大包天、天长地久、久闻大名、名不虚传、传为美谈、谈笑风生、生龙活虎……

接下来还可以接很多很多,中国汉语真的是太神奇了!

二、导入

今天,就让我们走进成语的世界,让这些成语和我们的思维一起放飞,共同去感受其中的乐趣和奥妙,好吗? 这节课就来比一比,拼一拼。看看谁平时积累的成语最丰富。

(出示课题——成语大比拼)

三、介绍规则

既然是比赛,自然就有规则,分为红、绿、蓝、橙四队,答对题目得相应的大拇指,答错不得。最终获得大拇指最多的小组就是获胜组。整个比赛分为四个环节。你们准备好了吗?

口号"成语大擂台,你我展风采! 耶!"

四、比赛过程

1. 巧填人体部位(必答)。

每小组口头回答,指导朗读。(全部答对得一个大拇指,答错不得)

(1) 出人(头)地,焦头烂(额),另(眼)相看,画龙点(睛),一(目)了然,扬(眉)吐气。

(2) 千钧一(发),掩(耳)盗铃,措(手)不及,小(肚)鸡肠,唇(齿)相依,鹦鹉学(舌)。

(3) 劈头盖(脸),三头六(臂),一(手)遮天,了如指(掌),(目)不转睛,感人(肺)腑。

(4) 铁石心(肠),(肝)胆相照,七(嘴)八(舌),(眉)飞色舞,哑(口)无言,摩(拳)擦(掌)。

2. 看图猜成语。

通过前两轮的比拼,老师发现你们的成语积累量不可小视,老师很佩服你们。不过领先的小组不要骄傲,还有两轮的比拼等着你们挑战;暂时落后的小组也不要气馁,你们还有两轮比拼的机会赶超,继续加油! 让我们保持这份高涨的情绪,继续比赛吧!

(出示图片,抢答猜成语。答对得 1 个大拇指。)

半夜三更　德高望重　高高在上　眉飞色舞　三心二意

小心翼翼　雪中送炭　一清二白　一心一意

3. 巧填省会名称。

抢答完成,并说说是哪个省的省会。(填对一题得两个大拇指)

(1) 声东击(西)(安)然无恙　(2) 同舟共(济)(南)柯一梦

(3) 不谋而(合)(肥)头大耳　(4) 同舟共(济)(南)柯一梦

(5) 语重心(长)(沙)里淘金　(6) 揠苗助(长)(春)风化雨

(7) 地北天(南)(宁)死不屈　(8) 难能可(贵)(阳)春三月

陕西省 西安　山东省 济南　安徽省 合肥　山东省 济南

湖南省 长沙　吉林省 长春　广西壮族自治区 南宁　贵州省 贵阳

4. 看表演猜成语。

前几轮的比拼都没有难住同学们,这太让我惊讶了,你们真的这么棒吗? 下面老师要使出今天的杀手锏了,看表演猜成语。请看比赛规则:根据规定表演和自由表演,猜出相对应的成语,猜出一个得 1 个大拇指!

学生现场准备——滥竽充数(讲解意思)

抽签自由表演——掩耳盗铃　揠苗助长　三顾茅庐　狐假虎威

5. 成语情景填空。

同学们太棒了,成语的积累如此丰富,这真让老师刮目相看! 但是我们不光能说出成语,还要会用成语,一起来看老师这儿的几道题目。

喜出望外　妙趣横生　寻根究底　捧腹大笑　半途而废

(1) 自从分别后,这对好朋友一直没有再见面,没想到今天在火车站相遇,这真让人（　　）啊!

(2) 在学习上,我们要发扬（　　）的精神,不能满足于一知半解。

(3) 黄老师的教学语言诙谐幽默,（　　）,常常逗得大家（　　）。

(4) 学习上有困难的同学,千万不能（　　）,而要树立信心,勤学好问,这样才能不断进步。

五、揭晓游戏结果

(1) 颁奖。

(2) 宣布复活赛。

六、总结

同学们,这节课我们兴致勃勃地领略了姹紫嫣红的成语世界,让我们大开眼界、满载而归。在成语的世界里我们受益匪浅,让人流连忘返! 希望在今后的学习中,你们能继续积累成语,在生活中灵活地运用成语,你们愿意吗? 再次喊响口号!

《成语大比拼》课堂实录

何　磊

一、谈话导入

师:成语,是中华语言文字中的一块瑰宝,几百年来,它以独特的魅力吸引着一代代人去探索,去追寻。今天,我们就一起走进成语的世界,让这些成语和我们的思维一起放飞,共同去感受其中的乐趣和奥妙。这节课就来比一比、拼一拼,看看谁平时积累的成语最丰富。你们准备好了吗?

生:准备好了。

(出示课题——成语大比拼)

二、介绍规则

师:既然是比赛,自然就有规则。全班分为红、绿、蓝、橙四队,通过必答、抢答的形式进行5轮比拼。答对题目获得相应的大拇指,答错不得大拇指。最终获得大拇指最多的小组就是获胜组,会颁发奖牌。清楚游戏规则了吗?

生:清楚了。

师:老师还为今天的比赛设计了一个口号——"成语大擂台,你我展风采! 耶!"我们来一起喊响口号。

生:成语大擂台,你我展风采! 耶!

三、比赛过程

1. 巧填人体部位(必答)。

师:下面我们就正式进入比赛了,先看第一轮。

(出示规则:全部答对得一个大拇指,答错不得大拇指。)

四个小组分别答题。

(1) 出人(头)地,焦头烂(额),另(眼)相看,画龙点(睛),一(目)了然,扬(眉)吐气。

(2) 千钧一(发),掩(耳)盗铃,措(手)不及,小(肚)鸡肠,唇(齿)相依,鹦鹉学(舌)。

(3) 劈头盖(脸),三头六(臂),一(手)遮天,了如指(掌),(目)不转睛,感人(肺)腑。

(4) 铁石心(肠),(肝)胆相照,七(嘴)八(舌),(眉)飞色舞,哑(口)无言,摩(拳)擦(掌)。

师: 同学们太棒了,四个小组全部答出,都得到了大拇指。不过不要骄傲,这一轮只是小试牛刀,后面的题目会越来越难。让我们保持高涨的情绪,马上进入第二轮的比拼。请看题。

2. 看图猜成语。

(出示规则:根据屏幕上出现的图片,猜出是哪一个成语,四小组可抢答。)

师: 这一轮可以抢答,你们注意力要高度集中哦。

(生看图抢答8个成语。)

德高望重　高高在上　眉飞色舞　三心二意

小心翼翼　雪中送炭　一清二白　一心一意

师: 你们太厉害了,不但思维敏捷,而且眼疾手快。这一轮稍微落后的小组不要灰心,还有3轮比赛,你们有信心将比分赶超吗?

生: 有信心!

师: 好,那我们立刻进入第三轮的比拼。

3. 巧填省会名称。

(出示规则:四个小组可任意抢答,将成语补充完整,所填的字组成一个城市的名称,并说出该城市是哪个省的省会城市。)

(答对成语得1个大拇指,说出省份得1个大拇指。)

师: 游戏规则清楚了吗?

生: 清楚了吗?

(出示成语,生抢答。)

(1) 声东击(西)(安)然无恙

师: 你对西安有了解吗?

生: 西安是六朝古都。

生: 西安有全国闻名的秦兵马俑。

师: 你们的知识真是太丰富了,很棒!

(2) 同舟共(济)(南)柯一梦

师: 你们知道济南还有一个别名吗?

生: 知道,泉城。

生: 泉城最有名的是"趵突泉"。

师: 你们真厉害,什么都难不住你们。

(3) 不谋而(合)(肥)头大耳

(4) 声东击(西)(宁)死不屈

(5) 语重心(长)(沙)里淘金

师: 你们知道湖南省是谁的故乡吗?

生: 毛主席。

（6）揠苗助（长）（春）风化雨

师：到了冬天，吉林长春有一个著名的景象，你们知道是什么吗？

生：知道，雾凇。

师：有人看过雾凇奇观吗？

生：在电视上看过，美极了。

师：以后有机会，可以和爸爸妈妈一起去长春欣赏一下这奇观。

（7）地北天（南）（宁）死不屈

（8）难能可（贵）（阳）春三月

陕西省 西安　山东省 济南　安徽省 合肥　青海省 西宁

湖南省 长沙　吉林省 长春　广西壮族自治区 南宁　贵州省 贵阳

师：你们知道中国一共有多少个省吗：

生：23 个。

师：对，课后我们可以继续积累，把23个省的省会城市都记住。

师：前3轮的比拼都没有难住同学们，这太让我惊讶了，你们真的这么棒吗？

生：是的。

师：下面老师要使出今天的杀手锏了，看表演猜成语。

4. 看表演猜成语。

（出示比赛规则：根据规定表演和自由表演，猜出相对应的成语，猜出一个得1个大拇指!）

师：首先掌声欢迎我们的小演员登场。

（生表演"滥竽充数"。）

师：你们知道他们表演的是哪个成语吗？

生：滥竽充数。

师：你们太棒了，一下子就猜出来了。那你们知道这个成语告诉我们什么道理吗？

生：我们不能不懂装懂，更不能以次充好。

师：对，我们可不能像南郭先生一样，而要做一个有真才实学的人。

师：看了他们的表演，你想自己来演一演吗？

生：想。

师：老师这里准备了四个签，每组抽一个，然后组内讨论，相互配合，把这个成语表演出来。

（抽签自由表演：掩耳盗铃，揠苗助长，三顾茅庐，狐假虎威。）

师：同学们演得太好了，你们都是天生的小演员，真棒！但是在生活中，我们不光要能说出成语，还要会用成语，一起来看老师这儿的几道题目。

5. 成语情景填空。

（出示题目：喜出望外　妙趣横生　寻根究底　捧腹大笑　半途而废）

（1）自从分别后，这对好朋友一直没有再见面，没想到今天在火车站相遇，这真让人（　　）啊！

（2）在学习上，我们要发扬（　　）的精神，不能满足于一知半解。

（3）黄老师的教学语言诙谐幽默，（　　），常常逗得大家（　　）。

（4）学习上有困难的同学，千万不能（　　），而要树立信心，勤学好问，这样才能不断进步。

师：谁会填？

（生抢答填空。）

四、揭晓游戏结果

师： 比赛到这里就要告一段落了，我们来看看你们获得的大拇指。今天的获胜小组就是……请这一组的孩子上台领奖。

（学生上台领奖，全班鼓掌祝贺。）

师： 今天虽然是＊队获胜了，但是在老师心中，你们都是最棒的。今天没有得到金牌的小组不要灰心，下节课还有复活赛等着大家，你们有信心吗？

生： 有信心。

五、总结

师： 同学们，这节课我们兴致勃勃地领略了姹紫嫣红的成语世界，让我们大开眼界、满载而归。在成语的世界里我们受益匪浅，让人流连忘返！希望在今后的学习中，你们能继续积累成语，在生活中灵活地运用成语，你们愿意吗？

生： 愿意。

师： 最后让我们再一次喊响我们的口号：成语大擂台，你我展风采！耶！

生喊口号，课堂结束。

感悟分享

《成语大比拼》语文游戏一课，看到了孩子们母语学习的成长。课堂上孩子们积极地参与，真实热烈的场面感动了在场的所有老师，从孩子们的张张笑脸中我深深地感受到"游戏课程"不仅能让孩子们学到知识，更能让他感受到学习的快乐。

成语是我国文学宝库中的明珠，是我们民族智慧的结晶。所以，教师把这些美好的东西传给我们的学生，丰富他们的知识，启迪他们的思维，提高他们的语言表达能力。

指导学生积累成语主要有三条途径。

第一，是语文课本。教材中，每一个单元中都有着相当丰富的成语。在教学中，我们就常常引导学生体会其寓意和用法，并让他们在书中注明，课后再抄写在本子上。在备课过程中，我们也常常搜寻一些和成语相关的的典故，在课堂上介绍给学生。

第二，随事随景的即兴式学习。这种不定时、不定量的即景生式的学习是轻松愉快的，效果也不错。比如，学校春游，就教"春光明媚""春暖花开"；烈日下运动，就教"烈日炎炎""汗流浃背"；秋天，就教"秋高气爽""五谷丰登"；冬天还可以教"冰天雪地""天寒地冻"。冬季运动会前大讲"一鼓作气""勇往直前"的毅力；同学间产生了矛盾就用"彬彬有理""亲如手足"去化解；学生有了进步则用"再接再厉""百尺竿头，更进一步"来勉励。如此等等，抓住情境，适时地教授，并鼓励学生在作文中运用。

第三，鼓励学生自己搜集成语。到了中高年级，学生具备了独自看书看报的能力，我们就鼓励他们在课外阅读中收集成语，在与他人交往谈话中运用成语。俗话说："集腋成裘、聚沙成塔"，时间长了，他们定能把成语运用自如！

本节课是一节语文游戏课，强调游戏在课堂中的运用，我认为教师是学生学习的引导者。孩子们平时对成语有比较丰富的积累，课堂上我们就可以创设形式多样的竞赛类型，激发他们的积极性。今天的课堂上，教师采用"巧填人体部位、看图猜成语、猜词说省会、看表演猜成语以及成语填空"等游戏环节，难度一步步增加，小组间的竞争也逐渐激烈，课堂气氛高潮迭起，寓教学于娱乐之中，激发学生的潜能，使他们体会到学习的乐趣。

《舌尖上的语文》教学设计

特级教师：唐铁生

顾　娟

教学目标

1. 学会读菜谱,理解菜谱,初步感受中国饮食文化。

2. 培养合作精神。

3. 在合作中感悟中国语言文字的魅力。

课时安排

一课时。

教学准备

字典、菜单、作业单、PPT。

教学流程

一、选饭店

1. 聊天:马上要到元旦新年了,我们班计划举行聚餐活动,你们愿意吗? 同学们有什么饭店推荐吗?

学生自由发言,谈谈原因(店环境、特色菜、口味、消费水平)。

2. 了解中国"八大菜系"(欣赏菜系图片)。

鲁、川、闽、粤、苏、浙、湘、徽。

鲁、皖菜犹如古拙朴实的北方健汉;苏浙菜好比清秀素丽的江南美女;粤闽菜宛如风流典雅的公子;川湘菜就像内涵丰富充实、才艺满身的名士。

二、读菜单

1. 看了这么多色香味俱全的美味佳肴,我的肚子都饿了。听说我们班吴可欣同学家就是开饭店的,我们不如去她家饭店聚餐吧? 我们 AA 制。什么叫 AA 制? 你们不要以为自己出钱就可以去了,闯过以下几关才有资格参加本次聚餐活动。

2. 去饭店,我们第一步要干什么呢?(点菜首先你要会读菜单吧? 别读错别字让服务员笑话)第一关,从抽屉里取出吴可欣家饭店的菜单。(闯关任务:(1)小组内读一读菜单,遇到不认识的字组内快速分工查字典注音;(2)快速推选一位组员参加大组交流;(3)完成以上任务就举牌示意)

3. 展示,读音正确就闯关成功(黑板上小组得一颗星)。

三、解菜单

1. 恭喜同学们闯关成功,现在我们是不是可以点菜了? 我们还得知道这些菜名是什么菜吧? 知道(爽口双脆)是什么菜吗? 知道(黄金加白银)是什么菜吗? 都不知道,怎么点菜? 到时候点的都是自己不爱吃的。所以我们要闯第二关。

(闯关任务:(1)每位组员先各自研究一道感兴趣的菜;(2)组内依次交流;(3)完成以上任务就举牌示意。)

2. 展示(结合图片理解:爽口双脆、糖醋心灵美、蚂蚁上树、东坡肉、红烧狮子头、黄金加白银、田园小炒等菜。)

3. 区别"凉拌(将食材洗净、摆盘,然后倒上适量酱油、香油等作料拌匀即可)""炝拌(要熬油,把葱姜蒜放进去炝锅,再将它们倒在需要炝拌的食材上。食材要事先焯水)"。炝拌比凉拌要香一些。什么菜适合凉拌,什么菜适合炝拌呢? 同学们都很内行呢! 你们有没有发现,除了凉拌和炝拌,还有别的烹调方式呢? 找找看。(炒、蒸、红烧、炖、烤、炸)

4. 讨论交流菜名里的修辞手法:蚂蚁上树(肉末粉丝)、黄金白银拼盘(油炸清蒸奶香馒头)。

5. "爽口双脆""糖醋心灵美""田园小炒",读了这些菜名有什么感受? 仿佛看到什么? 闻到什么?

"田园小炒"里的"田园"两个字,让人联想到在漂亮的菜园里摘最新鲜的蔬菜,把它们摆在盘子中,绿菜叶,红番茄,黄甜椒,又好看又好吃。这几道菜改成"拌莴苣""炖豆腐""炒青菜"还会有人点吗?

看来呀,起个好听的菜名就能吸引人,这可都是语言文字的功劳呀!

6. 理解"招牌菜"。什么是招牌菜? 家里做不出来。不光家里做不出来,别的饭店也做不出来,只有吴可欣家的店里能做,这样才能吸引客人来吃饭。这就叫"与众不同",也就是特色菜。(每组有一道菜猜正确的就算闯关成功,黑板小组加星。)

7. 补充东坡肉的典故。

四、点菜单

1. 同学们终于闯关顺利到达点菜环节了,点菜也是一门学问呢!,点菜要注意什么呢? (荤素搭配、营养均衡、顾全大局,两套方案:每个组员点一道自己喜欢的菜或者一起商量点六道大家都喜欢的菜。)

2. 进行第三关。(闯关任务:(1)组员商量点六道菜;(2)派代表写在点菜单上;(3)完成任务后推选代表交流,举牌示意。)

3. 小组交流,点单言之有理即小组得星。

五、创菜名

1. 我看出来了,你们都是很专业的美食家呢。下次我们去吴可欣家的饭店聚餐,看菜单、点菜的任务就交给你们了,我只要负责吃就可以了。不过听说她家最近又推出几道菜单上没有的新菜,分别是:(出示图片)文蛤炒丝瓜,羊肉烧鱼汤。

2. 进入第四关。(闯关任务:(1)组员各自改菜名;(2)组内交流选出最佳菜名;(3)完成任务后推选代表交流,举牌示意。)

吴可欣爸爸拜托你们为这些菜取个好听、洋气、吸引人的名字,一旦录用的话,买单的时候打 8 折呢。

3. 小组交流。

六、总结

同学们,你们取的菜名让人一听就有食欲,用了这些菜名,吴可欣家的饭店生意肯定兴隆,他爸爸不仅要给你们打折,说不定还免单呢! 你们看,有语言文字有魅力吧! 我们现在学的就是运用语言文字的课,只要你们好好研究,会想出更吸引人的菜名。其实生活中又岂止舌尖上有语文呢? 药单上的语文,广告中的语文……期待你们课后去研究!

《舌尖上的语文》课堂实录

顾娟

一、选饭店

师: 五(4)班的同学们好! 今天我们不上语文课,我带你们去聚餐好不好? 同学们有什么饭店推荐吗?

生: 我推荐大家去江海渔港,那里有很多的鱼做的佳肴,味道鲜美。

生: 我推荐大家去肯德基,因为我们班很多同学喜欢吃炸鸡、薯条、汉堡。

生: 我推荐大家去金石酒店,因为那里很漂亮、干净。

师: 我们同学推荐的饭店有的菜肴美味,有的环境雅致,有的考虑了所有同学的饮食爱好,都是不错的建议。

二、读菜单

师: 我教的六(1)班有个小朋友家就是开饭店的,她家的菜颇具特色,环境也很雅致,最关键是性价比高,实惠。我们不如去她家饭店聚餐吧? 咱们 AA 制,好吗?

师: 知道什么叫 AA 制吗?

生: 就是在饭店就餐时付自己的那份餐费。

师: 是的,AA 制就是各付各的。你们不要以为自己出钱就可以去了,闯过以下几关才有资格参加本次聚餐活动。

师: 来到饭店,洗好手,坐到桌边,第一步要干什么呢?

生齐: 点菜。

师: 点菜首先你要会读菜单吧? 读错别字可是会让服务员笑话的。我们一起来看今天的第一关任务。

(出示第一关闯关任务:1. 小组内读一读菜单,遇到不认识的字,组内分工查字典注音;2. 推选一位组员参加大组交流;3. 完成以上任务就举手示意,比比哪组最先完成。)

师: 哪个小组先来读一读冷菜名?

(生读。)

师: 这位同学读得很正确,尤其是生字"炝",qiàng。

师：我们接着读。

（生读。）

师："脆炸鱿鱼须"中的"炸"，当它作为烹饪方式的时候读第二声。我们一起读一遍。

师：你们小组活动时，我通过巡视发现不少小组都查过这个词"炝拌"，知道它是什么意思吗？是怎么制作的呢？举手的同学不多，赶紧用上手中的词典，查查"炝"。

生："炝"就是油锅热后，放主菜前先放入葱等急炒一下，使其有香味。

师：那"炝拌"就是将食材事先焯水，再熬油，把葱姜蒜放进去炝锅，最后将它们倒在需要炝拌的食材上。那你们知道什么是凉拌吗？

生：把生的菜用酱油、盐等拌一下。

师：是的，"凉拌"的食材都是生的，所以"炝拌"的菜肴要更香一些。再读读菜单，菜名中有没有藏着其他的烹调方式呢？找找看，用笔圈出来。

生：我们找到了炒、红烧、清蒸。

生：我们发现了煲、炖、烤、炸、炝拌、凉拌。

师：我们一起读一读这些词。这些词不仅让我们感受到了中国美食制作方法的多样，还感受到了汉语言文字的准确。

三、解菜单

师：祝贺同学们闯关成功，现在我们是不是可以点菜了？

生齐：可以了。

师：那你们知道"爽口双脆"是什么菜吗？知道"黄金加白银"是什么菜吗？很多同学都不知道，有的也只是猜测，怎么点菜？到时候点的都是自己不爱吃的。所以我们要闯第二关，一起来看看这一关的任务是什么。

（出示第二关闯关任务：1.每位组员先各自研究一道感兴趣的菜；2.组内依次交流；3.完成以上任务就举手示意。）

（出示菜名：爽口双脆、糖醋心灵美、蚂蚁上树、东坡肉、红烧狮子头、黄金加白银、田园小炒、龙虎斗、大力水手。）

师：菜单上无法看出食材的或者是有趣的菜名，我都罗列在大屏幕上了，小组开始研究研究吧。

生：我知道"蚂蚁上树"是肉末炒粉丝。肉末就像蚂蚁，粉丝就像树一样，所以叫"蚂蚁上树"。

师：我们一起看一看，多有意思的菜名，它运用了什么修辞？

生齐：比喻。

师：你知道运用比喻的修辞手法有什么好处吗？

生：让人看到菜名就觉得很有意思，大家就会点。

生：客人看到菜单就会想这是什么菜，就会点这道菜。

师：是的，巧妙运用修辞起名引起顾客的好奇，增加了销量，还得到实实在在的收益。还有哪道菜的菜名用了同样的方法取的呢？

生：红烧狮子头。红烧肉圆大大的，就像狮子头一样。

生：龙虎斗就是馄饨加面条。

生：黄金加白银就是清蒸馒头和油炸馒头。

师：是的，运用了修辞手法取名，这些普普通通的菜一下就有趣多了。你还知道哪道菜呢？

生：我知道"大力水手"是炒菠菜，动画片里的水手每次吃了菠菜就会变得力大无穷。

师：菠菜含有丰富的矿物质，如钙、铁等，这道菜就是根据它的功效来取名的。这里还有一道菜也有典故呢？

生齐：东坡肉。

师：关于东坡肉的诞生，还有个小故事。请读一读资料。看懂了吗？东坡肉里寄托了怎样的情感？

生："东坡肉"凝聚了老百姓对苏东坡的敬佩、感激。

师：还有哪道菜是你熟悉的？

生：我知道"糖醋心灵美"是凉拌萝卜丝，因为萝卜就叫"心里美"。

师：你懂的真多，那这道菜吃起来味道怎么样？

生：酸酸甜甜的。这道菜是根据它的口感来取名的。

师：这里还有一道根据口感取名的菜肴"爽口双脆"，你能猜猜它是什么吗？

生：黄瓜炒笋片。

生：藕片炒毛豆。

师：我们来看看有没有猜对。（出示图）原来是"藕片炒荸荠"，知道什么是荸荠吗？（图片了解）荸荠既可作水果也可作蔬菜，吃起来也是脆脆的。这可是吴可欣家的招牌菜，知道什么叫招牌菜？

生：大家都来店里吃的。

生：店里用来吸引顾客的，大家都喜欢吃的菜。

师：是呀，招牌菜就是家里做不出来，不光家里做不出来，别的饭店也做不出来，只有店里能做，这样才能吸引客人来吃饭。这就叫"与众不同"，也就是特色菜。

师：还有最后一道菜"田园小炒"，知道是什么吗？看着这个菜名，你们仿佛看到什么？闻到什么？

生：我看到了绿油油的青菜，闻到了青菜自然的香味。

生：我仿佛闻到了泥土的香气，看到了菜园里琳琅满目的菜。

师：那让我们看看这个季节他们家的"田园小炒"是什么吧。原来"田园小炒"就是清炒应季的蔬菜。"田园"两个字，一下就让人联想到在漂亮的菜园里刚摘的最新鲜的蔬菜，如果把它们摆在盘子中，绿菜叶，红番茄，黄甜椒，又好看又好吃。这几道菜如果改成"拌莴苣""炖豆腐""炒青菜"还会那么吸引人吗？

生齐：不会。

师：看来呀，起个好听的菜名就能吸引食客，这可都是语言文字的功劳呀！

四、点菜单

师：恭喜你们，终于顺利闯关到达点菜环节了，点菜也是一门学问呢，我们来看看哪一组能闯关成功？

（出示第三关闯关任务：1.组员商量点菜；2.派代表写在点菜单上；3.完成任务后推选代表交流，举手示意。）

生：我们点的是，黄金加白银、龙虎斗、东坡肉、清蒸鲈鱼、咖喱锅巴虾、川香口水鸡。

师：你们这份菜单是怎么产生的呢？

生：我们每人点了一道菜。

师：你们点菜的初衷很好，照顾了大家的口味，但是老师给你们一个建议，你看，你们小组点的都是主食和荤菜,吃了会过于油腻,而且两份主食是不是太多了呢,如果注意一下荤素搭配是不是会更好?

生: 我们点的是,好吃的小牛排 2 份,大力水手,滋补骨头煲,龙虎斗 3 份,爽口双脆,东坡肉。

师: 谁来评价一下这张点菜单?

生: 我觉得他们点得太多了,有的菜点了两份、三份,根本吃不完。

师: 是的,这一组同学点得太多了,我们点菜时要注意菜量要适中以防浪费。

师: 同学们,你们看,点菜中藏着大学问,不仅要荤素搭配、营养均衡,照顾个人的喜好口味,还要菜量适中、以防浪费,注意价格消费适度,不能一味挑贵的点。课后,我们每个小组可以根据刚刚我们一起总结的点菜注意事项再来修改一下你们的菜单。

五、创菜名

师: 我看出来了,你们都是很专业的美食家呢。聚餐的时候,看菜单、点菜的任务就放心地交给你们了,我只要负责吃就可以了。不过听说她家最近又推出几道菜单上没有的新菜,分别是:(出示图片)文蛤炒丝瓜,羊肉烧鱼汤。

饭店老板拜托你们为这些菜取个好听、洋气、吸引人的名字,一旦录用的话,你可以为小组赢得"八折优惠券"。

生: 我给"文蛤炒丝瓜"取名为"月亮船",文蛤圆圆的像月亮,丝瓜弯弯的像小船。

师: 你运用了修辞手法来取名,让这道菜有了诗的意境,真美!

生: 我给"羊肉烧鱼汤"取名为"鱼羊鲜",鱼和羊合在一起就是鲜字。

师: 你巧妙地运用了修辞方式来取名,真有创意。

生: 我给"文蛤炒丝瓜"取名为"天下第一鲜",文蛤被誉为"天下第一鲜",丝瓜和它一起烧,就更加鲜美了。

师: 你的知识真丰富,这个名字也很有意义,一下就能吸引大家的目光。

六、总结

师: 同学们,你们取的菜名让人一听就有食欲,用了这些菜名,饭店生意肯定兴隆,老板不仅要给你们打折,说不定还免单呢!你们看,语言文字有魅力吧!只要你们以后更投入地上好施老师的语文课,会想出更吸引人的菜名。其实生活中又岂止舌尖上有语文呢?药单上的语文,广告中的语文……期待你们课后去研究!

感悟分享

这是一节非常成功的语文综合实践活动课,主要表现在以下几个方面。

一、在真实的儿童生活情境中展开语言实践。这是一种亲历的体验式的学习,对小学生而言具有吸引力的校园生活是生活的、情境的、活动的、实践的、"做"的、"活"的、"亲历"的、"主体"的、感性的、建构的、具身的、习得的、自由的、开放的……体验,是用自己的生命来验证事实,感悟生命,留下印象。体验到的东西使我们感到真实、现实,并在大脑中留下深刻的印象,使我们随时回想起曾经亲身感受过的生命历程,也因此对未来有所预感,并能够做出提前的判断。在这节活动课上,教师提供的学习场景是一个基于生活的真实用餐情境,儿童在其中的语文活动和生活了无罅隙地融为一体,教学的斧凿痕迹全部褪尽,学生自主、合作、探究的学习在生活化的情境中呈现出最好的状态。而教师的引领也穿插在生活化的对话之中,恰到好处。

二、在多角度综合的活动中展开语言实践。教学活动除了教给学生知识、完成认知的任务,还应包含着关于智力的、意志的、审美的、道德的内容,而这些内容又都是在完成认知任务的过程中协同进行、综合完成的。所谓"语文不仅是语文""数学不仅是数学",这才能促进儿童素质的全面和谐发展。所以,本课的教学比较完美地体现了综合性学习的"综合性",包括词语的积累与表达,修辞的运用,口语交际的技巧这一系列的语文教学目标在饭店点菜的整个情境活动过程中一气呵成地实现了。

三、在游戏的晋级中展开语言实践。当下课堂生活依然充斥着机械、单调、乏味和平庸,甚至充满压抑和恐惧。儿童的个体性和独特性得不到应有的重视,在本应烂漫快乐、无忧无虑的童年,过早地丧失对学习的热忱,对知识的渴求,对课堂生活的期盼。改良儿童的课堂学习生活的现有生态,解放儿童心灵,游戏化的教学和学习方式是一条可行的路径。在这节充满趣味的语文游戏课上,教师让儿童在游戏中享受学习的乐趣,感受智慧的魅力,激发儿童的创造性思维,让儿童在自由、快乐的学习环境中快乐成长。这节课呈现的游戏方式不仅有情境游戏,还有带着竞争挑战意味的三级进阶游戏,有效地起到了激发儿童自我挑战的学习动机,让不同学习能力层次的学生都能够很好地融入游戏竞技中,课堂中每一个学生都全情投入,这样的课堂现场是令人感动的。这样的课堂在很大程度上鼓励和激发了教师更多地关注儿童的学习生活和生命质量。

名师示例三　月是故乡明

《月是故乡明》教学设计

特级教师：褚嘉耘

陆伟伟

教学目标

1. 认识意象之于领会诗歌意境的重要性；
2. 积累古典诗词中常见的月的意象；
3. 学习意象分析的基本方法；
4. 培养学生诗歌鉴赏的能力。

教学准备

多媒体课件。

课时安排

一课时。

教学流程

一、望月

孩子们,你们喜欢月亮吗？你们都是在什么情况下看月亮的？看来,月亮寄托了我们的各种情思。今天老师给大家带来了一首关于月亮的诗,谁来读?

月亮,是妈妈的脸庞。逢年过节的时候,我总是伫立守望,让思念把她划圆、擦亮,然后,就睡在这汪温柔的水里,让梦之船轻轻荡漾,摇回我那山清水秀的故乡。

轻轻读读这首诗,你读懂了什么?

预设:

1. 每当看到一轮明月时,不论是古代的游子,还是现代的旅者,会发出这样的感叹:月是故乡明。(板书)

2. 是啊!故乡是游子梦的摇篮,不论月圆月缺,游子的心总是守望着家园。

3. 月一直就是这样,寄托着游子的思乡情怀。

二、悟月

在文学作品里,月亮是怎样的呢? 从同学们读的三篇文章里,你能找到他们描写月亮的段落吗?

(一)《月是故乡明》两段。谁来说说自己的体会?

预设:

1. 乡情就是天边的月亮!

2. 宁恋家乡一捻土,莫爱他乡万两金。

3. 用故乡的月和他乡的月做对比,表达自己见月思乡的追忆、惆怅、留恋、惋惜,微苦而甜蜜。

(二)《啊,故乡那轮明月》说说你读懂了什么?

预设:

1. 作者描写了一年四季的月亮,来表达自己对故乡的思念。

2. 你能描述一下一年四季海边月亮的特点吗? 夏:清凉,秋:明亮迷人,冬:暖意,春:收获。

3. 月的意象是人生悲欢离合的演绎。这篇文章读起来有向往故乡的情怀,却还有一丝思念中的陶醉。

(三)《月迹》谁能跟大家分享自己的收获?

1. 月迹的含义是什么?

2. 孩子们在哪里追寻到月的足迹? 镜中看月,院中望月,杯中饮月,河中寻月,眼瞳见月,沙滩议月,原来只要你愿意,他就有了。

3. 除此以外,你还有哪些收获?

预设:

1. 这篇文章里,月亮是动态的,她像个调皮的孩子溜进来,还在竹帘儿上爬,一会儿又到院子里了,一会儿又到天上……

2. 本文多用叠词,一切就着孩童的感受和心理来写,充满童真童趣。

3. 寻月过程中又有着孩童心理的发展变化过程。镜中月亮由圆而亏而消失,大家都很"失望";听说月中有树有人,三妹和月中嫦娥一样漂亮,三妹便觉得月亮仅属于她,大家由"羡慕"而"嫉妒",不由得"争执了起来";听奶奶说"月亮是每个人的,它并没有走",大家"越发觉得奇了";河中寻月,瞳中见月,"原来月亮竟是这么多的",一番议论之后,大家"都觉得满足"。

小组讨论讨论,读了三篇美文,它们有共同点和区别之处吗?

1. 从切入角度上看,前两篇是游子、文人眼中的月亮,侧重内心感受。而第三篇是孩子眼里的月亮,侧重以对话为线索,有着独特的童真童趣。

2. 从描写对象上看,三篇都是借物抒情,借月亮表达自己对故乡浓浓的思念。

3. 从写作方法上,第一篇用的是对比法,写外国的、北京的月亮不如家乡的小月亮,第二篇用的是按时间顺序的描写法,写出了一年四季海上月亮的变化,第三篇是写孩童的言行、感受和内心变化,写出了月亮的灵动、调皮。

我们同学在平时的阅读中,也应该有更多的比较,这样,我们的思维会更深刻,视野更开阔。

那月亮真的是故乡的明吗?

预设:月亮是亘古不变的,变的是看的人,看的心,她跟人的悲欢离合紧紧联系在一起了。是因为思念故乡,思念故乡的一草一木、一山一水,还有亲人朋友。因为别的看不到,只有月亮。板书(思念)。

三、品月

(一) 每个人的心弦都有可能因为风花雪月而触动,但是最牵动人内心的,无疑是月亮,在全唐诗 50 836 首诗中,月字一共出现了 11 055 次,中国人对月亮,有着难以割舍的情结。你还知道哪些带有月字的诗词呢?

预设:

1.《嫦娥》相思让人夜不能寐啊!

2.《秋浦歌》冶炼工人边劳动,边唱歌,使得月夜下的寒川变得火热。

3.《泊秦淮》皓月的清辉洒在秦淮河上,商女却不知亡国之恨依旧唱着《玉树后庭花》。

4.《望月怀远》不论天涯海角,我们共同守望的永远是同一轮月亮。既然有这么多的诗人歌颂月亮,那么面对一轮皎洁明月,诗人在思念些什么呢?

5.《相见欢　无言独上西楼》月亮是夜的灵魂,是夜空的眼睛……它把远隔千山万水的思念连接在一起。

(二) 面对一轮明月,故乡的事,故乡的景,故乡的人,一下子涌上心头。有这样一位词人,他面对一轮明月想起了什么呢?(课件出示《水调歌头》)读一读这首词的题目和序言。能读懂什么?

丙辰中秋,欢饮达旦,大醉,作此篇,兼怀子由。

明月几时有,把酒问青天。不知天上宫阙,今夕是何年。我欲乘风归去,又恐琼楼玉宇,高处不胜寒。起舞弄清影,何似在人间。

转朱阁,低绮户,照无眠。不应有恨,何事长向别时圆?人有悲欢离合,月有阴晴圆缺,此事古难全。但愿人长久,千里共婵娟。

预设:苏轼想起了故乡,想起了亲人,所以他大醉,一杯一杯又一杯。此刻,苏轼面对一轮清冷的明月,心潮起伏,于是乘酒兴正酣,挥笔写下了这首千古佳句。

1. 这首词是苏轼46岁的时候写的。苏轼因为与当权者政见不同,多次被贬,而苏辙既是苏轼的同胞兄弟,又是亲密无间的知心朋友,甚至苏辙宁愿放弃自己的所有职务,来请求皇上赦免哥哥苏轼。这一年的中秋,皓月当空,银辉遍地,屈指算算,已经与弟弟分散七年之久了。自己读读这首词吧!

2. 面对这轮清冷的明月,苏轼此时心潮澎湃,在政治上,他遭人排挤,生活中,与亲人分散,无比孤寂。在这样一个团圆之夜,他也许会问:明月呀……请你读出对弟弟的牵挂吧!(生再读)

3. 他还会这样说……只道团圆有人笑,哪知离别有人愁啊!请你读出对明月的埋怨吧!(生再读)

4. 但是苏轼毕竟是苏轼,他面对世事的多变,从容淡定。但愿人长久,千里共婵娟。这时的月亮,在苏轼眼里又是什么了?(美好)就把这份美好祝愿,说与明月听吧!(再读)

5. 穿越了千年,依然是那一轮明月,与一壶美酒,应和着说不尽的相思与美好祝愿。我们齐读。

夜凉如水,万物都已入梦,惟有我和明月无眠。孩子们,会唱吗?

(三)你还知道,其他艺术形式中流传下来的月亮吗?二胡曲《二泉映月》、水墨画《春江花月夜》《举杯邀明月》。

同学们,月下窗前,沐浴一身月亮的光辉,能抒发胸中的浊气、释放天地的愁绪,获得万物的灵秀,你们都是富有灵气的,很高兴能和你们一起望月怀远。

《月是故乡明》课堂实录

陆伟伟

一、望月

师:孩子们,你们喜欢月亮吗?

生:喜欢。

师:你们都是在什么情况下看月亮的?

生1:中秋节的夜晚,我和家人一起赏月。

生2:我一个人睡不着觉的时候,就起床站在窗边看月亮。

生3:我和爸爸妈妈吃完晚饭散步的时候看月亮。

生4:我思念外婆的时候就看看天上的月亮,想象她或许在天上也看着我。

师:看来,月亮寄托了我们的各种情思。今天,老师给大家带来了一首关于月亮的诗,谁来读?

生:月亮,是妈妈的脸庞。逢年过节的时候,我总是伫立守望,让思念把她划圆、擦亮,然后,就睡在这汪温柔的水里,让梦之船轻轻荡漾,摇回我那山清水秀的故乡。

师:轻轻读读这首诗,你读懂了什么?

生1:我读懂了作者是个游子,他非常思念自己的妈妈和家乡。

师:是啊!故乡是游子梦的摇篮,不论月圆月缺,游子的心总是守望着母亲,守望着家园。

生 2：每当看到一轮明月时，不论是古代的游子，还是现代的旅者，都会想起自己在故乡的妈妈。

师：是的，月一直就是这样，寄托着游子的思乡情怀。

生 3：看到月亮，思绪就更绵长了，总觉得记忆中自己故乡的山格外清，水格外秀，人格外亲，月亮格外圆。

师：你说出了游子们的心声，他们时常会发出这样的感叹：月是故乡明。（板书）

二、悟月

师：在文学作品里，月亮是怎样的呢？从同学们读的三篇文章里，你能找到他们描写月亮的段落吗？

生 1：《月是故乡明》有两个自然段。

到了更晚的时候，我走到坑边，抬头看到晴空一轮明月，清光四溢，与水里的那个月亮相映成趣。我当时虽然还不懂什么叫诗兴，但也顾而乐之，心中油然有什么东西在萌动。有时候在坑边玩很久，才回家睡觉。在梦中见到两个月亮叠在一起。清光更加晶莹澄澈。第二天一早起来，到坑边苇子丛里去捡鸭子下的蛋，白白地一闪光，手伸向水中，

此地既然有山，有水，有树，有花，有鸟，每逢望夜，一轮当空，月光闪耀于碧波之上，一碧数顷，而且荷香远溢，宿鸟幽鸣，真不能不说是赏月胜地。荷塘月色的奇景，就在我的窗外。不管是谁来到这里，难道还能不顾而乐之吗？

师：你对文章很熟悉，找得很快，那你能说说自己的体会吗？

生 1：作者身在国外，但是心却一直在祖国，在故乡。

师：宁恋家乡一捻土，莫爱他乡万两金。

生 2：国外和大城市各方面的条件虽然比较好，但是在作者的心中，故乡的月亮却比任何一个地方的更圆、更美！

师：乡情就是天边的月亮！

生 3：我觉得，用故乡的月和他乡的月做对比，表达自己见月思乡的复杂感情。

师：何等复杂呢？

生：有追忆、惆怅、留恋、惋惜、微苦而甜蜜。

师：你读到了作者的内心深处，慧眼慧心。《啊，故乡那轮明月》，能说你读懂了什么吗？

生 1：作者描写了一年四季的月亮，来表达自己对故乡的思念。

师：你能描述一下一年四季海边月亮的特点吗？

生 1：夏天清凉，秋天明亮迷人，冬天看了有暖意，而春天则意味着收获。

生 2：月有阴晴圆缺，意味着人生也是有悲欢离合的。作者写着故乡一年四季月亮的特点，其实是对故乡的向往和思念。

师：谢谢你的分享，你说得不错，月的意象是人生悲欢离合的演绎。这篇文章读起来有对故乡的向往，却还有一丝思念中的陶醉。

第三篇《月迹》，陆老师有几个任务，同学们可以先在小组内讨论。然后选代表来和大家分享小组的收获，记得每个同学都要发言哦！

1. 月迹的含义是什么？

2. 孩子们在哪里追寻到月的足迹？

3. 除此以外，你还有哪些收获？

生1：月迹就是月亮的踪迹。

生2：镜中看月，院中望月，杯中饮月，河中寻月，眼瞳见月，沙滩议月，原来只要你愿意，他就有了。

师：除此以外，你们还有哪些收获呢？

生3：这篇文章里，月亮像个调皮的孩子溜进来，还在竹帘儿上爬，一会儿又到院子里了，一会儿又到天上……这写出了月亮的动态美。

师：你很会读书，很会归纳总结。

生4：我发现本文用了很多的叠词：玉玉的，银银的，粗粗的，疏疏的，累累的……

师：你猜猜作者为什么要用那么多叠词呢？

生4：我觉得一般是小朋友采用叠词，比如说："吃饭饭""洗手手"等等，贾平凹在这篇文章中用的话，是想写出童真童趣吧！

师：你太厉害了，作者就着孩童的感受和心理来写，这样能使文章充满童真童趣。

生5：我觉得寻月过程中又有着孩子们心理的发展变化过程。

师：你可以详细说说吗？

生5：镜中月亮由圆到亏而消失，大家都很"失望"；听说月中有树有人，三妹和月中嫦娥一样漂亮，三妹便觉得月亮仅属于她，大家有"羡慕"而"嫉妒"，不由得"争执了起来"；听奶奶说"月亮是每个人的，它并没有走"，大家"越发觉得奇了"；河中寻月，瞳中见月，"原来月亮竟是这么多的"，一番议论之后，大家"都觉得满足"。

师：同学们理解得很深刻，现在小组再讨论讨论，读了三篇美文，它们有共同点和区别之处吗？陆老师可以给大家一些提示，从以下三个方面来考虑：切入角度、描写对象、写作方法。

生1：从切入角度上看，前两篇是游子、文人眼中的月亮，侧重内心感受。而第三篇是孩子眼里的月亮，侧重以对话为线索，有着独特的童真童趣。

生2：从描写对象上看，三篇都是借物抒情，借月亮表达自己对故乡浓浓的思念。

生3：从写作方法上，第一篇用的是对比法，写外国的、北京的月亮不如家乡的小月亮，第二篇用的是按时间顺序的描写法，写出了一年四季海上月亮的变化，第三篇是写孩童的言行、感受和内心变化，写出了月亮的灵动、调皮。

师：看来，我们同学在平时的阅读中，已经学会了比较阅读，今天我们同学的思维非常深刻，视野和很开阔，很了不起！那老师还有疑问，月亮真的是故乡的明吗？

生：不是的，月亮是不变的。因为思念故乡，思念故乡的一草一木、一山一水，还有亲人朋友。因为别的看不到，只有月亮，就觉得故乡什么都是好的，尤其是月亮更好。

师：是啊，月亮是亘古不变的，变的是看的人，看的心，她跟人的悲欢离合紧紧联系在一起了，看着月亮想起了故乡，想起故乡就看看天上的月亮，那里有浓浓的思念啊！（板书：思念）

三、品月

师：每个人的心都有可能因为风花雪月而触动，但是最牵动人内心的，无疑是月亮，在全唐诗50 836首诗中，月字一共出现了11 055次，中国人对月亮，有着难以割舍的情结。你还知道哪些带有月字的诗词呢？

生1：云母屏风烛影深，长河渐落晓星沉。嫦娥应悔偷灵药，碧海青天夜夜心。

师：相思让人夜不能寐啊！

生2：炉火照天地，红星乱紫烟。赧郎明月夜，歌曲动寒川。

师：冶炼工人边劳动，边唱歌，使得月夜下的寒川变得火热。

生3：烟笼寒水月笼沙，夜泊秦淮近酒家。商女不知亡国恨，隔江犹唱后庭花。

师：皓月的清辉洒在秦淮河上，商女却不知亡国之恨，依旧唱着《玉树后庭花》，令人痛心。

生4：海上生明月，天涯共此时。情人怨遥夜，竟夕起相思。灭烛怜光满，披衣觉露滋。不堪盈手赠，还寝梦佳期。

师：不论天涯海角，我们共同守望的永远是同一轮月亮。

生5：花间一壶酒，独酌无相亲。举杯邀明月，对影成三人。月既不解饮，影徒随我身。暂伴月将影，行乐须及春。我歌月徘徊，我舞影零乱。醒时同交欢，醉后各分散。永结无情游，相期邈云汉。

师：月亮是夜的灵魂，是夜空的眼睛……它把远隔千山万水的思念连接在一起。面对一轮明月，故乡的事，故乡的景，故乡的人，一下子涌上心头。有这样一位词人，他面对一轮明月想起了什么呢？（课件出示《水调歌头》）读一读这首词的题目和序言。能读懂什么？

生：丙辰中秋，欢饮达旦，大醉，作此篇，兼怀子由。

师：说说你的理解。

生：苏轼想起了故乡，想起了亲人，所以他大醉，一杯一杯又一杯。此刻，苏轼面对一轮清冷的明月，心潮起伏，于是乘酒兴正酣，挥笔写下了这首千古佳句。

师：你有非凡的理解能力。这首词是苏轼46岁的时候写的。苏轼因为与当权者政见不同，多次被贬，而苏辙既是苏轼的同胞兄弟，又是亲密无间的知心朋友，甚至苏辙宁愿放弃自己的所有职务，来请求皇上赦免哥哥苏轼。这一年的中秋，皓月当空，银辉遍地，屈指算算，已经与弟弟分散七年之久了。自己读读这首词吧！

生：明月几时有，把酒问青天。不知天上宫阙，今夕是何年。我欲乘风归去，又恐琼楼玉宇，高处不胜寒。起舞弄清影，何似在人间。

转朱阁，低绮户，照无眠。不应有恨，何事长向别时圆？人有悲欢离合，月有阴晴圆缺，此事古难全。但愿人长久，千里共婵娟。

师：读了上阕，你们能体会到些什么？谁来和大家交流一下？

生1：我觉得诗人面对这轮清冷的明月，心潮澎湃，在政治上，他遭人排挤，生活中，与亲人分散，无比孤独，无比郁闷。

师：在这样一个团圆之夜，他也许会问？

生1：明月啊，明月，你什么时候能让我们亲人团聚呢？

师：好，请你读出对弟弟的牵挂！

生2：明月几时有，把酒问青天。不知天上宫阙，今夕是何年。我欲乘风归去，又恐琼楼玉宇，高处不胜寒。起舞弄清影，何似在人间。

师：同学们，再读读下阕，你能感受到什么变化吗？

生3：他埋怨月亮了，明月啊，明月，你只道团圆有人笑，哪知离别有人愁啊！

师：请你读出那种埋怨、责怪！

生3：转朱阁，低绮户，照无眠。不应有恨，何事长向别时圆？

师：还有其他感受吗？

生4：我觉得他的心情很快又转化了，变得超脱了。

师：你从哪里看出来？

生4：人有悲欢离合，月有阴晴圆缺，此事古难全。但愿人长久，千里共婵娟。他又想开了，这种事情自古以来就有。

师：苏轼毕竟是苏轼，他面对世事的多变，从容淡定。但愿人长久，千里共婵娟。这时的月亮，在苏轼眼里又是什么了？

生5：月亮又成了美好的象征！

师：好，就把这份美好祝愿，说与明月听吧！我们再读。

（配乐朗诵全词。）

师：穿越了千年，依然是那一轮明月，与一壶美酒，应和着说不尽的相思与美好祝愿。夜凉如水，万物都已入梦，唯有我和明月无眠。孩子们，会唱吗？

（全班齐唱《水调歌头》。）

师：你还知道，其他艺术形式中流传下来的月亮吗？

生1：有二胡曲《二泉映月》。

生2：有水墨画《春江花月夜》《举杯邀明月》。

师：同学们，月下窗前，沐浴一身月亮的光辉，能抒发胸中的浊气、释放天地的愁绪，获得万物的灵秀，你们都是富有灵气的，很高兴能和你们一起望月怀远。课后，我们可以上网查看更多的关于月亮的文学作品和其他形式的艺术作品，下节课我们继续交流。

感悟分享

作为语文老师心中要有儿童，心中要有语文，心中要有对审美的渴求。儿童能在审美入境中得到丰盈、提升、发展，因此我们应该思索怎样让自己的课堂充满语文味、文学味、审美味。

这里呈现的是一节汉语文审美意象主题教学课，在中国传统文化中，月亮可不是一个单纯的天体，她作为一个意象常常成为人类思想情感的载体，意蕴异常丰富。步入诗苑词林，涉足曲谱画廊，无处不见其身影。尤其是在很多咏月诗歌中，诗人将月融于自己内心情感之中，同时使月与内心的思想情感互为辉映，创设出了很多优美的审美意境，并将诗的文学品位、思想内涵与艺术造诣提升到一个极高的水平。

由于作者处境不同，心境各异，在不同的文学作品中，月亮这一意象表现出的意蕴也往往不尽相同。时逢中秋节，所谓的"每逢佳节倍思亲"，季羡林的《月是故乡明》正是应情、应景之作啊！教师选择了几篇名家名作：季羡林的《月是故乡明》、贾平凹的《月迹》、佚名的《啊，故乡那轮明月》，除此以外还补充了几首古诗和现代诗作为辅助材料。

材料有了，教师该如何利用这些文本来引导学生认识意象对于领会诗歌意境的重要性，同时让学生学习到意象分析的基本方法，培养学生诗歌鉴赏的能力呢？

一、交流体会得主题之意

新课标强调：阅读是学生的个性化行为。阅读教学应引导学生钻研文本，在主动积极的思维和情感活动中，加深理解和体验，有所感悟和思考，受到情感熏陶，获得思想启迪，享受审美乐趣。不应以教师的分析来代替学生的阅读实践。课前，教师让孩子们读开发的教材，更让他们继续寻找、背诵相关的美文。上课刚开始，就跟孩子交流，他们都是在什么情况下看月亮，然后又出示了一首小诗，让孩子们读读，之后跟他们交流对文本的体会。

生1：我读懂了作者是个游子，他非常思念自己的妈妈和家乡。

师：是啊！故乡是游子心的寄托、梦的归宿，不论月圆月缺，游子的心总是守望着母亲，守望着家园。

生2：无论是古代的游子，还是现代的旅者，只要看到一轮明月从天边升起，都会想起自己在故乡同样遥望着的妈妈。

师：是的，月一直就是这样，寄托着游子的思乡情怀。你呢？

生3：看到月亮，作者思绪就更绵长了，总觉得记忆中自己故乡的山格外清，水格外秀，人格外亲，月亮格外圆。其实，我也是这样，故乡有把我带大的外公外婆，我到南通来了，他们却孩子家乡。每当夜深人静的时候，我看着月亮就想起他们了。

师：你说出了游子们的心声，大家时常会发出这样的感叹：月是故乡明。

这温情如水般潺潺流淌的语言，这萦绕心头而挥之不去的柔情，此时已如"随风潜入夜，润物细无声"般的绵绵春雨，荡涤着孩子们的心灵。那道不尽的，如潭水般深沉的思乡情便在教室里氤氲弥漫开去。正是因为课前学生能充分地阅读，再加上自己的生活经历，以及情感储备，才使得他们对这首思乡小诗和"月"主题意象有了深入的认识和理解。

二、涵泳吟诵得主题之情

"涵泳"是古代学者们都十分提倡的读书方法。沉潜文学作品，反复玩味和推敲，以获得其中之味。清曾国藩在《曾国藩家书》中说："涵泳者如春雨之润花，如清渠之溉稻……涵泳者，如鱼之游水，如人之濯足……善读书者，须视书如水，而视此心如花、如稻、如鱼、如濯足，则涵泳二字庶可得之于意之表。"那怎样让孩子们达到这种境界呢？品读导读小诗之后，教师只用了一个主问题："在我们手上的文学作品里，月亮又是怎样的呢？从同学们读的三篇文章里，你能找到他们描写月亮的段落吗？试着合作找一找，读一读，说一说你的体会。"正是这个环节的设置，学生开始了自主朗读、合作探究的学习。看上去简单，实际上是培养学生感受、理解、欣赏和评价的能力。这是在涵泳吟诵后做最有价值的判断，最有意义的筛选，最有个性的品评。正如清陆世仪所说："悟处皆出于思，不思无由得悟；思处皆缘于学，不学则无可思。"

在这里，教师的随机点拨对特定场景作了强力煽情和有效渲染。孩子们借读激情，深化了思念的主题，捕捉到了作者心中的感情，使课堂沉浸在了柔情中。又通过吟诵朗读体悟，使课堂充满思辨。

三、沉潜积淀得主题之要

在交流完三篇美文的体会之后，教师话锋一转，让学生瞬间从"悟"月进入对"月"的品味中。先是让学生说出带有"月"的诗词，再出示苏轼的《水调歌头》提出一问"这样一位大文豪，面对高挂天空的一轮明月，他又在想些什么呢？"进行融情想象，激情表达、归纳总结，这一系列的过程在本质上让学生学会了沉潜积淀。古人有"读书破万卷，下笔如有神""能读千赋则善赋"之说，正是强调了沉潜阅读和积淀的重要作用。孩子们表达越是丰富、层次越是清晰、情感越是细腻就说明他的积累越深厚。因此，在课堂上，师生共同守望着那一轮明月，在舒缓、轻柔的背景音乐衬托下，望月抒怀、忆事思人，孩子们对远游在外或留守在家的亲人的思念顿时化作天边汹涌澎湃的云潮。

四、吟诵抒怀得主题之魂

吟诵，就是要学生放声朗读，在读得正确、流畅，抑扬顿挫中将语言形象化，将情感美化、深化。我从"读正确、读明白、读出感情、读出色彩"这四个方面循序渐进，分层次入手，让学生运气发声，摇头摆身，把苏轼的《水调歌头》演绎得淋漓尽致。课虽然结束了，但是我们的情还未了，我们无法淡忘课堂上那直击心灵的诵读、刻骨铭心的想象和充满生命意义的追问，我们也无法淡忘在我们心中升起的那轮"明月"。

月下窗前,沐浴一身月亮的光辉,能抒发胸中的浊气、释放无解的愁绪,获得天地万物的灵秀。孩子们都是富有灵气的,能和他们一起望月怀远,与其说这是一种精神的洗礼、情感的回荡,倒不如说这是一次心灵的旅行,生命的涅槃。

拓展阅读
高年级主题阅读材料《月》

名师示例四　江南

《江南》教学设计(五年级)

特级教师:刘　昕
徐　云

教学目标

1. 从词《忆江南》入手,激发学生对江南美好的憧憬。

2. 通过小组合作学习感知诗词大意,加深对江南的感悟。

3. 根据文字提示,自编导游词,初步感受江南古镇灵秀的水乡风貌,独特的人文景观,质朴的民俗风情,受到美的熏陶。

教学重点、难点

通过学习,加深对江南美好的感悟,小组合作编导游词,课后仿写《忆江南》。

教学时间

一课时。

教学流程

一、诗情画意中初识江南。

课前,我们一起欣赏了优美的《梦江南》,从你们的神情中,我似乎读到了好多同学都被江南的美景深深陶醉了,能告诉我,此时此刻你最向往干什么吗?(生各抒己见)

今天,老师就想和大家一起去江南游览一番。(板书:江南)

1. 赏读江南诗文。

江南自古就是文人墨客的最爱,赞颂江南的诗有很多,你能背出其中的一两句吗?

老师也整理了一些历代诗人赞美江南的诗句,先自己读一读,最好能读出诗的节奏和韵味。

你最喜欢哪一句能读给大家听听吗?(指名读)

理解了读起来一定更有感觉,全班再来一起读一读。

2. 欣赏江南风光。

江南,如诗如画,只要你一见,便钟情;只要你一来,便忘回。的确如此,我也多次去江南旅游拍下了一段视频,闲暇之余,给图片配了文字,想看吗?

有个小小的请求,你们推荐一个朗读高手和我一起给画面配音,谁愿意?

(音乐起,乐声中播放江南风光)

3. 明确江南方位。

多美的江南啊,她到底在哪里呢?(出示中国地图)江南本意指长江以南的地区。在古代,江南往往代表着繁荣发达的文化教育和美丽富饶的水乡,代表了人们对美好生活的无限向往。

二、品读诗词中领悟江南之美

据说,唐朝大诗人白居易年青时曾漫游江南,后来又在江南做官,江南旖旎的风光给他留下了终生难忘的记忆,回到洛阳12年后,他创下一组千古绝唱。(出示:《忆江南》及整首词)

忆江南(三首)

其一

江南好,风景旧曾谙;日出江花红胜火,春来江水绿如蓝。能不忆江南?

其二

江南忆,最忆是杭州;山寺月中寻桂子,郡亭枕上看潮头。何日更重游!

其三

江南忆,其次忆吴宫;吴酒一杯春竹叶,吴娃双舞醉芙蓉。早晚复相逢!

1. 其中有一首词是我们耳熟能详的,谁来读给大家听听。

你的朗读只把我们带到了长江边,谁能通过读把我们带到江南。(指再名读)

2. 诗人为什么如此思念江南呢?

3. 江南好在哪里呢,能从词中找到答案吗?

(江花红胜火,江水绿如蓝)

一红一绿色彩艳丽,对比鲜明,谁能读出红花胜火,绿水如蓝的美感? 读得真不错,还有谁来试试? 越读越美了!

假如此时你就是漫步江南小桥上的游人,你会怎样吟诵?

假如你就是那江中轻摇船桨的船夫,你又会怎样吟诵?

假如你就是大诗人白居易,一定会怎样吟诵?

让我们一齐美美地吟诵!

此刻,如果用一个词概括一下江南给你的印象,那就是?(板书:美丽)

三、拓展组词中感受江南景、物、人之美

1. 是啊,江南的美让白居易久久难忘,《忆江南》是一组词,读读其他两首,看看他还在思念什么？带着这个问题，读读老师所给的拓展阅读材料一。

2. 通过刚才的阅读，谁知道诗人还在思念江南的哪两座城市呢？

3. 请全体女生读一读这首词。

诗人思念杭州的什么？用诗句来回答？"山寺月中寻桂子，郡亭枕上看潮头。"谁来读读诗句。

4. 请全体男生来读读这首词。词人忘不掉苏州的什么？"吴酒一杯春竹叶，吴娃双舞醉芙蓉。"

5. 都说上有天堂，下有苏杭。瞧，除了诗中描写的，杭州还有哪些特产呢？这些是苏州特产。

现在，你想说江南真是一个既美丽又怎样的地方？（板书：富饶）

6. 细心的同学会发现，这组《忆江南》诗句长短不一，它们都是词。词是可以配乐歌唱，我们来听听歌手李涵是什么唱的？你可以闭上眼，让意象沉淀，让心跳与音符同步，也可以跟随音乐唱出你心中的最美江南。（播放《忆江南》音乐。）

四、欣赏江南水乡风景，根据文字自编导游词

江南的美景让人流连忘返，这美妙的乐曲同样让人陶醉。来到江南，六大古镇可是必游之地。它们分别是……（出示图片）下面我们进行小组合作学习，谁来读读要求：哪组小导游先来带领我们开启江南六大古镇之旅？

小组合作，学生汇报。

五、课后作业，模仿创作《忆江南》

1. 同学们，提起江南，许多文人墨客留下的诗词多得数不胜数。

其实老师也有浓浓的江南情结，昨晚我也模仿创作了一首不太成熟的《忆江南》。出示自创《忆江南》。

忆江南

江南好，

最忆是杭州。

西子湖畔觅书香。

博学恩师促成长。

何日再重游？

《江南》课堂实录

徐云

师：同学们，初次见面，没有什么特别的见面礼，带给大家一首歌，《梦江南》与大家分享，好吗？你可以静静地欣赏唯美的画面，也可以听听优美的旋律，还可以品品耐人寻味的歌词，好吗？

（生欣赏《梦江南》）

一、诗情画意中初识江南

师：课前，我们一起欣赏了优美的《梦江南》，从你们的神情中，我似乎读到了好多同学都被江南的美景深深陶醉了,能告诉我,此时此刻,你最想干什么吗?

生:我真想现在就去江南走一走啊!

生:江南真是太美了,还想再来一次江南之旅。

生:江南是一个充满诗情画意的地方,希望接下来的假期爸爸妈妈能带我去江南来一次深度旅游。

……

师:是啊,江南是那么令人神往,小桥,流水,人家……有人说,小桥传承着江南的文化,流水孕育着江南灵气,人家延续着江南的风情。三四月,行走在水墨丹青的烟雨江南,和风、细雨、杨柳,会让你的心都变得更加的柔软和美好。今天,老师就想和大家一起去江南游览一番。

(板书:江南)

1. 赏读江南诗文。

师:江南自古就是文人墨客的最爱,赞颂江南的诗有很多,你能背出其中的一两句吗?

生:江南可采莲,莲叶何田田。鱼戏莲叶间,鱼戏莲叶东,鱼戏莲叶西,鱼戏莲叶南,鱼戏莲叶北。

生:千里莺啼绿映红,水村山郭酒旗风。南朝四百八十寺,多少楼台烟雨中。

生:月落乌啼霜满天,江枫渔火对愁眠。姑苏城外寒山寺,夜半钟声到客船。

生:江南好,风景旧曾谙;日出江花红胜火,春来江水绿如蓝。能不忆江南?

师:老师也整理了一些历代诗人赞美江南的诗句,先自己读一读,最好能读出诗的节奏和韵味。

春风又绿江南岸,明月何时照我还?

正是江南好风景,落花时节又逢君。

织成云外雁行斜,染作江南春水浅!

人人尽说江南好,游人只合江南老。

枕上片时春梦中,行尽江南数千里。

更把玉鞭云外指,断肠春色在江南。(这是一首送别诗,江南美丽的景色更是反衬出离别的忧伤。)

师:你最喜欢哪一句能读给大家听听吗?

生:织成云外雁行斜,染作江南春水浅。

师:是啊,舞衣染成江南碧绿的春水一定美极了!

生:正是江南好风景,落花时节又逢君。

师:从你的朗读中能感受到老友相逢却因落花充满了淡淡的忧伤。

生:人人尽说江南好,游人只合江南老。

师:多好的江南啊,好得只想和江南慢慢变老。

生:春风又绿江南岸,明月何时照我还?

师:是啊,美好的春光唤起诗人思乡之情。

生:枕上片时春梦中,行尽江南数千里。

师:这是一首写梦的诗,女子思念远去的亲人,梦见来到江南。

生:更把玉鞭云外指,断肠春色在江南。

师:这是一首送别诗,江南美丽的景色更是反衬出离别的忧伤。

师:理解了读起来一定更有感觉,全班再来一起读一读。

(全班齐读。)

2. 欣赏江南风光。

师：江南,如诗如画,只要你一见,便钟情;只要你一来,便忘回。的确如此,我也多次去江南旅游拍下了一段视频,闲暇之余,给图片配了文字,想看吗?

有个小小的请求,你们推荐一个朗读高手和我一起给画面配音,谁愿?(音乐起,乐声中播放江南风光。)

师生共旁白：一排排错落有致的青砖瓦房,一棵棵随风裁剪的翠绿细柳,一条条缓缓流淌的潺潺溪流,一座座守候千年的古朴堤桥,楼台香榭,兰亭楼阁,让人不禁联想多少文人墨客留下的印迹,写下多少后人感叹不已的唯美诗篇。江南是一幅山水画,令多少人驻足凝望;江南,以其独有的魅力,征服了一代又一代的人。

3. 明确江南方位。

师：多美的江南啊,她到底在哪里呢?(出示中国地图)江南本意指长江以南的地区。在古代,江南往往代表着繁荣发达的文化教育和美丽富饶的水乡,代表了人们对美好生活的无限向往。

二、品读诗词中领悟江南之美

师：据说,唐朝大诗人白居易年青时曾漫游江南,后来又在江南做官,江南旖旎的风光给他留下了终生难忘的记忆,回到洛阳12年后,他创下一组千古绝唱。

(出示:《忆江南》及整首词。)

师：其中有一首词是我们耳熟能详的,谁来读给大家听听。

江南好,风景/旧曾谙。日出江花/红胜火,春来江水/绿如蓝。能不忆/江南?

(指名读。)

师：你真厉害,通过朗读也能把我们带到江南,谁也能的?

师：你的朗读只把我们带到了长江边,谁能通过读把我们带到江南。

(再指名读。)

师：诗人为什么如此思念江南呢?

生：因为江南很美。

师：江南好在哪里呢,能从词中找到答案吗?

生：江花红胜火,江水绿如蓝。

师：一红一绿色彩艳丽,对比鲜明,谁能读出红花胜火,绿水如蓝的美感?

(指名读。)

师：读得真不错,还有谁来试试? 越读越美了!

师：假如此时你就是漫步在江南小桥上的游人,你会怎样吟诵?

生：江花红胜火,江水绿如蓝。

师：假如你就是那江中轻摇船桨的船夫,你又会怎样吟诵?

生：江花红胜火,江水绿如蓝。

师：假如你就是大诗人白居易,一定会怎样吟诵?

生：江花红胜火,江水绿如蓝。

师：让我们一齐美美地吟诵!

生：江花红胜火,江水绿如蓝。

师：此刻,如果用一个词概括一下江南给你的印象,那就是?

（板书：美丽）

三、拓展组词中感受江南景、物、人之美

师：是啊，江南的美让白居易久久难忘，《忆江南》是一组词，读读其他两首，看看他还在思念什么？带着这个问题，读读老师所给的拓展阅读材料一。

（生自主阅读。）

师：通过刚才的阅读，谁知道诗人还在思念江南的哪两座城市呢？

师：请全体女生读一读这首词。

（女生齐读。）

师：诗人思念杭州的什么？用诗句来回答？"山寺月中寻桂子，郡亭枕上看潮头。"谁来读读诗句。

（指名读。）

师：请全体男生来读读这首词。词人忘不掉苏州的什么？

生："吴酒一杯春竹叶，吴娃双舞醉芙蓉。"

师：都说上有天堂，下有苏杭。瞧，除了诗中描写的，杭州还有哪些特产呢？看看哪些是你所熟悉的？这些是苏州特产。

（生欣赏PPT。）

师：现在，你想说江南真是一个既美丽又怎样的地方？

（板书：富饶）

师：细心的同学会发现，这组《忆江南》诗句长短不一，它们都是词。词是可以配乐歌唱，我们来听听歌手李涵是怎么唱的？你可以闭上眼，让意象沉淀，让心跳与音符同步，也可以跟随音乐唱出你心中的最美江南。

（播放《忆江南》音乐。）

四、欣赏江南水乡风景，根据文字自编导游词

师：江南的美景让人流连忘返，这美妙的乐曲同样让人陶醉。来到江南，六大古镇可是必游之地。它们分别是，一起说。

（出示图片）这里山水朦胧而婉约，让无数人魂牵梦萦，一袭风水灵地，孕育出无数才子佳人，老师相信这样的美也一定能孕育出咱们班的小才子，小才女。

下面我们进行小组合作学习，谁来读读要求？

1. 选择自己喜欢读书的方式，熟读所给文字，至少2遍。

2. 结合自己平时的旅游经历，试着将这些文字改编成导游词说给小伙伴们听听。

3. 小组内互相取长补短，每组最好要有自己的创意和个性语言。

我们将评选出"最佳合作小组"和"最佳小导游"哟！

哪组小导游先来带领我们开启江南六大古镇之旅？

（小组合作，学生汇报，精彩不断！）

生汇报：亲爱的各位游客，你们好！有一首歌叫《常回家看看》，有一种渴望叫常出去转转，首先欢迎大家跟我来到周庄转一转。在我们进入古镇主要景点之前，我先把周庄的情况简要介绍一下。……

生汇报：亲爱的各位游客，你们好！我是今天的导游陈小雨。首先欢迎大家来到名人荟萃的古镇乌镇游览。在我们进入古镇主要景点之前，我先把乌镇的情况简要介绍一下。……

生汇报：亲爱的各位游客，你们好！我是导游蔡轩，很高兴成为大家此次旅行的导游，我将竭诚为

你们服务,伴你们度过一段快乐时光。进入景点之前,我先把西塘的情况简要介绍一下。……

五、课后作业,模仿创作《忆江南》

师:同学们,提起江南,许多文人墨客留下的诗词多得数不胜数。其实老师也有浓浓的江南情结,昨晚我也模仿创作了一首不太成熟的《忆江南》。

(出示自创《忆江南》。)

师:通过今天的学习,相信你对江南一定又多了几分了解,课后你也可以模仿创作一首属于你自己的《忆江南》? 友情提醒《忆江南》是一个词牌名,所有的《忆江南》都是一样的结构,一样的字数,一样的旋律,严格意义上还要考虑它的平仄,第一次尝试,我们放宽要求先考虑好字数。

感悟分享

"语文课程应致力于学生语文素养的形成与发展""提高儿童文化品位和审美情趣""教学要注意在诵读过程中体验情感,领悟内容,培养语感"……这是新课程改革非常强调的理念,本课教学有意识地注意了这方面的探索。

《江南》是审美意象主题阅读课程研发中心研发的自编教材之一,在教学中,教师在努力创设和谐、民主、开放的学习环境的基础上,以多种形式的朗读、吟诵为重点,引导学生自主探究、感悟意境,领悟江南独特的意象之美。课堂一开始,教师通过图片、视频等创设情境,小桥,流水,人家……一下子将学生带入令人神往的江南,有人说,小桥传承着江南的文化,流水孕育着江南灵气,人家延续着江南的风情。就这样,一节课,教师带领着学生慢慢品读着诗词,慢慢领悟着江南独特的意象。"诗歌不是无情物,字字句句吐衷肠"正因为诗如鼓琴声声见心,易唱动听悦耳感人又因为"俯而读仰而思熟读精思理自知"是传统的教诗方法,在给学生出示许多描写江南的诗句时,通过各种形式的吟诵,巧妙地帮助了学生理解了诗句,一次又一次地激起了学生对江南无限的神往和浓厚的兴趣。

苏霍姆林斯基说:"教室里让学生集中思考、各抒己见,虽有点乱,但要珍惜这样的时刻。"教学中教师改变了单纯的师生交往形式,通过小组合作,师生交流、生生交流等环节,为学生提供畅所欲言、各抒己见的空间。让学生取长补短,相互启发,增加课堂的信息量,促使学生全面深入地感悟,又给学生提供了展示个性的机会和场所。在《忆江南》这组词的教学中,教师由扶到放,再让学生通过小组合作,在组内自读自悟,使学生思维的火花得以绽放,体会得更加深刻,吟诵、歌唱等多种形式寓教于乐。

语文具有很强的工具性和实践性。身为语文教师的我们要不断拓展学习内容和方法,挖掘学生对语文的兴趣点,激发他们学习的热情,保持持久的学习动力。在课堂上,教师拓展了不少图片、文字资料,通过让学生合作学习,设计有个性的导游词,通过教师范写《忆江南》,从而让学生模仿创作《忆江南》,努力做到让每一个学生都积极参与到学习中来,成为课堂真正的主人。

学有所得

认真学习了这两组教学设计,从下面几个角度写下你的体会:

1. 从第一组的两个名师课例中,你对语文综合性学习有哪些认识?

_____

2. 从第二组的两个名师课例中,你对小学阶段的主题阅读有哪些认识?

_____

_____

3. 对照名师示例中教学设计和教学实录,从中找到课堂教学中生成的内容,细细体会教师是怎样在生成处把握教学、调整设计的。可以把你的所悟所得写下来。

_____

_____

_____

实践操练

下面提供了一个语文综合性学习的游戏课教材和一个主题阅读的组合材料,请你各写一篇教学设计。(提示:主题阅读教学设计前先从提供的主题阅读材料中选择三到四个文本,组合成一课时的教学内容后再进行教学设计。)

谁是"卧底"

游戏目的:
1. 提高学生的注意力。
2. 锻炼学生的观察能力、思维能力、语言表达能力,能用准确的语言区别出两种类似的事物。

材料准备:
选择有关的词语,比如胡子和眉毛,钢笔和铅笔等若干组。

游戏规则:
1. 每小组推选一名代表参加游戏。
2. 在场 7 人中 6 个人拿到相同的一个词语,剩下的 1 个拿到与之相关的另一个词语。
3. 每人每轮只能说一句话描述自己拿到的词语(不能直接说出来那个词语),不能让卧底发现,也要给他人以暗示。
4. 每轮描述完毕,7 人投票选出怀疑是卧底的那个人,得票数最多的人出局,两个人一样多的话,就保留。
5. 若有卧底撑到剩下最后 3 人,则卧底获胜,反之,则大部队获胜。

提出问题:
在日常生活中,我们观察事物时,要注意些什么?

讨论交流:

1. 观察事物的哪些方面。

2. 提高注意力的好方法。

拓展训练：和爸爸妈妈一起玩"谁是卧底"的游戏。

拓展阅读
高年级主题阅读材料《月》

图书在版编目(CIP)数据

小学语文教学设计/刘昕编著. —上海:复旦大学出版社,2019.7(2025.1重印)
普通高等学校小学教育专业系列教材
ISBN 978-7-309-14275-4

Ⅰ.①小…　Ⅱ.①刘…　Ⅲ.①小学语文课-教学设计-高等学校-教材　Ⅳ.①G623.202

中国版本图书馆 CIP 数据核字(2019)第 075236 号

小学语文教学设计
刘　昕　编著
责任编辑/查　莉　夏梦雪

复旦大学出版社有限公司出版发行
上海市国权路 579 号　邮编:200433
网址:fupnet@ fudanpress.com　http://www.fudanpress.com
门市零售:86-21-65102580　团体订购:86-21-65104505
出版部电话:86-21-65642845
上海崇明裕安印刷厂

开本 787 毫米×1092 毫米　1/16　印张 13.5　字数 288 千字
2025 年 1 月第 1 版第 5 次印刷

ISBN 978-7-309-14275-4/G·1967
定价:42.00 元